**Oratória para
lideranças políticas**

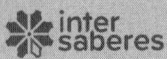

**Oratória para
lideranças políticas**

Durval Wanderbroock Junior

Rua Clara Vendramin, 58 . Mossunguê . CEP 81200-170 . Curitiba . PR . Brasil
Fone: (41) 2106-4170 . www.intersaberes.com . editora@intersaberes.com

Conselho editorial
Dr. Alexandre Coutinho Pagliarini
Dr.ª Elena Godoy
Dr. Neri dos Santos
Dr. Ulf Gregor Baranow

Editora-chefe
Lindsay Azambuja

Gerente editorial
Ariadne Nunes Wenger

Assistente editorial
Daniela Viroli Pereira Pinto

Preparação de originais
Palavra Arteira Edição e Revisão de Textos

Edição de texto
Arte e Texto Edição e Revisão de Textos
Tiago Krelling Marinaska

Capa
Iná Trigo (*design*)
ArchMan, G.roman, pixssa e Sensvector/Shutterstock (imagens)

Projeto gráfico
Bruno de Oliveira

Diagramação
Bruno Palma e Silva

Iconografia
Regina Claudia Cruz Prestes

Dados Internacionais de Catalogação na Publicação (CIP)
(Câmara Brasileira do Livro, SP, Brasil)

Wanderbroock Junior, Durval
   Oratória para lideranças políticas/Durval Wanderbroock Junior.
Curitiba: InterSaberes, 2022.

   Bibliografia.
   ISBN 978-65-5517-145-7

   1. Falar em público 2. Oratória 3. Oratória – História 4. Oratória antiga 5. Oratória política 6. Retórica I. Título.

22-111063   CDD-808.51

Índices para catálogo sistemático:
1. Oratória: Retórica 808.51

Cibele Maria Dias – Bibliotecária – CRB-8/9427

1ª edição, 2022.

Foi feito o depósito legal.

Informamos que é de inteira responsabilidade do autor a emissão de conceitos.

Nenhuma parte desta publicação poderá ser reproduzida por qualquer meio ou forma sem a prévia autorização da Editora InterSaberes.

A violação dos direitos autorais é crime estabelecido na Lei n. 9.610/1998 e punido pelo art. 184 do Código Penal.

Sumário

15 *Apresentação*
19 *Como aproveitar ao máximo este livro*

Capítulo 1
23 **Um breve passeio histórico**

1.1
25 O período greco-romano

1.2
30 O período medieval

1.3
34 O período moderno

1.4
42 O período contemporâneo

1.5
54 A oratória na atualidade

Capítulo 2
61 **Alguns conceitos importantes**

2.1
63 Orador e oratória

2.2
64 Forma e conteúdo na oratória

2.3
66 Conceituando a oratória

2.4
75 A oratória política

2.5
77 Outros conceitos importantes

Capítulo 3
95 **Organizando o pensamento e a fala**

3.1
98 Definindo os objetivos gerais e específicos ou as estratégias e táticas de fala

3.2
100 Objetivo geral ou estratégia

3.3
101 Objetivos específicos ou táticas

3.4
104 Planejar a fala

Capítulo 4
117 **A construção da mensagem**

4.1
119 A estrutura da intervenção

4.2
120 De olho no cronômetro

4.3
122 Dividindo o tempo

4.4
125 Formando a estrutura de uma mensagem

Capítulo 5
147 **Tipos de textos**

5.1
149 Diferença entre tipologia textual e gênero textual

5.2
150 Classificação dos tipos de textos

Capítulo 6
173 **Argumentação e contra-argumentação**

6.1
175 Estrutura da argumentação

6.2
178 Quatro elementos para uma boa argumentação

6.3
182 Como avaliar um argumento: validade e relevância

6.4
185 Argumentos lógicos: indutivos ou dedutivos

6.5
187 Espécies de argumentos e contra-argumentos

6.6
216 Outras formas de argumentação

Capítulo 7
225 **A contra-argumentação**

7.1
227 Contra-argumento imediato e remoto

7.2
229 As falácias

7.3
235 Formas de contra-argumentar

7.4
239 Como contra-argumentar

7.5
240 As figuras de retórica

Capítulo 8
255 **As quatro estações da oratória**

8.1
257 Primeira estação: o que falar

8.2
264 Segunda estação: para quem falar

8.3
275 Terceira estação: como falar

8.4
292 Quarta estação: onde falar

Capítulo 9
313 **A fala do corpo**

9.1
316 O cérebro

9.2
320 A memória

9.3
323 Os olhos

9.4
326 O nariz

9.5
327 A boca

9.6
330 A voz

9.7
337 As mãos

9.8
340 A postura corporal

9.9
345 As extensões corporais

359 *Considerações finais*
363 *Referências*
383 *Respostas*
389 *Sobre o autor*

Não importa quantas voltas a Terra dê.
O Sol e a Lua, cada qual de seu lado, estarão
sempre lá para aquecê-la ou iluminá-la.
Sempre haverá ao menos um quinhão de luz.
Nunca nos faltará ao menos um pouco de calor.
Dedico este livro à Priscila e ao Thiago, em torno
dos quais minha vida pode orbitar sem temer
os infortúnios do dia ou os perigos da noite.

Em memória de meu irmão,
Carlos Arthur Wanderbroock, nosso eterno Tui.

Apresentação

O Brasil é um país de forte tradição oral. Muitas regiões do país ainda ostentam esse marcante traço de nossa sociedade. Basta mencionar, a esse respeito, o cordel no Nordeste ou a oralidade presente nas regiões indígenas, nas quais a escrita praticamente não existe.

Uma parte é tradição. Outra decorre da baixa taxa de alfabetização que até pouco tempo era uma incômoda realidade. No entanto, mesmo com o crescimento da alfabetização, o hábito da leitura não substituiu totalmente o interesse pela linguagem falada.

Livros passaram a ser ouvidos, notícias na internet são faladas e ainda subsiste uma quantidade incalculável de rádios, que são os principais meios de informação para inúmeras pessoas.

A alfabetização não acabou com a oralidade, que segue ganhando espaço com o incremento trazido pelas redes sociais, possivelmente fontes de informações superiores aos meios escritos.

Com o surgimento de *blogs*, *podcasts*, YouTube e tantas outras plataformas de comunicação, falar em público tornou-se uma verdadeira profissão. E uma profissão muito bem remunerada e prestigiada, diga-se.

Influencers tornaram-se verdadeiras celebridades, ocupando um espaço que outrora somente pertencia a artistas ou apresentadores de TV.

A comunicação oral está em plena vigência e completamente em alta.

Para uma liderança política, essa importância é ainda maior. Se hoje é difícil que alguém consiga se conectar com o grande público apenas pelo meio escrito, para uma liderança política isso é praticamente impensável.

Atualmente, muitas lideranças políticas estão surgindo quase que exclusivamente pelo exercício da fala nas redes sociais. São fenômenos midiáticos alçados à vida política pela reputação que construíram em canais de mídia.

Até bem pouco tempo atrás, uma parcela significativa das lideranças políticas surgiu de movimentos sociais, sindicais, organizações políticas, grupos organizados ou outras formas de manifestação que criavam as condições para que determinadas figuras políticas se projetassem no cenário local ou nacional. Nasciam desses fenômenos os políticos que conhecemos atualmente.

Hoje, com um bom programa numa rede social, em pouco tempo temos milhares e até milhões de pessoas seguindo alguém, que se torna uma liderança política pela simples defesa de suas ideias nas redes sociais, de fácil e geralmente gratuito acesso.

Com mais ou menos produção editorial, com mais ou menos efeitos especiais, a verdade é que, entre esses novos líderes, há em comum o fato de que é a oratória, ao fim e ao cabo, o que mais chama a atenção do público.

Não que todos possuam qualidades de oradores, mas é requisito indispensável alguma oratória para concorrer nesse competitivo âmbito de comunicação.

A oratória está em alta. Talvez nunca o público tenha prestado tanta deferência quanto agora aos oradores.

O que o presente livro pretende abordar é este apaixonante aspecto da vida humana conhecido como oratória.

Nas linhas a seguir, buscar-se-á apresentar alguns elementos relevantes para quem pretende ser um orador.

Não se trata de um livro teórico sobre o assunto, embora alguma teorização seja necessária. Aproxima-se mais de um guia do que de uma obra teórica sobre o tema. Isso porque, para quem pretende aprender a falar, mais vale um bom exemplo prático do que mil teorizações, por mais importantes que sejam.

E os exemplos serão apresentados em abundância. Trata-se de dicas simples, exemplos práticos e exercícios que permitem à liderança política ter ao menos uma ideia de como planejar um discurso, formar um argumento, refutar outros que se apresentarem, utilizar o corpo e outras dimensões da vida de um orador.

Um parêntese sobre os exemplos aqui empregados. Alguns deles foram simplesmente criados pelo próprio autor. Outros, foram retirados de programas de TV, jornais escritos, revistas ou mídias sociais. Muitos desses exemplos são de políticos, apresentando o exclusivo escopo de ilustrar uma ideia, um conceito ou outra questão do livro. Assim, não foram exemplos selecionados por afinidades políticas ou ideológicas, mas porque se prestaram para melhor representar a ideia discutida no livro.

Portanto, não se trata de defesa de ideias, programas políticos, ideologias ou figuras políticas. E nem o contrário. São falas públicas, acessíveis a todos e que foram usadas no livro porque pareceram mais adequadas para exemplificar melhor o que se quis dizer.

Feitos esses esclarecimentos, o livro foi dividido em nove capítulos. No primeiro deles, é apresentado um breve histórico sobre algumas contribuições de pensadores para a oratória, enquanto no segundo serão debatidos alguns conceitos importantes para o entendimento da oratória e outras questões correlatas. O terceiro capítulo trará a questão de como organizar o pensamento, primeira medida para quem pretende falar alguma coisa. No quarto capítulo, a ideia é discutir sobre como construir uma mensagem que, no caso, é falada. No quinto capítulo, serão apresentados alguns tipos de textos bases da oratória, com especial destaque ao texto dissertativo, seguramente o mais utilizado no campo político. Já no sexto capítulo será visto como se constrói uma argumentação, mostrando-se exemplos de argumentos e de de contra-argumentos, enquanto no sétimo capítulo o foco será na contra-argumentação, fundamental em debates. No penúltimo capítulo, o tema é o contexto da mensagem, resumidas no "onde", "como", "o que" e "para quem" em relação à oratória. No último capítulo, serão feitos alguns esclarecimentos sobre o uso do corpo e do que é chamado de *extensões corporais*, abarcando o máximo de elementos presentes na oratória.

Espera-se que este seja um livro de fácil leitura, útil e prático no sentido de contribuir na formação de oradores e lideranças políticas que deste poderoso instrumento de comunicação possam se apropriar.

Como aproveitar ao máximo este livro

Este livro traz alguns recursos que visam enriquecer o seu aprendizado, facilitar a compreensão dos conteúdos e tornar a leitura mais dinâmica. São ferramentas projetadas de acordo com a natureza dos temas que vamos examinar. Veja a seguir como esses recursos se encontram distribuídos no decorrer desta obra.

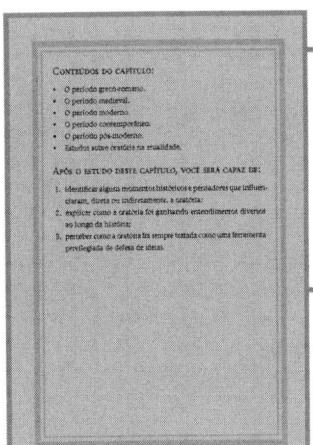

Conteúdos do capítulo

Logo na abertura do capítulo, relacionamos os conteúdos que nele serão abordados.

Após o estudo deste capítulo, você será capaz de:

Antes de iniciarmos nossa abordagem, listamos as habilidades trabalhadas no capítulo e os conhecimentos que você assimilará no decorrer do texto.

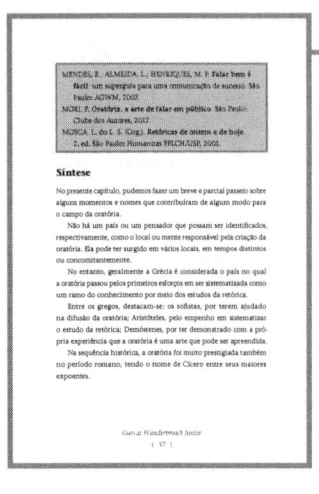

Síntese

Ao final de cada capítulo, relacionamos as principais informações nele abordadas a fim de que você avalie as conclusões a que chegou, confirmando-as ou redefinindo-as.

Questões para revisão

Ao realizar estas atividades, você poderá rever os principais conceitos analisados. Ao final do livro, disponibilizamos as respostas às questões para a verificação de sua aprendizagem.

Questões para reflexão

Ao propor estas questões, pretendemos estimular sua reflexão crítica sobre temas que ampliam a discussão dos conteúdos tratados no capítulo, contemplando ideias e experiências que podem ser compartilhadas com seus pares.

Para saber mais

Sugerimos a leitura de diferentes conteúdos digitais e impressos para que você aprofunde sua aprendizagem e siga buscando conhecimento.

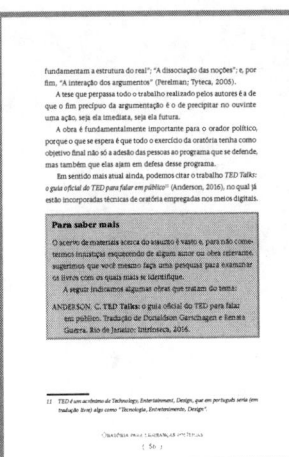

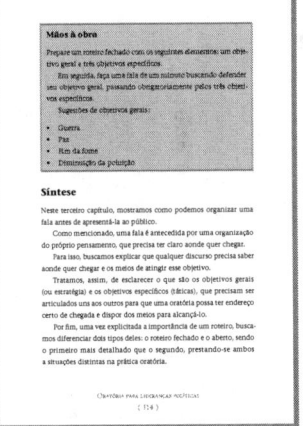

Mãos à obra

Nesta seção, propomos atividades práticas com o propósito de estender os conhecimentos assimilados no estudo do capítulo, transpondo os limites da teoria.

Capítulo 1

Um breve passeio
histórico

Conteúdos do capítulo:

- O período greco-romano.
- O período medieval.
- O período moderno.
- O período contemporâneo.
- O período pós-moderno.
- Estudos sobre oratória na atualidade.

Após o estudo deste capítulo, você será capaz de:

1. identificar alguns momentos históricos e pensadores que influenciaram, direta ou indiretamente, a oratória;
2. explicar como a oratória foi ganhando entendimentos diversos ao longo da história;
3. perceber como a oratória foi sempre tratada como uma ferramenta privilegiada de defesa de ideias.

A oratória tem origem controversa. Há quem afirme que ela surgiu no Egito antigo; outros, que ela nasceu na região da Sicília, no século V a.C. Talvez o mais pertinente seja considerar que a oratória tenha surgido historicamente em vários povos, dentre os quais podemos citar os hindus, os egípcios, os chineses e os hebreus. O que parece ser uma unanimidade é que o estudo, a sistematização, o desenvolvimento e a aplicação da oratória como uma disciplina autônoma ocorreu na Grécia.

Além disso, seja lá onde tenha nascido, a oratória, como instrumento de persuasão, convencimento, divulgação de ideias e conceitos, sempre andou de braços dados com a política.

As linhas a seguir estão longe, muito longe, de fazer uma análise histórica do estudo da oratória. Trata-se de breves e parciais apontamentos sobre alguns períodos e pensadores que influenciaram, direta ou indiretamente, o mundo da oratória. São recortes, portanto, seletivos, deixando de lado outros momentos e pensadores que seguramente merecerão honrosas menções num próximo estudo.

1.1
O período greco-romano

Nos primórdios da Grécia antiga, falava-se mais em *retórica*[1] do que em *oratória* propriamente dita.

Os primeiros a escreverem um "manual de retórica", no século V a.C., foram Tísias e Córax, a quem são atribuídos os primeiros esforços de criação de uma oratória profissional (Lima, 2011).

---

1 *A origem da palavra retórica pode ser encontrada no grego* retoriké *(Japiassú; Marcondes, 2001) ou* rhêtorikós,ê,ón *(Fioreto, 2005).*

Há pouca referência de quem foram Tísias e Córax. Lima (2011), por exemplo, afirma que Tísias foi discípulo de Córax. O que se sabe, no entanto, é que eram professores de retórica (Oliveira, 2011).

1.1.1 Os sofistas

Posteriormente, uma das contribuições mais relevantes do período grego para a oratória tenha surgido com os chamados sofistas. A expressão *sofista* tem origem na palavra grega *sophos* e *sophia*, que significam "sábio" e "sabedoria", respectivamente. Portanto, tais pensadores se denominavam *sábios*. Eram, na verdade, uma espécie de professores itinerantes que percorriam as cidades gregas ensinando, dentre outras questões, a arte da argumentação, da retórica e da oratória. Um de seus principais expoentes era o sofista Protágoras (ca. 490-421 a.C.) (Villey, 2005)

Parte importante do que se conhece sobre os sofistas é proveniente dos escritos de Platão e Aristóteles, que apresentaram fortes e duras objeções aos sofistas, identificando suas ideias como falácias, baseadas em argumentos falsos para serem sustentadas.

A despeitos das considerações sobre os sofistas e suas ideias, fato é que seus ensinos ajudaram a divulgar a oratória por várias regiões da Grécia antiga.

1.1.2 Aristóteles

O que se pode dizer e comprovar de forma mais categórica é que à oratória foi emprestado novo e científico ímpeto com os escritos de Aristóteles, sendo sua obra *Retórica* (Aristóteles, 2019) comumente citada como o marco histórico mais relevante da área.

Aristóteles via a retórica como parte da dialética, sem pertencer a nenhum campo específico de alguma ciência. Para esse filósofo, a retórica era como uma espécie de poder diante de qualquer fundamento colocado, permitindo não só a observação, mas também a descoberta do que é mais pertinente para a persuasão e o convencimento. Nos termos de Aristóteles (2019, p. 81), por *retórica* entende-se "o poder, diante de quase qualquer questão que nos é apresentada, de observar e descobrir o que é adequado para persuadir".

Ele identificava a retórica como um ramo da dialética, com a qual se assemelhava, concluindo que ambas seriam "faculdades fornecedoras de argumentos" (Aristóteles, 2019, p. 84).

Assim, a retórica seria o "poder" ou "faculdade" de analisar situações concretas colocadas a fim de melhorar a persuasão.

A retórica, nesse sentido, seria um meio de apurar a persuasão. Aquela que nutre a persuasão. Que fornece os argumentos para convencer. Portanto, retórica, para Aristóteles, não se trata de convencer nada, nem ninguém. Retórica é aquele meio pelo qual se cria a persuasão e o argumento.

No entanto, retórica não é simplesmente persuadir, mas discernir, identificar e escolher os melhores meios de persuasão, aplicando-os a cada caso concreto.

Aristóteles via a retórica como algo que não somente faz parte da vida social e política, como também está a serviço do desenvolvimento de ambas. Nas palavras de Lima (2011, p. 46): "Tal pensador tem em vista que a distinção conceitual, envolvendo o estudo dos termos e como estes podem contribuir para a composição lógica e persuasiva dos argumentos, é fundamental para que o ser humano possa clarificar suas ideias e comunicá-las socialmente".

Mais do que ensinar a falar, Aristóteles estava preocupado em desenvolver um método que permitisse pensar a persuasão como um todo, aplicando sobre essa área um rigor científico análogo ao que já existia sobre a lógica, a política e a natureza.

Enquanto Aristóteles sistematizava um conhecimento no plano teórico, outro nome contemporâneo a ele despontava como o precursor da oratória no plano prático.

1.1.3 Demóstenes

Demóstenes é talvez o nome mais conhecido e relevante do período grego quando o assunto é oratória. Ele estudou profundamente a retórica, os discursos dos antigos oradores, criando técnicas que romperam definitivamente com a ideia de que a oratória é um dom, como veremos mais adiante.

Demóstenes perdeu o pai aos 7 anos de idade. Gago, criou uma série de métodos de treinamento que o levaram a superar suas limitações e se tornar um dos maiores oradores gregos. Conta-se que Demóstenes declamava poemas enquanto corria nas praias contra o vento. Introduzia seixos na boca como forma de exercitar sua fala. Foi um grande orador político e vários de seus discursos foram reunidos em obras como as *Filípicas, Olínticas, A oração da coroa*, entre outras (Eire, 2020).

1.1.4 Cícero

Posteriormente, já em Roma, destacou-se como orador Marco Túlio Cícero, conhecido simplesmente como *Cícero*.

Filho de família rica, Cícero era advogado, político, escritor, orador e filósofo, tendo escrito uma série de discursos e tratados de retórica, dentre os quais destaca-se *Do orador, Brutus, Orador, Em defesa de Quíncio, Em defesa de Milão* e muitos outros textos (Costa, 2019).

Para Cícero, a oratória não cumpria simplesmente uma função de transmitir um conceito ou uma ideia. Ela era, antes de tudo, uma forma de transmitir a história como uma construção de fatos e palavras.

Como aponta Teixeira (2008, p. 557), para Cícero, somente um bom orador poderia transmitir um conteúdo que merecesse o título de *história*, entendida por ele nos seguintes termos: "a história é testemunha dos séculos, luz da verdade, vida da memória, mestra da vida, mensageira do passado [...] que voz, se não a do orador, pode torná-la imortal?".

Cícero foi seguramente um dos mais influentes e reconhecidos oradores do período romano, sendo admirado por personalidades que iam de Erasmo de Roterdã a Santo Agostinho, passando por Martinho Lutero a John Locke.

1.1.5 Quintiliano

Quintiliano, professor e advogado, marcou o apogeu da retórica na sociedade romana, tendo escrito sua principal obra acerca do assunto, intitulada *Instituição oratória* (Costa, 2019).

O centro de órbita das preocupações de Quintiliano era a educação dos jovens, a quem deveriam ser endereçados todos os esforços da retórica. Para ele,

> O orador deve procurar a perfeição e chegar à sabedoria, nos costumes, no conhecimento e na habilidade de falar, **mesmo que ninguém tenha conseguido isso**. Caso pareça uma exigência muito elevada, não importa: sempre deve ser ensinado às crianças o que há de melhor – a educação deve ser **exemplar**. (Costa, 2019, p. 363, grifo do original)

Outra obra que influenciou igualmente ou mais os estudos retóricos posteriores foi a *Retórica a Herênio*, de autor desconhecido, na qual, dentre outros elementos, é dado destaque para a questão da memória do orador como fato indispensável para que seja possível recordar temas do interesse deste, como a própria ordem de seu discurso (Costa, 2019).

1.2
O PERÍODO MEDIEVAL

A passagem do período greco-romano para o período medieval ocorreu não somente no plano social, com a substituição do escravismo pelo feudalismo, mas também na mudança das formas de comunicação pautadas na ideia de democracia para a teocracia (Oliveira, 2011).

A oratória sai da *polis* (cidade) e da vida pública, na Grécia e em Roma, para adentrar os monastérios, passando a fazer parte dos programas pedagógicos dos cristãos (Oliveira, 2011).

É nesse contexto que a oratória participa no curso da assim chamada *Idade Média*.

1.2.1 Os panegíricos

Panegírico vem do grego *panegyris*, que significa "reunião", "ajuntamento" ou "concurso de pessoas" (Munizo, 2018). Na Grécia, a expressão era associada a certas reuniões festivas, enquanto em Roma era identificada como os discursos que os cônsules manifestavam depois de eleitos, externando seus agradecimentos e seu apreço ao imperador ou a pessoas ilustres (Munizo, 2018).

Os panegíricos, portanto, eram uma espécie de "rasgação de seda"[2] durante a qual os oradores se empenhavam em criar um discurso

---

2 *Expressão popular que quer dizer "elogio exagerado", "bajulação", geralmente com a finalidade de se conseguir algo em troca de quem está sendo elogiado.*

bem elaborado, elegante e especialmente poético, com a finalidade de conseguir algum apoio ou patrocínio da pessoa elogiada.

Assim, os panegíricos eram verdadeiros veículos dos feitos dos imperadores, servindo como instrumentos de seu poder, divulgando suas convicções e interesses. Tratava-se de uma espécie de *marketing* político da época.

Como ressaltou Franchi (2008, p. 189):

> *Com o status de documentação oficial, o orador organizava sua estratégia discursiva em função de acontecimentos recorrentes do momento que participava, resgatando fatos e personagens "gloriosos", buscando relacioná-los com o homenageado em questão, uma vez que a produção panegirista passa a ser considerada praticamente obrigatória após algum feito glorioso do Imperador.*

Cabe mencionar que os panegíricos se consagraram no contexto da ascensão cristã, que fez abundante uso desse modelo discursivo para divulgar a "boa nova", firmando-se como ideia universal de religião, moral e estética, exaltando personagens e imperadores, ao passo que consolidava seu modo de pensar e agir no mundo.

1.2.2 Santo Agostinho

É já bem conhecida a contribuição de Santo Agostinho no plano filosófico e teológico, especialmente no seio da Igreja católica. Mas pouco se comenta acerca de suas contribuições para o campo da oratória.

Com supedâneo especial em Cícero, Santo Agostinho estabeleceu os fundamentos do que se pode chamar de *retórica cristã*. Várias de suas obras abordam a questão da retórica, sob distintas perspectivas.

Por exemplo, na obra *A cidade de Deus*, Santo Agostinho (2017) discute, dentre outras questões, sobre interpretações e passagens bíblicas, buscando deslindar o que cada passagem queria dizer. Mas só aborda a questão da retórica propriamente dita no capítulo V do Livro XXII de *A cidade de Deus*, em que reflete acerca da capacidade dos apóstolos – que desconheciam a retórica, a dialética e a gramática – de convencerem o mundo de suas convicções.

Nas palavras de Santo Agostinho (2017, p. 1400): "Cristo enviou ao mar deste mundo, com as redes da fé, uns quantos pescadores, sem instrução liberal e sem educação, ignorantes dos recursos da gramática, das armas da retórica e dos pomposos artifícios da retórica". E, prossegue, julgando "incrível" que poucas e ignorantes pessoas tivessem o poder de persuadir "ao mundo e aos sábios do mundo" (Agostinho, 2017, p. 1400). Nesse sentido, mais vale uma boa fé do que uma impecável retórica.

Como observa Costa (2019), em *A cidade de Deus*, Agostinho faz menção aos Apóstolos que, não obstante sua ignorância, conseguiram convencer o mundo de suas palavras, precisamente porque a força do conteúdo de sua mensagem prevalecia sobre a forma.

Essa premissa parece sugerir que, onde a mensagem de Deus está presente, a oratória prescinde de adereços.

Mas os fundamentos retóricos de Santo Agostinho surgiram também nas obras *Confissões* e *Doutrina cristã* (Silva, 2008).

Silva (2008) nos explica que, em *Confissões*, Santo Agostinho trabalha com a explanação do que é o amor, entendido como aquilo que emana de Deus e que liga os homens a Ele. Assim, Deus seria o Bem, sendo Ele a finalidade última da humanidade, objetivo de toda ação humana, que se aproxima tanto mais de Deus quanto mais ama o próximo e pratica o bem, e tanto mais se afasta d'Ele quanto maior o mal em sua conduta.

Esse amor ao próximo estava diretamente ligado ao conceito de caridade (*caritas*), que Agostinho herdou de São Paulo, especialmente de sua carta I ao Coríntios (Silva, 2008).

Já em *Doutrina cristã*, segundo Silva (2008), Santo Agostinho discute em algumas passagens o que entende por *retórica*, compreendendo-a como sinônimo de *eloquência*, sugerindo ser um conceito pouco importante para o conhecimento de Deus, posto que está limitada a apenas persuadir o outro.

O que talvez seja o aspecto essencial na contribuição de Agostinho é que o conteúdo da mensagem, desde que vinculado à mensagem de Deus, tinha importância maior do que a forma.

Com Agostinho, a oratória encontra no evangelho seu maior aliado. Retórica é fé!

Assim, Santo Agostinho marcou o início da oratória como veículo de transmissão das ideias cristãs e seu domínio como religião universal no mundo.

1.2.3 MARCIANO CAPELA

Outra influente obra do período medieval chama-se *Sobre as bodas da Filologia com Mercúrio*, do escritor neoplatônico Marciano Capela (século V), praticamente o último trabalho de tradição pagã nesse período (Costa, 2019).

Nessa obra, Capela (ou Capella, para alguns) apresenta a retórica por meio de uma criativa alegoria de uma dama, cuja indumentária e acessórios representam algum aspecto da retórica. Por exemplo, o cinto ornado de joias representa os adereços retóricos, o vestido, as figuras de linguagem, prontas para guerrear contra os argumentos dos adversários.

O trabalho de Capela versa sobre as sete artes liberais, quais sejam: música, geometria, aritmética, astronomia (*quatrivium*), retórica, gramática e dialética (trivium) (Costa, 2019).

No tocante à retórica, Capela estrutura do seguinte modo seu trabalho: a investigação e a organização dos argumentos, o melhor modo de locução das palavras, a memorização, o modo correto de falar e de se expressar corporalmente, dentre outros detalhes (Costa, 2019).

Embora pouco conhecida atualmente, a obra teve um forte impacto na era medieval, sendo lida e ensinada na Europa desde o início da Idade Média até aproximadamente o fim do período renascentista.

Outros pensadores também tiveram papel relevante no desenvolvimento da oratória nesse período, como Raimundo Lúlio, Bernardo de Claraval, Isidoro de Sevilha, dentre outros – em sua maioria, voltados para a associação da oratória com os aspectos da religiosidade de cunho cristão, então dominante na época, ao menos na Europa (Costa, 2019).

Seja como for, a oratória serviu de importante meio para a construção de um pensamento cristão dominante, ganhando cada vez mais relevo neste que foi um importante capítulo da história humana.

1.3
O PERÍODO MODERNO

A passagem da Idade Média para a moderna se deu com a transformação da sociedade feudal na sociedade capitalista, que se iniciou por volta do século XV.

Com o avanço civilizatório, os paradigmas religiosos, especialmente o cristão, foram dando lugar aos paradigmas científicos.

O mundo da especulação, da contemplação e da metafísica foi sendo ocupado pela racionalidade, pelo experimento e a pela ciência.

Essa nova vertente também reverberou na oratória, que passou por um período de declínio, já que seus principais fundamentos se encontravam na filosofia contemplativa da Idade Média, da qual se afastavam os novos pensadores modernos.

Não bastavam mais argumentos, e sim evidências de que o que se fala é verdadeiro ou não.

Se antes a verdade estava em Deus, independentemente de sua existência, com o apogeu do período moderno, a verdade constituiu-se naquilo que poderia ser comprovado.

1.3.1 René Descartes

Descartes é comumente identificado como o pensador que deu início à filosofia moderna.

A postura de Descartes ante a retórica era basicamente de desacreditá-la, como se menor ou dispensável fosse diante do pensamento racional.

Em seu livro *Discurso do método*, refere-se à retórica nos seguintes termos: "Apreciava muito a eloquência, e era apaixonado pela poesia; mas pensava que ambas eram mais dons do espírito do que frutos do estudo [...]. Comprazia-me sobretudo com as matemáticas, por causa da certeza e da evidência de suas razões" (Descartes, 2001, p. 10-11).

Há uma clara distinção entre a retórica (eloquência) e a matemática, esta como fruto do estudo, e aquela, como "dons do espírito" (Descartes, 2001, p. 11).

É como se a retórica estivesse voltada para a especulação e a ciência, à evidência e à razão. O autor opera, então, uma mudança na forma de convencer, substituindo um bom argumento por uma boa prova.

Conforme observa Castro (2009), a argumentação cartesiana tinha dois alvos prioritários.

Por um lado, opunha-se à escolástica, entendida, *grosso modo*, como um esforço em conjugar a fé cristã com um sistema de pensamento grego, tornando-se um método de pensamento relevante durante a Idade Média que conciliava homem, razão e fé.

O pensamento escolástico, por influência aristotélica, baseava-se nas técnicas do silogismo[3] para forjar sua argumentação. Ocorre que, para Descartes, o fundamento do silogismo é a probabilidade ou a verossimilhança, de sorte que, por esse motivo, deve ser declarado falso.

Descartes defendia que tudo o que pudesse deixar dúvida deveria ser prontamente rejeitado. O que não pudesse ser comprovado, deveria ser rejeitado. No lugar da probabilidade, demonstração. Assim, Descartes queria estabelecer um método de conhecimento seguro, demonstrável e verdadeiro, abandonando e opondo-se a todo conhecimento especulativo até então dominante.

O outro ou os outros alvos de Descartes eram as letras e a lógica. (Castro, 2009).

As letras, porque acreditava que o conhecimento seguro não se dava pelo exaustivo estudo de teorias, mas pela matemática, ciência para ele universal e objetiva, com fundamentos que sempre trarão resultados incontestáveis, como a soma de 2 mais 2.

Já com relação à lógica, ao nosso juízo, Descartes considerava que dela nada sairia em termos de novos conhecimentos, atribuindo à matemática o condão de gerar mais e novos conhecimentos, todos eles demonstráveis.

---

3   *Silogismo é um raciocínio dedutivo construído com base em três premissas (proposições): uma premissa maior, outra menor e uma conclusão. Por exemplo: "Todos os homens são mortais. Sócrates é um homem. Logo, Sócrates é mortal" (Penteado, 2021, p. 345).*

Não seria correto concluir que Descartes era contra a retórica. O mais correto a dizer, sob a perspectiva aqui adotada, é que ele era contra um tipo de retórica, valendo-se ele próprio de uma forma de argumentação, pretensamente racional, para convencer os demais da validade do seu pensamento e método.

Com Descartes, a oratória não morreu. Antes, ganhou novos argumentos para se consolidar.

Por outro lado, como pontuaram Perelman e Olbrechts-Tyteca (2005), a concepção preconizada por Descartes, segundo a qual razão e raciocínio são os únicos meios legítimos de se chegar à verdade e evidência, irradiou sobre toda filosofia até aproximadamente o século XIX, em desprestígio à retórica e à argumentação, que sofreram considerável depreciação nos meios escolares e acadêmicos.

1.3.2 Thomas Hobbes

Diferentemente de Descartes, em seu contemporâneo Thomas Hobbes encontramos uma valorização da retórica como disciplina. Em sua obra *Arte retórica*, Hobbes busca ensinar a ler as Escrituras Sagradas em um dos capítulos, intitulado "A arte da retórica", como forma de compreender sua estratégia retórica (Castro, 2009).

O principal intento de Hobbes, no entanto, foi o de resumir a retórica de Aristóteles, embora dele divirja em alguns aspectos quanto à definição do que é retórica.

Hobbes entende a retórica como uma faculdade humana por meio da qual se pode conquistar a opinião alheia. Inspira-se o autor nos pensadores Cícero e Quintiliano, emprestando à retórica a definição de "arte do bem falar" (Nakayama, 2009, p. 11).

De Aristóteles, herdou a ideia de que a retórica guarda íntima relação com a política. Valeu-se das categorias de *invenire* (descobrir) e *elocutio* (elocução), mas, diferentemente de Aristóteles, que valorizava prioritariamente a capacidade de descobrir (*invenire*), Hobbes incorporou a posição de Quintiliano de que a invenção sem a elocução impede uma retórica eloquente (Nakayama, 2009).

O apreço de Hobbes pela oratória, no entanto, foi questionado pelo historiador Quentin Skinner, que defendia a tese de ruptura hobberiana com a retórica. Nesse sentido, segundo conta Nakayama (2009), Skinner, para ilustrar o suposto rompimento com a eloquência, defende que Hobbes teria, ao fim, atacado os conceitos de *inventio*, *elocutio* e *vir civilis*[4]. Para Nakayama (2009), essa é uma interpretação equivocada, cuja raiz está em "ler" a obra de Hobbes com os olhos do século XX.

Aqui cabe um parêntese para entendermos o pensamento de Hobbes.

Resumidamente, para ele, a humanidade está naturalmente em estado de conflito. Um quer "puxar a perna" do outro. Entretanto, ninguém é tão forte ou inteligente o suficiente para desprezar o temor ou medo de encontrar alguém mais forte e inteligente que lhe possa fazer também o mal. Desse dilema entre guerra constante e interesse na paz é que nasce o pacto social, em razão do qual emerge uma autoridade suprema capaz de garantir a liberdade dentro de certos limites e a defesa do interesse comum. Essa autoridade soberana, sob a qual todos deveriam curvar-se e submeter-se, é o que Hobbes chamou de *leviatã*, um poder absoluto, centralizado e inquestionável (Abbagnano, 2007).

---

4   Em Costa (2019), *encontramos o termo* inventio *referente ao uso de argumentos, o termo* elocutio *como relativo à ornamentação do discurso, e o termo* vir civilis *como a ideia de cidadania ou de homem, civilização.*

Se Descartes defendia o método lógico-dedutivo, sustentando que o conhecimento científico das coisas independe da experiência, para Hobbes, empirista, a experiência decorre da percepção ou impressão sensoriais, sem as quais nada se pode conhecer.

No plano da política, Hobbes entendia que era o soberano quem criava o movimento do povo e não o contrário. Todos conhecem a expressão: "todo povo tem o governo que merece". Para Hobbes, é como se fosse o contrário: "todo soberano tem o povo que merece".

Nessa perspectiva, a retórica e a oratória cumprem um papel de fortalecer o poder do soberano, de guiar a vida do povo e de conduzi-lo ao futuro.

E não só o conteúdo do que seria dito, mas até mesmo o significado das palavras seria o soberano quem definiria. A Bíblia, por exemplo, não comportaria mais de uma interpretação, sendo um privilégio exclusivo de uma única autoridade, a Igreja.

Hobbes defendia o monopólio da verdade, que só pode emanar da autoridade do estado, representada por ele pelo leviatã.

A retórica, nesse sentido, não tem apenas a faculdade de convencer ou persuadir o povo, mas, especialmente, de constituir o próprio povo, emprestando-lhe sentido segundo o entendimento do soberano.

Hobbes não opôs, portanto, a razão à retórica. O que fez foi emprestar a razão à retórica, fundamentando-a por intermédio de seu entendimento sobre a natureza humana.

1.3.3 JEAN-JACQUES ROUSSEAU

A importância de Rousseau (1712-1778) não resulta somente de eventual contribuição no campo do estudo da retórica ou da oratória, mas do impacto que seu pensamento teve sobre uma geração de oradores que o sucederam.

É considerado por muitos como o principal ou ao menos um dos principais pensadores do Iluminismo, corrente filosófica e cultural que irradiou sobre a mentalidade europeia do século XVII e XVIII, particularmente sobre o processo que culminou na Revolução Francesa (Ersching et al., 2018).

Dentre outras características, o Iluminismo valorizava a razão, o questionamento, a experiência, as leis e os direitos naturais, a crítica à nobreza e ao obscurantismo religioso e, especialmente, a defesa da liberdade, tanto política quanto econômica (Japiassú; Marcondes, 2001).

Rousseau foi um dos arautos desse movimento. Para ele, as instituições até então dominantes haviam corrompido o homem ao tolher-lhe a liberdade (Abbagnano, 2007).

Em sua obra mais celebrada, *Do contrato social*, Rousseau aborda a passagem do estado do homem natural para o civil. O estado natural é caracterizado, fundamentalmente, pela satisfação individual dos instintos e das necessidades. Já a passagem para o estado civil ocorre por meio de um processo mediante o qual o homem vai recuperando sua liberdade, procurando formar um consenso em torno do qual se estabelecem objetivos comuns em detrimento dos exclusivamente individuais (Abbagnano, 2007).

A esse consenso Rousseau chamou de *pacto social*, que garantirá a defesa dos interesses da sociedade, renunciando-se à liberdade e aos direitos ilimitados para assegurar um Estado dentro do qual se poderá ser civilmente livre (Abbagnano, 2007).

Assim, o povo será soberano em seguir as leis que ele mesmo criou, de respeitar o mesmo governo que elegeu e também de tirá-lo caso se corrompa.

Essa soberania é expressa pela "vontade geral" da sociedade, alicerce sobre o qual o povo pode exercer sua liberdade, definindo o tipo de estado, de governo e as características de ambos (Abbagnano, 2007).

Embora Rousseau se opusesse ao absolutismo, também não poupou críticas à burguesia nascente, divergindo dos demais iluministas ao criticar a nova classe social em ascensão e a propriedade privada.

Defendia a tese segundo a qual os homens são naturalmente bons e capazes de viverem em harmonia, não fosse a apropriação por parte de alguns das riquezas existentes que ensejaram a origem da desigualdade social, raiz da qual surgiram os conflitos sociais. Essas ideias foram mais bem desenvolvidas em seu livro *Discurso sobre a origem da desigualdade* (Rousseau, 2022).

Além do fato de ter ficado mais conhecido pelas obras *O contrato social* (Rousseau, 2021) e *Discurso sobre a origem da desigualdade* (Rousseau, 2022), de cujas fontes nutriram-se diversos oradores de destaque na Revolução Francesa, Rousseau também deixou uma contribuição para o estudo da retórica com seu livro *Ensaio sobre a origem das línguas* (Rousseau, 1978), publicado após a morte do autor.

A obra está dividida basicamente em três partes. Na primeira, o autor discute a origem da linguagem; na segunda, a diferença entre as línguas; e na terceira, faz uma incursão sobre elementos musicais e sua relação com a evolução da linguagem e da sociedade (Rousseau, 1978).

Rousseau preconizou que a linguagem surge do desejo das pessoas em comunicarem seus pensamentos. Para ele, o surgimento da língua ocorre em forma de melodias, percorrendo o trajeto da linguagem musical à linguagem mais organizada, articulada e sofisticada, compelida pela formação mais complexa de sociedade, concepção aparentemente herdada de Condillac[5] (Becker, 2011).

Há, entretanto, quem defenda que a concepção de evolução e aperfeiçoamento da linguagem em Rousseau tenha sofrido maior influência do italiano Vico[6] (Pereira Filho, 2012).

Seja como for, ninguém nega que há íntima e indissolúvel unidade entre linguagem e política em Rousseau, no qual gerações inteiras de oradores se inspiraram em suas ideias e conceitos filosóficos e políticos para a construção e a consolidação da sociedade burguesa emergente.

Acerca da tese do contrato social defendida por Rousseau, destaca Abbagnano (2007, p. 206) que, "entre os séculos XVI e XVII, a ideia contratualista teve notável força libertadora em relação aos costumes e tradições políticas", a partir do que depreende que essas ideias tiveram enorme impacto nas gerações posteriores.

1.4
O PERÍODO CONTEMPORÂNEO

Apenas para fins de divisão temporal, compreendemos o período contemporâneo como aquele ocorrido após a Revolução Francesa e que marca a superação do período feudal com o apogeu e a consolidação do capitalismo como modo de produção dominante.

---

5 *Étienne Bonnot de Condillac (1714-180) foi um filósofo francês partidário do empirismo e criador da corrente de pensamento alcunhada de* sensualismo. *No plano da linguagem, propôs que a língua natural, decorrente da linguagem de ação, no contexto da sociedade, foi se tornando o meio usual de comunicação e, mais do que isso, um importante método analítico de conhecimento do mundo (Rêgo, 2017).*

6 *Giambattista Vico ou Giovan Battista Vico (1668-144) foi um pensador italiano, tido como um dos grandes mentores do Iluminismo, que considerava a linguagem como um produto a história (Moura; Marques, 2011).*

1.4.1 Arthur Schopenhauer

Grande contribuição ao campo da oratória foi fornecida por Arthur Schopenhauer (1788-1860) em sua publicação póstuma, que no Brasil recebeu nomes como *Dialética erística, A arte de ter razão: 38 estratagemas para vencer um debate sem precisar ter razão* (Schopenhauer, 2018) ou, segundo a fonte aqui usada, *A arte de ter razão: 38 estratagemas* (Schopenhauer, 2017).

Nos próprios termos de Schopenhauer (2017, p. 6), por *dialética erística* entende-se "a arte de disputar, mais precisamente, de disputar de modo a ter razão *per fas et nefas* (por meios lícitos e ilícitos)".

Em sua obra, Schopenhauer (2017) discorre sobre o que ele considera 38 estratagemas para vencer uma discussão, sobre os quais assinalamos aqui, de forma abreviada, os tópicos abordados:

1. **Ampliação** – "Levar a afirmação do inimigo para além de seus limites naturais, interpretar do modo mais geral possível, tomá-la no sentido mais amplo possível e exagerá-la" (Schopenhauer, 2017, p. 14).
2. **Harmonia** – "Usar a harmonia para estender a afirmação apresentada também àquilo que, excetuando a palavra similar, tem pouco ou nada em comum com a coisa em questão, depois refutá-la luminosamente dando a impressão de ter refutado a afirmação" (Schopenhauer, 2017, p. 15).
3. **Relativizar afirmação** – "Tomar a afirmação apresentada de modo relativo [...], como se fosse apresentada de modo geral, [...] ou pelo menos concebê-la numa relação totalmente diferente, e, em seguida, refutá-la neste sentido" (Schopenhauer, 2017, p. 16).

4. **Pró-silogismos** – Consiste na ideia segundo a qual é preciso criar uma série de premissas, ou premissas de premissas, chamadas *pró-silogismos*, sem muita conexão entre si, a fim de confundir o adversário e inviabilizar que ele preveja a conclusão do raciocínio.
5. **Premissas falsas** – "Para provar nossa tese, também podemos utilizar premissas falsas, caso o adversário não admita as verdadeiras, seja porque ele não pode perceber a verdade, seja porque ele vê que a tese se seguiria delas imediatamente"(Schopenhauer, 2017, p. 17).
6. **Petição de princípio oculta** – Faz-se uma petição de princípio oculta postulando aquilo que deveria ser provado.
7. **Várias perguntas de uma vez** – "Perguntar muitas coisas de uma vez e em detalhes para ocultar aquilo que realmente se quer que seja admitido" (Schopenhauer, 2017, p. 18).
8. **Provocar cólera no adversário** – Suscitar cólera no adversário de modo a impedi-lo de julgar corretamente e perceber sua vantagem.
9. **Perguntas desordenadas** – Fazer perguntas em desordem com a conclusão do adversário, impedindo que ele saiba aonde se quer chegar ou, ainda, usar as respostas dele para conclusões diferentes.
10. **Perguntas opostas** – "Quando notamos que o adversário deliberadamente dá respostas negativas para perguntas cujas afirmativas seriam necessárias para nossa tese, devemos perguntar o oposto da tese de que queremos nos servir, como se a quiséssemos ver afirmada" (Schopenhauer, 2017, p. 18).
11. **Indução** – Induzir o adversário a adotar como verdades questões pontuais ou particulares afirmadas, sem exigir que admita verdades gerais, causando a impressão no público de que se vendeu o debate pela concordância do adversário com os temas pontuais.

12. **Simulação de conceitos** – "Se o discurso versa sobre um conceito geral que não tem um nome próprio, mas deve ser designado tropicamente por meio de um símile, devemos escolher o símile de modo tal que favoreça nossa afirmação" (Schopenhauer, 2017, p. 19).
13. **Fornecer tese alternativa** – Fornecer ao adversário uma tese contrária para contrastá-la com outra – "como colocar cinza ao lado do preto, para poder chamá-lo de branco; ou ao lado do branco, para poder chamá-lo de preto" (Schopenhauer, 2017, p. 19).
14. **Falsa vitória** – Fazer várias perguntas e, diante da ausência de resposta de uma delas, proclamar-se com a razão em decorrência de não se ter respondido à altura.
15. **Tese paradoxal** – Ao expor uma tese paradoxal que não se consegue provar, propõe-se qualquer tese que, se aceita, reconhece-se o triunfo; e se rejeitada, poderá ser reduzida *ad absurdum* (reduzida ao absurdo ou ao extremo).
16. **Argumentos *ad hominem* (argumento contra a pessoa)** – Verificar se os argumentos defendidos pelo adversário não estão em contradição com outros defendidos por ele em outro momento, ou em contradição com alguma corrente de pensamento que ele já defendeu ou, ainda, com o próprio comportamento dele.
17. **Distinção** – Contra-argumentar fazendo alguma distinção na hipótese de a questão permitir dupla interpretação ou de casos distintos.
18. **Interromper o debate** – Interromper o debate, levando-o para outro caminho ante a ameaça de ser derrotado.
19. **Universalizar o argumento** – Caso o adversário peça para rebater algum ponto específico em sua argumentação que o orador desconhece, é preciso universalizar o raciocínio, falando-se de um âmbito geral.

20. **Uso de premissa falsa** – Tirar conclusões sobre as premissas do adversário, ainda que ele as tenha fornecido parcialmente.
21. **Refutar sofismo**[7] – Demonstrar o argumento sofístico do adversário.
22. **Acusação de petição de princípio** – Na hipótese de o adversário pressionar para que se aceite um argumento, devemos acusá-lo de petição de princípio[8].
23. **Instigar ao exagero** – Instigar o adversário a exagerar suas afirmações que seriam perfeitamente aceitas se afirmadas dentro de limites mais adequados.
24. **Manipulação das consequências** – Uso ardiloso de conceitos retirados de proposições não mencionadas pelo adversário como forma de comprovar as contradições dele. Trata-se de uma forma de imputar como prova aquilo que não é prova.
25. **Falácia da instância** – Apresentar um único argumento a fim de debelar os princípios gerais enunciados pelo opositor.
26. **Usar argumento contra oponente** – Como assinalado, trata-se de utilizar um argumento do oponente contra ele mesmo.
27. **Suscitar a raiva** – Insistir em argumentos que causem raiva no adversário.

---

[7] Tipo de retórica que induz intencionalmente o público ao erro. Nos termos de Japiassú e Marcondes (2001, p. 177), trata-se de "Raciocínio que possui aparentemente a forma de um silogismo, sem que o seja, sendo usado assim de modo a produzir a ilusão de validade, e tendo como conclusão um paradoxo ou um impasse. Ex.: Este cão é meu, este cão é pai: logo, este cão é meu pai".

[8] Veremos mais detalhadamente o que é uma petição de princípio no Capítulo 7, ao tratarmos das falácias. Basta mencionar, por enquanto, que a petição de princípio é uma verdade tida por absoluta por quem a declara, sem que tenha sido devidamente comprovada.

28. **Argumento *ad auditores*** (sujeito a perito ou público qualificado) – Valer-se de algum argumento falso que só poderia ser percebido por público capacitado no assunto.
29. **Diversionismo** – Mudar completamente de assunto quando estiver perdendo o debate ou sem argumentos para defender.
30. **Argumento de autoridade** – Empregar argumentos que só podem ser confirmados por autoridade no assunto.
31. **Emprego de ironia de incompetência** – Declarar-se ironicamente incompetente em assuntos que efetivamente não domina.
32. **Reducionismo à categoria odiosa** – Buscar reduzir o argumento do adversário em categorias odiosas aos olhos do público.
33. **Contrapor a prática à teoria** – Ocorre quando se contrapõe a teoria à prática. É o famoso "na prática não é bem assim".
34. **Insistência em perguntas incômodas** – Deve-se insistir em perguntas ou argumentos que demonstrem que o oponente está incomodado ou mais fragilizado.
35. **Incitação à vontade** – Estratagema que consiste em provocar a vontade do adversário, em vez de seu intelecto, buscando consentimento do adversário a posições que contrariem as próprias convicções dele.
36. **Expressões sem sentido** – "Aturdir, desconcertar o inimigo com um palavreado sem sentido. Isso repousa no fato de que 'habitualmente o homem crê, ao ouvir apenas palavras, que ali também deve haver matéria para reflexão'" (Schopenhauer, 2017, p. 28).
37. **Refutar o todo pela parte** – Consiste em refutar todo o argumento utilizado por uma única prova frágil, de fácil contestação.
38. **Ofensa pessoal** – Atacar o adversário com ofensas pessoais, inclusive com grosserias e agressividade, quando o debate está de todo perdido.

Questões de apreciação moral à parte, os estratagemas apresentados por Schopenhauer partem da premissa do "vale tudo" para ganhar o debate.

Sem prejuízo ao que já foi exposto neste capítulo, vários desses temas serão novamente abordados nos Capítulos 6 e 7, que tratam da argumentação e da contra-argumentação, respectivamente.

1.4.2 Ludwig Joseph Johann Wittgenstein

Ludwig Joseph Johann Wittgenstein (1889-1951) foi um filósofo de origem austríaca, posteriormente naturalizado britânico.

Podemos dizer que a maior contribuição desse filósofo, tanto para a filosofia quanto para a oratória, foi a de resgatar a importância da linguagem para o conhecimento humano.

Costuma-se dividir o pensamento de Wittgenstein em dois momentos distintos. O primeiro, com a publicação de seu livro *Tratado lógico-filosófico,* de 1922 (Wittgenstein, 2015b), e o segundo, com a publicação de sua obra *Investigações filosóficas,* de 1953 (Wittgenstein, 2015a).

No primeiro trabalho, o autor procura demonstrar como a linguagem é capaz de representar o mundo que nos cerca. Tal como uma maquete representa determinado prédio, também a linguagem representa o mundo por meio de proposições.

Para Wittgenstein, as coisas só ganham algum significado se relacionadas umas com os outras numa determinada frase. Por exemplo, se dissermos apenas a palavra *colher,* sentido algum terá; mas, se dissermos a frase "a colher encontra-se na sopa", poderemos saber se essa proposição é falsa ou verdadeira.

Além disso, devemos mencionar que as palavras precisam ter certa conexão com o mundo, de sorte que a linguagem deve corresponder ao pensamento da pessoa e ao mundo sobre o qual ela está falando.

Assim, é preciso ter uma certa identidade entre o que a pessoa está falando e o que está sendo falado, entre pensamento e mundo, entre a coisa e a linguagem. Se há identidade, então a coisa é verdadeira. Do contrário, é falsa.

Entre a linguagem, o pensamento e o mundo deve haver uma lógica, que Wittgenstein sustenta que não pode ser demonstrada. Nas suas palavras, "acerca daquilo de que se não pode falar, tem que se ficar em silêncio" (Wittgenstein, 2015b, p. 142).

Assim, o mundo é uma totalidade de coisas existentes e a linguagem, uma totalidade de proposições, havendo entre ambos, mundo e linguagem, uma relação na qual a linguagem é a figuração do mundo. É por esse motivo que Wittgenstein (2015b, p. 114) assentou a máxima segundo a qual "os limites da minha linguagem significa[m] os limites do meu mundo".

Não é difícil transportar essa premissa para o terreno da oratória, já que a linguagem é a matéria-prima do orador e seu principal instrumento de trabalho. Nesse sentido, a linguagem é como se fosse uma caixa de ferramentas dentro da qual existem mais ou menos instrumentos para o orador trabalhar. Tanto mais vazia sua caixa de ferramenta, menores serão seus recursos de oratória. Quanto maior o arsenal de linguagem à disposição do orador, maiores as possibilidades de ele cumprir com seus objetivos.

Essa primeira obra de Wittgenstein teve influência significativa nos meios filosóficos e científicos, impactando especialmente uma porção pequena, mas, ainda assim, significativa de cientistas austríacos que fundaram mais tarde o que ficou conhecido como *Círculo de Viena*[9].

E qual a diferença, então, entre o "primeiro" e o "segundo" trabalho de Wittgenstein?

Se no *Tratado lógico-filosófico* Wittgenstein (2015b) busca a totalidade da linguagem – sua essência, por assim dizer –, na obra *Investigações filosóficas* (Wittgenstein, 2015a) ele se opõe pelo vértice (o famoso "cavalo de pau"), mudando completamente essa concepção, uma vez que passa a defender que não existe um todo da linguagem, mas tão somente um aglomerado de linguagens.

Para exemplificar seu novo entendimento, Wittgenstein coteja a linguagem ou as linguagens com os jogos.

Existem vários tipos de jogos que podem até guardar entre si algumas semelhanças, mas entre os quais não há uma essência, já que cada um possui seu objetivo, suas regras, suas condições de jogo.

Com a linguagem ocorreria o mesmo. Existe uma certa similitude na prática linguística, a qual Wittgenstein (2015a) chama de *semelhança de família*[10], mas isso não quer dizer que exista uma unidade ou essência da linguagem.

---

9 *Coordenado por Moritz Schlick, participaram do Círculo de Viena nomes como os de Friedrich Waismann, Gustav Bergmann, Hans Hahn, Herbert Feigl, Karl Menger, Ludwig von Bertalanffy, Marcel Natkin, Olga Hahn-Neurath, Otto Neurath, Philipp Frank, Richard von Mises, Rose Rand Rudolf Carnap, Theodor Radakovic, Tscha Hung, Victor Kraft, dentre outros nomes da filosofia e da ciência (Calazans, 2016).*

10 *Na fonte aqui utilizada, a tradução desse conceito aparece como "parecenças de família" (Wittgenstein, 2015a, p. 228).*

Diferentemente disso, a exemplo dos jogos, o que existe é uma multiplicidade de regras, condições, objetivos e convenções que propiciam o que Wittgenstein chamou de *jogos de linguagem*. Nos termos do filósofo: "Chamarei também ao todo formado pela linguagem com as atividades com as quais ela está entrelaçada o 'jogo de linguagem'" (Wittgenstein, 2015a, p. 177).

Assim, a prática da linguagem pode se prestar a várias coisas, como condenar alguém, interpelar, transmitir um sentimento etc. Não haveria, portanto, uma finalidade precípua da linguagem de "figurar" o mundo, representando-o por meio da linguagem e estabelecendo entre ambos uma determinada lógica. Isso seria apenas um dos vários "jogos de linguagem", mas não o único nem sequer o mais importante.

Nessa perspectiva, a linguagem depende do contexto, das circunstâncias e da finalidade para a qual está sendo usada.

Há uma verdadeira inflexão no entendimento sobre a linguagem a partir dessa perspectiva.

Anteriormente, a linguagem tinha o objetivo de externar por meio da palavra o significado das coisas, com as quais mantinha uma lógica. Depois de *Investigações filosóficas*, Wittgenstein submete a linguagem ao talante das circunstâncias e do contexto no qual ela está inserida.

Em *Tratado lógico-filosófico*, temos um Wittgenstein que busca os segredos próprios da linguagem, como se ela existisse por si só, independentemente de fatores externos. Já em *Investigações filosóficas*, ele praticamente condiciona a linguagem ao meio ao qual está submetida.

A linguagem deixa de ser apenas uma representação das coisas para se transformar também num instrumento de tradução de necessidades e interesses humanos.

Se no *Tratado lógico-filosófico* Wittgenstein defende que a linguagem mostra o mundo como ele é, em *Investigações filosóficas* ele acrescenta a ideia de que depende de qual mundo se está falando.

Para o campo da oratória, essa nova perspectiva alerta para o fato de que uma mesma coisa, dita em ambientes distintos, pode gerar reações completamente distintas.

Em um exemplo jocoso, a expressão *ação possessória* pode ter significado muito diferente se dita por um advogado num processo judicial ou por um pastor num culto evangélico.

Mais adiante, veremos como essa perspectiva dos "jogos de linguagem" pode ser mais bem compreendida ao tratar das variações linguísticas.

O que cabe destacar é que, seja pelo primeiro, seja pelo segundo trabalho de Wittgenstein, a linguagem não somente busca exteriorizar o sentido de uma coisa, como essa coisa pode possuir sentidos diferentes em cada contexto na qual está inserida, devendo o orador ater-se a esses aspectos ao elaborar e aplicar seu discurso.

1.4.3 Michel Foucault

Michel Foucault (1926-1984) foi um autor contemporâneo que ocupou o papel de professor no Collège de France no início da década de 1970, permanecendo lá até sua morte (Ribeiro, 1995).

Foucault passou a identificar nos discursos a fonte de determinado poder a serviço do qual certas instituições se valem para exercer seu domínio e controle social (Bordin, 2014).

Discursos criam verdades, as quais nascem para justificar determinadas relações de poder.

A verdade, para Foucault, não está relacionada a categorias abstratas, como em Descartes ou Kant, muito menos à práxis social, como em Marx. Em Foucault, a verdade depende de criação, legitimação, transmissão e circulação de determinado discurso, do qual emana o poder de quem o criou.

Para ilustrar essa ideia, pensemos no que seria um louco. Quem diz o que é ou não a loucura? Certamente não é um louco, mas aquele que se entende como normal. O normal, então, cria uma ideia de loucura, sistematiza essa concepção numa linguagem que ele domina – a psiquiátrica, por exemplo –, a partir da qual todos aqueles que se enquadram no seu conceito de loucura assim passarão a ser definidos.

A loucura, então, não é uma verdade em si. Ela existe a partir de uma definição de uma área do conhecimento, a psiquiatria, que passa a exercer o poder por meio de um discurso científico, estabelecendo socialmente quem é e quem não é louco.

Aquele que detém o saber sobre aquele tema também é quem exerce a verdade sobre aquilo, estabelecendo uma relação de poder por intermédio do seu conhecimento.

O conto *O alienista*, de Machado de Assis (1994), exemplifica de forma irretocável essa ideia de que o saber gera poder.

No conto, o Dr. Bacamarte, médico psiquiatra, cria um manicômio, chamado de Casa Verde, em sua cidade natal. Para lá, passa a enviar todos os loucos da cidade e da região.

Depois, liberta os loucos, cria uma nova teoria e começa a enviar para o manicômio outras pessoas que se encaixavam na nova doutrina. E assim foi internando um a um até que praticamente toda cidade estivesse por ele internada.

A constatar que apenas ele restou livre, Dr. Bacamarte concluiu que, por terem todas as pessoas algum desvio, anormal era ele que se julgava incólume a qualquer loucura, internando-se a si próprio na Casa Verde.

Foucault, então, entrelaça a questão do saber e poder, como se para cada tipo de poder fosse indispensável a um campo do saber, que, por sua vez, engendra uma relação de poder que lhe é própria (Bordin, 2014).

O objeto de estudo de Foucault não foi o orador ou a oratória, mas o discurso, entendido como um conjunto de conceitos decorrentes de relações de poderes e por eles legitimados, prestando-se à vigília e ao controle social (Bordin, 2014).

O discurso religioso, médico, do direito e de tantos outros campos do conhecimento humano são, para Foucault, maneiras de se criarem verdades por intermédio das quais se exerce o domínio de uma pessoa ou instituição sobre as demais.

Um programa político, defendido por um orador político, também ostenta seu saber, criando suas próprias verdades e constituindo sua forma de exercer o poder sobre aqueles para os quais é endereçado o discurso.

Para um orador, conhecer o saber por trás de um discurso é um fator diferencial no sentido de defendê-lo ou refutá-lo.

1.5
A ORATÓRIA NA ATUALIDADE

Muitos foram os estudos publicados mais recentemente acerca da oratória ou retórica.

Não é objetivo deste tópico resenhar cada obra ou pensamento, mas destacar o que talvez seja um dos estudos mais importantes nesse sentido, que foi o lançamento da obra *Tratado da argumentação: a nova retórica*, de 1958, escrita em parceria por Chaïm Perelman e Lucie Olbrechts-Tyteca (Perelman; Olbrechts-Tyteca, 2005).

Trata-se de uma obra voltada fundamentalmente para o tema da argumentação. O esforço dos autores é o de recuperar a tradição grega da retórica, ao passo que é uma crítica ao racionalismo de viés cartesiano, entendido como uma escola de pensamento avessa à arte de persuadir e convencer.

Trata-se de uma obra importante, na qual é desenvolvida uma série de técnicas que ajudam o orador a dialogar melhor com o público, independentemente da circunstância em que ele estiver.

A obra é dividida em três partes.

Na primeira, intitulada "Os âmbitos da argumentação", os autores atentam-se à necessidade de se estabelecer um vínculo entre o orador e o público, buscando-se despertar o interesse do auditório para que se possa desenvolver a argumentação.

A tese central desenvolvida nessa parte da obra é a de que nada se resolve somente ou exclusivamente por meio da razão, destacando a indispensabilidade da argumentação para que as coisas efetivamente mudem.

Na segunda parte, chamada de "O ponto de partida da argumentação", Perelman e Olbrechts-Tyteca (2005) percorrem os melhores caminhos para se desenvolver a argumentação. Sustentam que ela deve começar pela opção que o orador deve fazer sobre quais premissas fundamentarão sua argumentação e qual é a ordem que ele irá seguir. Em seguida, o texto trata da seleção dos dados que serão utilizados, findando essa parte da obra com a decisão do orador sobre quais serão seus elementos centrais na exposição no que tange à forma e ao conteúdo.

Na terceira e última parte do livro, alcunhada de "As técnicas argumentativas", são tratados cinco temas centrais, divididos em cinco capítulos com os seguintes tópicos: "Argumentos quase lógicos"; "Argumentos baseados na estrutura do real"; "As ligações que fundamentam a estrutura do real"; "A dissociação das noções"; e, por fim, "A interação dos argumentos" (Perelman; Tyteca, 2005).

A tese que perpassa todo o trabalho realizado pelos autores é a de que o fim precípuo da argumentação é o de precipitar no ouvinte uma ação, seja ela imediata, seja ela futura.

A obra é fundamentalmente importante para o orador político, porque o que se espera é que todo o exercício da oratória tenha como objetivo final não só a adesão das pessoas ao programa que se defende, mas também que elas ajam em defesa desse programa.

Em sentido mais atual ainda, podemos citar o trabalho *TED Talks: o guia oficial do TED para falar em público*[11] (Anderson, 2016), no qual já estão incorporadas técnicas de oratória empregadas nos meios digitais.

> **Para saber mais**
>
> O acervo de materiais acerca do assunto é vasto e, para não cometermos injustiças esquecendo de algum autor ou obra relevante, sugerimos que você mesmo faça uma pesquisa para examinar os livros com os quais mais se identifique.
>
> A seguir indicamos algumas obras que tratam do tema:
>
> ANDERSON, C. **TED Talks**: o guia oficial do TED para falar em público. Tradução de Donaldson Garschagen e Renata Guerra. Rio de Janeiro: Intrínseca, 2016.

---

11 *TED é um acrônimo de Technology, Entertainment, Design, que em português seria (em tradução livre) algo como "Tecnologia, Entretenimento, Design".*

> MENDES, E.; ALMEIDA, L.; HENRIQUES, M. P. **Falar bem é fácil**: um superguia para uma comunicação de sucesso. São Paulo: AGWM, 2007.
>
> MORI, P. **Oratória, a arte de falar em público**. São Paulo: Clube dos Autores, 2017.
>
> MOSCA, L. do L. S. (Org.). **Retóricas de ontem e de hoje**. 2. ed. São Paulo: Humanitas FFLCH/USP, 2001.

Síntese

No presente capítulo, pudemos fazer um breve e parcial passeio sobre alguns momentos e nomes que contribuíram de algum modo para o campo da oratória.

Não há um país ou um pensador que possam ser identificados, respectivamente, como o local ou mente responsável pela criação da oratória. Ela pode ter surgido em vários locais, em tempos distintos ou concomitantemente.

No entanto, geralmente a Grécia é considerada o país no qual a oratória passou pelos primeiros esforços em ser sistematizada como um ramo do conhecimento por meio dos estudos da retórica.

Entre os gregos, destacam-se: os sofistas, por terem ajudado na difusão da oratória; Aristóteles, pelo empenho em sistematizar o estudo da retórica; Demóstenes, por ter demonstrado com a própria experiência que a oratória é uma arte que pode ser apreendida.

Na sequência histórica, a oratória foi muito prestigiada também no período romano, tendo o nome de Cícero entre seus maiores expoentes.

Já na Idade Média, a oratória prestou-se muito a discursos de enaltecimento de imperadores e outras personalidades, sendo mais tarde fortemente identificada com o discurso religioso, sobressaindo-se o nome de Santo Agostinho.

No período moderno, a oratória nutriu-se do pensamento racionalista, passando a se destacar nos discursos dos iluministas que embalaram as primeiras revoluções burguesas da história, muitos dos quais inspirados no pensamento de Rousseau.

Já no período contemporâneo, destaca-se a contribuição de Schopenhauer com a formulação de seus estratagemas.

Por fim, no que podemos chamar de *pós-modernidade*, as contribuições de Michel Foucault permitem entender os discursos também como dimensões de poder, emprestando um olhar distinto sobre o que possa ser emanado de uma oratória.

Na atualidade, a oratória ganhou novo ímpeto com as contribuições de Chaïm Perelman e Lucie Olbrechts-Tyteca, que buscam recuperar a importância da retórica para o mundo atual.

Questões para revisão

1. Marciano Capela ofereceu importante contribuição no plano da oratória. De que modo Capela estruturou seu trabalho sobre retórica?

2. A linguagem representa o mundo por meio de proposições, devendo haver entre linguagem e mundo uma identidade, uma lógica. Assim, o mundo é uma totalidade de coisas existentes e a linguagem, uma totalidade de proposições, havendo entre ambos, mundo e linguagem, uma relação na qual a linguagem é a figuração do mundo. Esse entendimento pertence a qual pensador?

a) Jean Jacques Rousseau.
   b) Michel Foucault.
   c) Ludwig Wittgenstein.
   d) Cícero.
   e) Aristóteles.

3. Em seu *Ensaio sobre a origem das línguas,* Rousseau divide a obra em três partes. Quais são elas?

4. Considerava a retórica um dom e atribuía a ela características distintas da matemática, voltada à evidência e à razão.
   Que autor defendia essa concepção?
   a) Aristóteles.
   b) Quintiliano.
   c) Descartes.
   d) Hobbes.
   e) Foucault.

5. Em seu *Tratado da argumentação: a nova retórica,* os autores Chaïm Perelman e Lucie Olbrechts-Tyteca buscam resgatar a influência de qual escola de pensamento para o plano da oratória?
   a) Do racionalismo cartesiano.
   b) Da arqueologia do saber de Foucault.
   c) Da dialética erística de Schopenhauer.
   d) Do contratualismo de Rousseau.
   e) Da tradição grega.

Questão para reflexão

1. Durante período grego, a oratória voltava-se à persuasão do público, por meio da retórica, cuja área de conhecimento Aristóteles buscou transformar em conhecimento sistematizado e científico. Na Idade Média, a oratória passou a servir a outro propósito. Qual a finalidade da oratória nos panegíricos?

CAPÍTULO 2

Alguns conceitos
importantes

Conteúdos do capítulo:

- Orador e oratória.
- Forma e conteúdo na oratória.
- Conceituando a oratória.
- A oratória política.
- Outros conceitos importantes.

Após o estudo deste capítulo, você será capaz de:

1. reconhecer a natureza da oratória como arte de falar;
2. diferenciar conteúdo e forma na oratória;
3. relacionar alguns conceitos no campo da oratória.

Antes de adentrarmos propriamente no mundo das técnicas, alguns conceitos que já foram ou serão utilizados merecem um pouco de nossa atenção.

Os conceitos aqui não são absolutos e naturalmente cabem entendimento distinto, dependendo da perspectiva de quem os define. No entanto, dão uma ideia, uma referência do que quer dizer cada coisa e ajudam a harmonizar o entendimento ao longo deste livro.

2.1
Orador e oratória

Antes de adentrarmos no mundo conceitual, queremos aqui esclarecer uma questão.

Muitas pessoas acham que a oratória é um dom, uma qualidade intrínseca ou mesmo genética de uma pessoa. Ledo engano! A oratória não é nata ou inata. Nato é de nascido, como se alguém nascesse com aquele dom. Inato é natural, como se aquela qualidade fosse própria daquela pessoa. A oratória não é uma coisa nem outra. A oratória é adquirida, apreendida, assimilada, aprendida e desenvolvida.

Pode ser até que alguém nasça ou tenha alguma característica que ajude na oratória, mas ela é essencialmente incorporada socialmente, com estudo, prática, aperfeiçoamento e qualificação.

O maior exemplo de todos é do próprio Demóstenes, comumente conhecido como um dos maiores, senão o maior orador do período grego. Perdeu o pai muito cedo e teve sua herança usurpada por seus tutores, passando a se interessar pelo direito e, por consequência, pela oratória.

Demóstenes tinha tudo para dar errado na oratória, já que era gago. Mas foi determinado, aplicado e focado no aprendizado da arte. Suas técnicas, muitas delas criadas por ele mesmo, iam da simples declamação de poesias até o uso de seixos na boca, não raro correndo contra o vento à beira da praia enquanto discursava. Dá para imaginar uma cena dessas? Pois é! Assim venceu ele a gagueira, tornando-se um dos maiores nomes da história da oratória.

A lição de Demóstenes é simples. Não existe um DNA de oratória nem herança genética ou dom natural. O que existe é treino.

Você pode estar se perguntando, a esta altura, se todo bom orador fez um curso de oratória. Claro que não. Mas, seguramente, eles se tornaram oradores praticando, buscando meios de se preparar e se qualificando, ainda que a seu modo.

Nenhum grande orador ou oradora começou se despontando nessa arte logo de primeira. Muitos tiveram um longo percurso até chegar à excelência.

2.2
FORMA E CONTEÚDO NA ORATÓRIA

Os dois elementos constitutivos da oratória são o conteúdo e a forma.

Por *conteúdo*, entende-se aquilo que falamos ou sobre o que falamos. É a substância, nossa matéria-prima. Por *forma*, compreende-se como falamos. É a aparência, a feição ou formato do que falamos.

É como num filme, que conta uma história (conteúdo) de um determinado modo (forma). Ou uma música que possui uma letra (conteúdo) transmitida por meio de um determinado ritmo (forma).

Os dois elementos são fundamentais para a oratória, porque o conteúdo é expresso por meio da forma e a forma é como aquele conteúdo chegará até os olhos, ouvidos e mentes do público.

Esses fatores são igualmente importantes, mas nem sempre são utilizados da mesma maneira na oratória. Às vezes, o orador vai pesar mais o conteúdo e, às vezes, mais a forma. Depende da situação e do contexto em que vai falar.

Num auditório cheio, com pessoas presentes e tempo razoável de fala, o orador poderá trabalhar mais a aparência, valendo-se de meios mais eloquentes, performáticos para falar, porque quer, digamos, "colocar fogo" na plateia.

Às vezes, estará sentado, dando uma entrevista, de onde se espera medir seu conhecimento sobre alguma coisa. Nessa situação, valerá mais se demonstrar conhecimento das coisas, em vez de abusar dos elementos performáticos.

Vamos deslindar essas questões mais à frente. O importante agora é enfatizar que não existe bom orador que domine apenas a forma nem orador que domine apenas o conteúdo.

O orador pode entender tudo sobre o assunto que vai tratar, mas ninguém terá paciência para escutá-lo se ele não souber como transmitir seu conhecimento.

Todo mundo já teve um professor que sabia muito, mas que transmitia seu conhecimento de forma morna, insossa e, às vezes, até de forma chata. Mas também já vimos aquele professor que atraía a atenção dos alunos, mas, à primeira pergunta sobre a matéria, desnudava seu desconhecimento sobre o assunto.

Assim, em algumas ocasiões será a forma, em outras será o conteúdo que ficará mais registrado no público.

Conta-se que uma vez Charles Chaplin se encontrou com Albert Einstein[1] e assim teriam se dirigido um para o outro:

---

1 *Aparentemente, a história é fictícia, conforme explicação encontrada em Pensador (2022).*

> - Einstein: "O que mais admiro na sua arte é que você não diz uma palavra e, ainda assim, todo o mundo o entende".
> - Chaplin: "É verdade. Mas sua fama é ainda maior: o mundo admira você sem entender uma palavra do que você diz".

No caso de Chaplin, o conteúdo de seus filmes era mais importantes do que a forma, porque, sem dizer absolutamente nada, todos entendiam o que ele queria dizer. Já no caso de Einstein era o oposto. Ninguém sabia o conteúdo de seus estudos, sendo o suficiente a sua imagem para inspirar admiração.

Na seara política, o orador também precisa estar atento a esses dois elementos, que são fundantes da oratória. Um não pode ser pensado sem o outro, embora nem sempre as duas coisas serão utilizadas com a mesma hierarquia ou importância num discurso.

2.3
Conceituando a oratória

Vamos começar com o conceito mais importante de nosso estudo, o de oratória.

Naturalmente, há outros entendimentos do que chamamos *oratória*. Um dos mais comuns é o que classifica a oratória como a "arte de falar bem". Há também quem defina a oratória como "o mesmo que eloquência" (Pombo, 2002, p. 13).

Um outro entendimento distinto do que seja a oratória é dado por Carnegie (2012, p. 35), para o qual a oratória não é só uma arte, mas também uma ciência: "a oratória também é uma ciência, na qual certos axiomas foram comprovados ao longo do tempo. Desenvolver a arte da oratória pode envolver um pouco de tentativa e erro, mas é possível se tornar um orador científico rapidamente".

Na perspectiva delineada neste livro, compreendemos oratória como a **arte de transmitir ideias por meio da fala com a finalidade de influenciar o público**. Observe que esse conceito possui cinco elementos: arte, transmissão de ideias, fala, influência e público. Vamos dissecar em detalhes cada elemento desse conceito.

Primeiro, oratória é arte, que vem do latim *ars* ou *artis* e se refere a uma habilidade (Veschi, 2019). No caso, uma habilidade que alguém tem de falar.

Mas os termos *ars* ou *artis* também decorrem do termo grego *téchne* (Veschi, 2019). No entanto, a oratória não é uma técnica, embora possa se aproveitar de várias técnicas para se desenvolver. Por exemplo, um orador pode perfeitamente se valer de uma técnica de respiração para praticar a oratória, mas a técnica é apenas um meio para auxiliar na arte de falar.

Portanto, a oratória não é uma ciência, embora possa se valer desta para se desenvolver. Um orador pode até se aproveitar, por exemplo, dos conhecimentos da fonoaudiologia para melhorar sua dicção, mas apenas para desenvolver melhor sua arte de falar. O orador pode também empregar dados decorrentes de uma descoberta científica para expor sua opinião, mas vai continuar praticando uma arte, que é a oratória.

Assim, o orador é, antes de tudo, um artista, tal como um músico, um ator ou um pintor, profissões estas que também se utilizam de inúmeras técnicas, mas apenas para auxiliarem suas artes.

O segundo elemento do conceito de oratória é a transmissão de ideias.

Um orador não fala por falar. O que pretende é transmitir uma ou mais ideias. Se ele fará uma sustentação num tribunal, irá para defender as teses jurídicas que fundamentam sua intervenção. Se vai falar numa assembleia, é para defender uma ou mais reivindicações. Num comício, defenderá seu programa político. Enfim, seu propósito é o de transmitir ideias, conceitos ou convicções, sejam estes quais forem.

O terceiro elemento do conceito de oratória é a fala. Isto porque a oratória é o exercício da linguagem oral, da linguagem falada.

Se uma pessoa sobe a uma tribuna na Câmara dos Deputados e apresenta uma série de gráficos ou imagens, pode até fundamentar uma posição política, mas não está sendo um orador. Se alguém vai a uma assembleia e leva uma faixa com alguma mensagem com palavras de ordem, está se manifestando, se expressando, mas não exercendo a oratória.

Isso porque a oratória deve ser falada. Se uma pessoa se manifesta por meio de uma canção, de uma mensagem escrita ou por meio de imagens, pode até estar se comunicando com o público, mas não praticando a oratória.

Portanto, ao lado do conceito de arte, a oratória deve necessariamente ser falada.

O quarto elemento é a influência. Veja que a oratória é uma arte instrumental. Ela é um meio a serviço de um objetivo. E esse objetivo é o convencimento, a influência, a disputa da consciência e do interesse de quem escuta.

Não nos somamos às opiniões que sustentam que a oratória também serve para entreter ou informar, a menos que este entretenimento e esta informação tenham como escopo o convencimento ou a influência de quem ouve.

Um cantor, um palhaço de circo ou um artista sobem ao palco para entreter, mas não necessariamente para influenciar. Já o orador, sim. Ele coloca toda sua habilidade, seu esforço e empenho no sentido de irradiar suas ideias por meio da fala com a finalidade precípua de influenciar quem o vê, ouve ou assiste. Pode até usar técnicas de entretenimento durante seu discurso, mas apenas na medida em que esse recurso irá lhe auxiliar no intento de despertar a atenção do público para suas ideias.

Isso vale para a informação. Um repórter que transmite uma notícia ao vivo não necessariamente o faz com a intenção de influenciar ninguém. Às vezes o propósito é simplesmente o de informar mesmo. Por exemplo, se alguém noticia que algum esportista faleceu ou que irá chover no final de semana, não necessariamente está tentando transmitir uma ideia e influenciar quem ouve. Agora, se esse mesmo repórter utiliza a informação para defender uma ideia e influenciar o espectador, passou a exercitar a oratória.

Pensemos num apresentador que avisa que há dias está chovendo no país todo e, junto com essa informação, aponta como causa desse fenômeno natural a influência de queimadas na Amazônia ou o aumento do aquecimento global. A informação, assim, deixou de ser uma simples notícia para se transformar numa tese, numa ideia. O apresentador deixou de ser um simples informante de um fato para se tornar um orador.

O quinto e último elemento da oratória é que essa arte de falar, de transmitir ideias e de influenciar tem um destino: o público.

Por *público* se entende um conjunto de pessoas, uma certa coletividade que figura no polo receptor da mensagem transmitida pelo orador.

Se uma pessoa conversa com um amigo, por mais apaixonante que seja o diálogo, não é oratória. É só um bate papo. Se uma pessoa é um vereador, um prefeito, um dirigente sindical ou uma liderança do bairro e outra pessoa chega até ela para pedir uma opinião, a resposta não será uma prática oratória, pois a resposta não está endereçada a um público, mas a uma única pessoa.

Então, a prática da oratória não é a de falar para uma pessoa em particular, mas aquela cuja finalidade é a de mandar a mensagem a um determinado público, seja ele qual for e independentemente do tamanho que tenha.

Não importa exatamente para quantas pessoas se está falando, mas se o que é dito será endereçado para um público, que pressupõe um conjunto ou coletivos de pessoas, e não a uma pessoa em particular.

Vamos dar alguns exemplos.

Se uma repórter faz uma entrevista com alguém e estão somente ela e o entrevistado num estúdio, a pessoa entrevistada estará praticando a oratória. Por quê? Porque, embora o entrevistado esteja falando a apenas uma pessoa, a finalidade última da entrevista é a de atingir um público mais amplo do que a repórter.

Uma roda de conversa com quatro ou cinco pessoas falando sobre algum projeto de lei não necessariamente é uma prática oratória. Por mais que haja quatro ou cinco pessoas conversando, aquele assunto está restrito àquele ambiente e não se pretende que ele chegue ao público.

Coisa diversa ocorre se um político está conversando com dois ou três assessores e daquela conversa sai um projeto de lei que o político em questão irá defender na tribuna da câmara. Nesse caso, ainda que só haja uma pessoa no plenário assistindo o determinado político, trata-se de um exercício de linguagem falada direcionado a um público.

A oratória, então, possui um fator teleológico. Ela só existe se for determinada por uma finalidade, qual seja, a de influenciar um público. Se o objetivo for outro, não é oratória. Se a finalidade última do que está sendo dito é o de influenciar um público, então estamos falando de oratória. Do contrário, se o que for dito ficar adstrito a apenas aquelas pessoas com quem se está falando, não é oratória.

Em outro sentido, se a finalidade não for a de influenciar, também não é oratória.

Nessa perspectiva, a oratória é auspiciada por estes cinco elementos: ser uma arte (1), ter uma ou mais ideias transmitidas (2), ser falada (3), ter a finalidade de influenciar (4) um determinado público (5). Se faltar um desses elementos, pode ser qualquer coisa, menos oratória.

Se for só uma arte, é um artista e não um orador. Se for uma arte com o objetivo de transmitir ideias, pode ser um desenho animado, um filme mudo ou um livro, mas se não for falada, não é oratória. Se for uma arte de transmitir ideias de forma falada, mas o objetivo não for influenciar ninguém, pode se tratar de um repórter transmitindo uma notícia, um poeta lendo uma poesia ou um cantor cantando uma música, mas não de um orador. E se esta arte de transmitir uma ideia de forma falada, com o propósito de influenciar, não tiver como objetivo último atingir um determinado público, pode ser uma conversa muito saudável com algum (des)conhecido, mas não uma prática de oratória.

O orador, sob esse prisma, é um artista habilitado numa determinada arte, qual seja, a arte de transmitir ideias em público com o objetivo de influenciá-lo.

Note que a palavra é *influenciar*, e não necessariamente *convencer*. Isso porque, às vezes, um orador sabe que irá enfrentar um público completamente adverso às suas ideias e não tem esperança alguma de convencer alguém ali, mas quer "plantar uma semente" para que as pessoas pensem sobre o que foi dito, ainda que não saiam de lá convencidas.

Imagine uma senadora feminista que defende, por exemplo, a descriminalização do aborto e foi convidada para fazer uma palestra para uma comunidade evangélica para quem a ideia é inconcebível. A senadora não necessariamente pretende que as pessoas ali presentes sejam convencidas de suas posições, mas fará de tudo para que aquelas pessoas ao menos "abram a cabeça" em relação ao assunto.

Quem não quer influenciar ninguém com suas ideias não está praticando a oratória. Do contrário, qualquer conversa seria um exercício de oratória.

Vejamos mais um exemplo. Uma professora que está transmitindo um conhecimento ao público de alunos não necessariamente está praticando a oratória. Se ela está simplesmente transmitindo um conteúdo – de português, matemática, história etc. –, não necessariamente está praticando a oratória, embora estaria mais qualificada se aplicasse técnicas de oratória ao seu fazer. Entretanto, se essa mesma professora passa a emitir suas opiniões sobre o conhecimento que está transmitindo com o fito de influenciar os alunos, estará, neste caso, praticando a oratória.

O objetivo de influenciar é subjetivo. Reproduzir simplesmente uma informação, sem a intenção de influenciar, não configura uma oratória. Do contrário, se uma pessoa passa a defender uma ideia ou mesmo combatê-la no sentido de influenciar quem a ouve a aceitar ou rejeitar aquela ideia, está se valendo de recursos oratórios.

Esse mesmo exemplo se estende a outras profissões, como o apresentador de jornal, que usa técnicas de oratória para melhorar sua profissão, mas não necessariamente a está praticando quando simplesmente transmite uma notícia. *Mutatis mutandis* (mudando o que deve ser mudado), ao se emitir uma opinião, um juízo ou uma avaliação acerca do que se está falando de modo a formar um convencimento no público, a oratória está sendo empregada.

Também não pode a oratória ser definida simplesmente como "a arte do bem falar" ou "a arte de falar bem". Isso porque, tal como outros ramos artísticos, haverá bons ou maus músicos, pintores bons e ruins, atores ótimos e medíocres, mas o que eles fazem continua sendo arte. Talvez uma arte ruim, mas, ainda assim, arte. Além do mais, o conceito do que é bom ou ruim, fraco ou excelente, depende do público que assiste e ouve o orador.

Como veremos, muito do que é dito depende de certas circunstâncias, locais ou gerais, conjunturais ou históricas, e o bom orador também é aquele que sabe atuar de acordo com essas injunções.

Portanto, a arte da oratória também envolve o conhecimento do orador do ambiente sobre o qual irá falar e do público para o qual endereçará sua mensagem.

Às vezes o orador não fala bem, mas desenvolveu outras técnicas que permitem a ele influenciar melhor ou mais pessoas do que aquele que possui um vasto conhecimento cultural e um extenso vocabulário.

Não estamos sustentando, porém, que, se o orador fala mal ou é ruim, o resultado será o mesmo. Claro que não. O bom orador, geralmente, tem mais chances que o orador ruim. Não é disso que estamos falando. O que não concordamos é que o conceito de oratória não pode ser reduzido apenas aos adjetivos *bom* e *ruim*, porque esses são temas muito relativos e que dependem, em última instância, de quem está ouvindo.

Já vimos mais de uma vez cantores ruins mais famosos do que bons cantores; artistas decadentes mais reconhecidos do que outros mais talentosos; e oradores francamente fracos que se sobressaíram em relação a outros muito mais habilidosos.

De qualquer modo, se pudermos dar uma definição de bom orador ou oradora, seria aquele que transmite uma mensagem de forma clara, eloquente, persuasiva e é bem entendido pelo público.

Bem entendido não é o mesmo que bem aceito. São coisas distintas. Nem sempre o que o orador disser será bem aceito, e isso não faz dele um orador fraco. Um exemplo era Jesus, que provavelmente era um excepcional orador, transmitindo suas ideias por meio de parábolas, analogias e metáforas, dentre outros artifícios, de forma muito convincente, embora a maioria das pessoas ainda não aceitassem suas posições.

Muitos oradores excepcionais não tiveram suas ideias aceitas desde o início, mas, para usarmos uma parábola, plantaram a semente para colher depois.

Vejamos alguns exemplos. O discurso de Abraham Lincoln sobre o fim da escravidão não foi muito bem aceito no início e sofreu forte resistência, inclusive armada, por parte dos confederados. Os discursos de Winston Churchill sobre a guerra também sofreram certo desprezo no início, até se tornarem majoritários na Inglaterra, primeiro país a declarar guerra à Alemanha nazista. Esses exemplos se estendem a Luther King sobre a luta dos negros, Gandhi e outros oradores que lançaram inicialmente as palavras ao vácuo, colhendo, não raras vezes, apenas indiferença ou mesmo repugnância pelo que defendiam.

Por isso, um bom orador ou oradora não necessariamente é aquele que sai aplaudido de um discurso. Melhor orador é aquele que, num ambiente adverso, consegue que o público saia de lá refletindo sobre suas palavras do que aquele que, num ambiente favorável, sai ovacionado da convenção de seu próprio partido.

Por isso, o conceito de bom e ruim é muito relativo no terreno da oratória e, muitas vezes, não depende só das qualificações de quem fala, mas também do local e do contexto de onde são transmitidos os pensamentos pela palavra.

Naturalmente, os melhores oradores sempre estarão em melhores condições do que aqueles que não possuem qualificação alguma. Por essa razão, é importante o estudo e o treino da oratória. O que não convém é adjetivar o conceito de oratória entre bom e ruim, porque, repetimos, são qualidades que dependem de outros fatores e são muito relativas.

Veremos essas questões mais adiante.

2.4
A ORATÓRIA POLÍTICA

Considerando que o conceito de oratória pode ser sintetizado na frase "a arte de transmitir ideias por meio da fala com a finalidade de influenciar o público", o de oratória política, então, seria: "a arte de transmitir ideias por meio da fala com a finalidade de influenciar politicamente o público".

Veja que não são necessariamente as ideias políticas a serem transmitidas. A oratória política é fundamentalmente o interesse de influenciar politicamente o público, independentemente das ideias transmitidas.

Isso porque uma ideia pode ser de qualquer natureza, mas só será uma oratória política se o interesse do orador for inocular na cabeça de quem o ouve uma posição política.

Nesse sentido, o orador pode se valer de todo tipo de ideias, da matemática à física, da astrologia à história, da literatura à religião. Em si, essas ideias nada têm de políticas. Mas, à medida que as tais ideias são empregadas para influenciar politicamente, a oratória passa a ser política.

No entanto, nem sempre uma ideia política representa uma oratória política.

Vamos usar o mesmo exemplo para ilustrar as duas questões.

Um determinado professor de biologia quer explicar a importância da fauna brasileira. Para isso, demonstra que a conduta de algum governante permitiu a queimada da Amazônia, ameaçando a fauna do país. Ele até falou de política, mas seu objetivo não é influenciar ninguém politicamente, apenas o de ilustrar um problema biológico.

Pensemos agora o oposto. Um professor explica a extinção da nossa fauna para defender a tese de que determinado governo não é bom para o país.

No primeiro caso temos uma ideia política com a finalidade de influenciar os alunos sobre a importância da biologia. No segundo caso, foi usada uma realidade da biologia a fim de influenciar politicamente.

Em ambos os casos se trata de oratória, porque estão presentes todos os elementos, quais sejam, arte (1) de transmitir ideias (2) por meio da fala (3) com a finalidade de influenciar (4) o público (5). Porém, somente no segundo exemplo essa finalidade era a de influenciar politicamente. Assim, a oratória política não se confunde com as demais, porque ela é a única que tem por escopo não qualquer influência, mas basilarmente a influência política.

O orador político é aquele que expressa um programa político. Chamamos aqui de *programa* o conjunto de ideias comuns a determinado grupo que não somente possui uma compreensão comum da realidade na qual se vive, como também as respostas para os diversos dilemas enfrentados.

Já o conceito de política é muito complexo e não queremos aqui esgotá-lo ou defini-lo, já que não é o objetivo deste estudo. Mas, para usar uma definição genérica, entendemos por *política* um conjunto de proposições relacionadas à luta pelo poder de governar. Não se trata de um poder qualquer, mas aquele direcionado ao exercício do governo, de dirigir e liderar o povo.

O orador político, portanto, é um porta voz de um programa político. É aquele que dá voz a esse programa, a esse conjunto de ideias que pretende transmitir e influenciar a fim de ganhar, manter ou combater determinado governo.

Esse é o elemento definidor do orador político. Qualquer coisa que ele diga, qualquer argumento que aplique, qualquer que seja o tema ou a pauta sobre a qual irá discutir, será sempre no sentido de defender uma concepção sobre a realidade que vive e como acredita ser o melhor caminho para concretizá-la.

Um orador político deve confiar na força de suas ideias, no programa que defende.

A oratória, assim, é um instrumento, um modo de influenciar o público por meio de um programa ou um conjunto de proposições políticas.

Nesse sentido, nem tudo o que falamos para um público é oratória. Nem toda oratória é política. É preciso que aquele que pratica a arte de transmitir uma ideia de forma falada tenha por objetivo influenciar politicamente o público a quem seu discurso é destinado.

2.5
OUTROS CONCEITOS IMPORTANTES

Via de regra, a oratória também é confundida com outros conceitos que com ela guardam íntima relação, mas que têm significados distintos.

Vamos buscar conceituar alguns desses termos, não no sentido de defini-los, mas no de apresentar uma ideia mais geral do que eles significam.

2.5.1 COMUNICAÇÃO

Embora guarde relação com a oratória, o conceito de comunicação é mais amplo e abrangente.

Comunicação vem do latim *communicare*, entendido como um intercâmbio de informações entre duas ou mais pessoas (Pinheiro, 2005).

Conforme recordou Werner (2012, p. 23), a etimologia da expressão *comunicar* é "tornar comum". Mais do que isso, comunicar é compartilhar, intercambiar opiniões, trocar ideias, dialogar.

Os elementos básicos que compõem uma comunicação são a emissão, a recepção e a mensagem (Werner, 2012).

A comunicação implica, pois, uma certa troca entre os interlocutores. Ela envolve o contexto, quem está falando, quem está ouvindo etc.

O processo de comunicação é muito rico e complexo, passando pelo interesse ou a intenção em se comunicar, o conteúdo da mensagem enviada, os códigos, sinais e signos das mensagens, seu processo de decodificação, a tradução dos signos e sinais pelo receptor e, eventualmente, a resposta que ele oferece.

A oratória envolve a comunicação, mas com ela não se confunde. Isso porque a oratória, como vimos, não é qualquer tipo de comunicação, mas uma forma específica de se comunicar.

Não se trata, por exemplo, de uma comunicação por sinais. Evidentemente, uma prática oratória pode envolver sinais, como a tradução em Libras (Língua Brasileira de Sinais) do que se está falando. Pode também ser acompanhada de ilustrações por meio de vídeos, gráficos etc. Mas a oratória é essencialmente falada e tem como objetivo, como vimos, transmitir ideias com a finalidade precípua de influenciar alguém.

Já a comunicação envolve outros tipos de transmissão de mensagens. Um filme é uma forma de comunicação. Uma propaganda de TV também o é. Uma música é uma forma de comunicação. A troca de *emojis* (ideogramas utilizados em mensagens eletrônicas) por meio do celular é uma forma de se comunicar. Mas nada disso é oratória.

A comunicação é um gênero, portanto, do qual a oratória é apenas uma espécie.

Nem tudo que é comunicação é oratória, mas toda oratória é uma forma de comunicação. Essa distinção é importante porque a qualificação para um orador não é necessariamente a mesma que a de quem quer se comunicar.

Por exemplo, se uma pessoa quer fazer uma entrevista de emprego, um bom curso de como se comunicar, o que inclui uma parte de oratória, pode auxiliá-la mais do que um curso só de oratória. O mesmo se aplica a quem fará uma apresentação para um grupo de executivos. Aprenderá a utilizar bem o PowerPoint, um *data show* (projetor de vídeos e imagens), organizar planilhas, dentre outras técnicas, uma das quais pode ser a oratória. A oratória é uma habilidade usada em todas essas situações e seguramente uma das mais destacadas, mas é apenas uma delas.

Portanto, a matéria de comunicação abrange todos os tipos de transmissão de informações, e a oratória é apenas mais uma delas e somente mais importante do que as demais na medida em que é a única voltada exclusivamente para a transmissão de ideias de forma falada para o público.

2.5.2 Retórica

Retórica e *oratória* são termos muito parecidos, mas não idênticos.

Como vimos no capítulo anterior, a palavra *retórica* vem do grego *retoriké* (Japiassú; Marcondes, 2001, p. 167) ou *rhêtorikós,ê,ón* (Fioreto, 2005, p. 29). Japiassú e Marcondes (2001, p. 167) definem *retórica* como originada do grego "retoriké: arte da oratória, de re-tor: orador", indicando, portanto, uma conexão entre as duas palavras, mas com sentidos distintos.

Grosso modo, por *retórica* compreende-se uma forma de falar bem, de modo lógico, persuasivo e eloquente, buscando o convencimento de quem recepciona a mensagem.

Já a oratória, como vimos, se refere à **arte de transmitir ideias por meio da fala com a finalidade de influenciar o público**.

Ao tratar da diferença entre ambos os conceitos, Quintas e Ferreira (2017, p. 44) firmam a seguinte convicção:

> *A retórica é teoria do discurso construída a partir do estudo e reflexão sobre duas propriedades humanas: a oratória e a eloquência. Por isso, é uma organização maior, um sistema de estudos da linguagem humana que se organiza por um conjunto de princípios teóricos e possui um fim claramente delimitado: gerar um efeito prático, eficaz, imediato e previamente estabelecido que resulte em persuasão.*

Sob essa perspectiva, os autores elevam a retórica ao campo do saber, reservando a oratória ao campo da faculdade de pronunciar, e a eloquência, à habilidade de discursar (Quintas; Ferreira, 2017).

Retórica é um estudo e uma arte de como conduzir o pensamento de modo coeso, lógico, de forma persuasiva. Mas, sob nossa visão, essa arte não necessariamente é aplicada à arte de falar nem para se falar em público.

A retórica pode ser empregada em qualquer âmbito da comunicação. Podemos escrever uma obra de forma retórica, mas não necessariamente praticaremos a oratória. Podemos utilizar a retórica para uma conversa pessoal com alguém, mas isso não quer dizer que estamos exercitando a oratória.

A retórica pode ser utilizada numa prática de oratória, mas só quando for usada para fins de intervenção oral para determinado público.

Como vimos no primeiro capítulo, ao longo da história foram empregados entendimentos dos mais diversos acerca do que é a retórica. Muitas vezes, essas definições esbarravam no que seria a oratória, como se sinônimos fossem. Mas, embora a oratória se nutra da retórica para desenvolver uma forma mais elaborada, convincente e qualificada de falar em público, são coisas distintas.

Skinner definiu a retórica como "um conjunto de técnicas linguísticas" (Nakayama, 2009, p. 12). Essas técnicas podem ser usadas no âmbito da oratória, mas também em outras situações que não necessariamente são empregadas publicamente de forma oral.

Isso porque o plano da retórica é o plano do raciocínio, do pensamento, da mente. É a engenharia mental voltada para a argumentação, aplicada também à oratória. Um orador pode usar a retórica para se expressar, mas nem toda retórica é uma prática de oratória.

Guimarães (2001), com espeque em Aristóteles, relembra as cinco principais operações fundamentais da retórica:

1. *Inventio*: Atividade relativa àquilo que se pretende dizer.
2. *Dispositio*: Relacionada à ordem em que se pretende apresentar a matéria.
3. *Elocutio*: Relativo a como "embaralhar" a forma como algo será dito.
4. *Actio*: Refere-se aos modos de se representar o discurso por meio de gestos e à dicção vocal.
5. *Memoria*: Relacionado à memória como fonte de domínio dos conteúdos mentais.

Ao longo deste livro, veremos todas essas dimensões, separadas nos mais diversos capítulos que compõem o presente estudo.

2.5.3 Persuasão

A persuasão é a formação dos argumentos utilizados para influenciar alguém. Não se limita à oratória, porque pode ser utilizada em qualquer âmbito, desde uma entrevista de emprego até uma conversa particular.

Em Aristóteles (2019, p. 76), a persuasão era definida como sendo "um tipo de demonstração (uma vez que nos sentimos mais plenamente persuadidos quando julgamos que uma coisa foi demonstrada)".

No plano da oratória, a persuasão é uma arma extremamente importante, porque é com ela que buscamos convencer, instigar ou induzir alguém a aceitar e, até mesmo, a reproduzir o conjunto de ideias que estamos proferindo.

Nem sempre a persuasão é legítima ou argumentativa. A persuasão também pode se dar por meio do medo, da desesperança ou da culpa.

No meio religioso, é comum que certos argumentos persuasivos sejam empregados com essas finalidades. "Faça isso ou não irá para o céu", "tal conduta é coisa do diabo", "Deus irá te abençoar caso faça o que digo", e assim por diante.

No meio científico também ocorre coisa parecida. A crise sanitária entre 2020/2021, provocada pela covid-19, desnudou uma série de meios persuasivos. Os que defendiam, por exemplo, o uso de ivermectina ou cloroquina diziam que o tratamento precoce seria indispensável para a sobrevivência daqueles que eventualmente contraíssem o vírus. Já outros sustentaram que seriam o distanciamento social, o uso de máscaras, álcool e, finalmente, a vacina os meios mais eficazes de combater a pandemia.

Os dois argumentos são persuasivos, são formas de convencer, instigar ou induzir as pessoas a uma ideia, independentemente de ela ser verdadeira ou não.

É evidente que alguns meios de persuasão são falsos ou, no mínimo, duvidosos, mas continuam sendo meios de influenciar alguém.

Claro está que, com o passar do tempo, os argumentos verdadeiros ou legítimos tendem a prevalecer sobre os falaciosos, incorretos, inverídicos ou ilegítimos, mas ambos cumprem com a finalidade de influenciar quem ouve a acreditar em quem fala.

No plano da oratória política, dá-se o mesmo. Há programas políticos defendidos pelo orador que correm o risco de sucumbirem ao primeiro contato com a realidade. Outros podem se exaurir num primeiro momento, mas terminar prevalecendo posteriormente.

Não importa. Independentemente da força do programa defendido, ele deve sempre ser direcionado ao público de modo persuasivo. Quanto mais persuasivo, mais convincente será.

Por fim, cabe mencionar que há basicamente dois tipos de persuasão: a racional ou sensata e a sedutora ou emotiva.

A racional ou sensata ocorre quando a persuasão é assentada na lógica e na racionalidade. As premissas desse tipo de persuasão são plausíveis, lógicas e racionais. Já na persuasão sedutora ou emotiva, as premissas são baseadas em convicções pessoais, de cunho emocional, e direcionadas a despertar certos desejos, impulsos ou emoções relacionados a certos valores de quem fala ou escuta, e não necessariamente à razão.

Ambas as dimensões da persuasão são válidas e pretendem fundamentar argumento com o objetivo de convencer ou influenciar quem ouve ou assiste.

A persuasão, portanto, está relacionada à dimensão argumentativa.

2.5.4 Eloquência

A eloquência é a desenvoltura, a habilidade em concatenar ideias, expondo-as de modo claro, convincente e qualificado. Em suma, é a capacidade de falar bem.

Como dissemos, a oratória não é só a arte de falar bem, porque envolve outros elementos no seu fazer. Mas a eloquência, sim, é a habilidade de falar bem.

Como ressaltam Quintas e Ferreira (2017, p. 45), "a eloquência, por explorar a excelsa faculdade de dizer (*sapientia et ornate*), é uma habilidade".

Um orador pode ser mais ou menos eloquente e o será tanto melhor quanto mais eloquente seja seu discurso.

Nem sempre a eloquência determinará a influência do orador. Como já foi dito, a influência do público dependerá também de outros fatores, ambientais, conjunturais etc. Mas, seguramente, mais vale um orador eloquente num contexto adverso do que um orador sem qualquer eloquência num ambiente favorável. Isso porque, uma vez mudado o ambiente, o orador eloquente continuará sendo bom no que faz e o pouco eloquente não será mais que um frágil orador que não pode contar mais com a ajuda do meio, seu único aliado.

Há também quem associe a eloquência à vivacidade, ao entusiasmo e à emoção, entre outras características identificadas com a veemência com que o orador se exprime (Corvacho et al., 2015).

Na mitologia grega, eloquência era representada pela musa Calíope, cujo nome também significava "voz", razão por que seu nome "pode ser interpretado como 'de belo aspecto' ou 'de bela voz'" (Demgol, 2020, p. 7).

A eloquência é uma forma de falar. Não qualquer forma, mas uma forma qualificada de falar ou escrever. Na oratória, é uma maneira de falar de modo qualificado, veemente e convincente.

O orador eloquente é aquele que consegue causar certo furor no público, despertar-lhe certas emoções ou alguma excitação.

Você pode dizer a mesma coisa de diversas maneiras. Um orador político pode, por exemplo, defender que seja congelado o preço dos alimento porque, de outro modo, o povo morrerá de fome se os preços continuarem subindo. Agora, se, para isso, ele consegue fazer as pessoas não somente ouvi-lo, mas também se colocarem no lugar de quem passa fome, de fazer com que quem ouve, ainda que no plano do pensamento, imagine como seria uma pessoa faminta, causando-lhe afeição com o que está dizendo, então temos um discurso eloquente.

Nesse sentido, duas pessoas podem dizer a mesma coisa. No entanto, uma delas pode apenas transmitir um conteúdo, enquanto a outra outra consegue despertar outras emoções, outras sensações, boas ou ruins, mas que só afloraram em decorrência das palavras exaradas pelo orador.

Quem fala de modo mais concatenado, de forma correta, veemente e enérgico, pratica uma oratória eloquente.

A eloquência, portanto, está relacionada à dimensão da habilidade e à estética do orador!

2.5.5 LINGUAGEM E LINGUAGENS

A linguagem é uma função superior dos seres humanos, muito complexa e que permite tanto a comunicação com o mundo externo quanto a organização interna e mental do pensamento, do raciocínio e da fala.

Há diversas perspectivas para explicar a origem e o desenvolvimento da linguagem nos seres humanos. Somamo-nos ao entendimento segundo o qual os seres humanos, ao entrar em contato uns com os outros, em razão de necessidades historicamente determinadas, foram desenvolvendo instrumentos de trabalho e, por meio da interação, passaram a desenvolver meios de comunicação na raiz da qual a linguagem é uma das resultantes (Leontiev, 1978).

Ao longo da história, a humanidade foi desenvolvendo meios de comunicação cada vez mais complexos, emitindo sons que foram se aperfeiçoando cada vez mais até se transformarem na linguagem falada (Bezerra; Araujo, 2013).

Esse desenvolvimento histórico foi acompanhado do desenvolvimento das próprias funções físicas da humanidade, com o aperfeiçoamento do aparelho bucal, da laringe, das fossas nasais, dos pulmões etc. (Nardi et al., 2016).

O processo de fala envolve a pressão de ar expelido pelos pulmões, passando pela traqueia, até chegar nas cordas vocais presentes na laringe, ocorrendo vibrações que atravessam primeiro a faringe e, em seguida, a cavidade oral, até chegar na boca e nas fossas nasais, com maior ou menor exercício da língua (Nardi et al., 2016).

Claro que esse processo depende de cada língua, mas, via de regra, é o processo que ocorre até se dar a fala.

Mas nem toda linguagem é falada. Há também outros tipos de linguagens que são transmitidas de outras maneiras.

Podemos dividir a linguagem em dois campos: a linguagem verbal e a não verbal.

A linguagem verbal é aquela na qual empregamos o uso de palavras para nos comunicarmos, podendo ser oral ou escrita (Corvacho et al., 2015).

Existem várias diferenças entre a linguagem oral e escrita, mas uma das mais importantes é que na linguagem escrita existem três momentos: preparação (ideias), execução (escrita) e revisão (do que se escreveu). Primeiro pensamos, depois escrevemos e, em seguida, revisamos para ver se está tudo certo.

Já na linguagem oral são apenas dois momentos: pensamos e falamos. O que foi dito, pode ser corrigido, mas não pode ser apagado, como na linguagem escrita.

Por outro lado, na linguagem escrita, o que já foi revisado não volta mais. O que foi lido, não pode mais ser corrigido por quem escreveu.

Já na linguagem oral, a fala é mais dinâmica e permite a quem está falando corrigir, precisar ou explicar melhor o que diz, já que o orador tem a oportunidade de acompanhar as reações do público, quando está falando *in loco* (no lugar).

Já a linguagem não verbal é aquela na qual empregamos outros tipos de meios de comunicação nos quais não estão presentes as palavras, como os símbolos, os gestos, os sinais, os sons, as cores etc. (Corvacho et al., 2015).

Exemplos de linguagem verbal: cartas, mensagens, bilhetes, conversas, *e-mails*, revistas, gibis, livros, discursos etc.

Exemplos de linguagens não verbais: pinturas, imagens, semáforos, expressões corporais e faciais, mímicas, sirenes, placas de trânsito etc.

Na prática da oratória, os dois tipos de linguagens não são, necessariamente, excludentes.

No nosso entender, a linguagem corporal, por exemplo, pode servir perfeitamente de acessório para a linguagem oral. Um discurso pode tranquilamente empregar o uso de mímicas, gestos, sons, indumentárias com determinados símbolos etc.

Nosso foco aqui é a oratória, sendo as demais linguagens secundárias, mas que podem contribuir para um melhor desempenho de quem fala.

Como a oratória é o centro de nossa preocupação, é importante nos aprofundarmos um pouco mais nela.

O processo de aquisição da linguagem é bem complexo e começa logo cedo.

Com menos de um mês de idade os bebês já começam a distinguir determinados sons, como a voz da mamãe e do papai. Nesse período, até aproximadamente o terceiro mês, o choro é uma forma de comunicação, por meio do qual o bebê indica fome, cólica etc. O sorriso também é uma forma de comunicação, mostrando satisfação com certos estímulos (Tristão; Feitosa, 2003).

Por volta dos 6 meses, o bebê já começa a balbuciar e gesticular. Do sétimo mês ao primeiro ano, entoa algumas vogais e consoantes, formando algumas sílabas e entendendo algumas palavras, como "tchau", "não" etc. (Tristão; Feitosa, 2003).

Ao longo da primeira infância, a criança vai adquirindo um rico repertório de palavras.

Conforme frisam Oliveira, Braz-Aquino e Salomão (2016, p. 459), "o período pré-escolar se caracteriza pelo rápido desenvolvimento léxico, no qual as crianças acrescentam cerca de cinco palavras por dia, ampliando seu vocabulário com novas palavras e estabelecendo relações entre elas".

Até desenvolver totalmente a linguagem falada, o ser humano passa por um desenvolvimento de vários tipos de linguagens. A imitação que a criança faz do "tchauzinho" indica que ela já utiliza a linguagem mímica antes mesmo da linguagem falada.

Historicamente falando, muitas linguagens existiram anteriormente ou concorrentes à linguagem falada.

Para Rojo (2006), a fala escrita surgiu há mais de 5 mil anos, depois do surgimento da fala.

Já a fala, sem nos arriscarmos a delimitar o período exato de sua origem, parece ter surgido junto com a linguagem gestual, antes mesmo da existência do *Homo sapiens* (homem sábio), segundo tese defendida por Vasconcellos (2011, p. 2301): "A linguagem se desenvolveu simultaneamente sob forma vocal e gestual, assim como são bimodais os sistemas comunicativos de chimpanzés e bonobos. A ideia é a de que os primeiros símbolos significativos evoluíram a partir de gestos acompanhados de vocalizações expressivas".

Portanto, existem vários tipos de linguagem, das quais a oral é apenas uma delas.

Assim como a linguagem oral sofreu diversas modificações importantes ao longo da história da humanidade, ela também passa por várias modificações ao longo da história do indivíduo.

Engana-se quem pensa que, chegada a fase adulta, a linguagem oral já está plenamente desenvolvida. Do ponto de vista interpessoal, a linguagem oral na fase adulta é, de fato, suficiente para que alguém converse ou se comunique com alguém. Isso não quer dizer, entretanto, que a linguagem oral está plenamente desenvolvida. Ao contrário, ela pode se aperfeiçoar cada vez mais.

É como um esporte. Na fase adulta, um homem qualquer é capaz de jogar uma partida de futebol com seus amigos. Uma mulher é capaz de andar de *skate* ou praticar natação. No entanto, se o intuito é competir, é necessário um mínimo de aperfeiçoamento das técnicas para melhorar seu desempenho.

Com a oratória ocorre a mesma coisa. Todos são minimamente capazes de se comunicar na fase adulta, mas isso não quer dizer que estão em condições de exercer a oratória.

Tal como no esporte, é preciso se desenvolver para qualificar sua forma de se expressar. A oratória é uma qualificação da linguagem falada e, quanto mais estudada e praticada, mais profissionalizado se torna o orador ou a oradora.

A propósito da linguagem, deve-se evitar falar no diminutivo, falar na primeira pessoa do singular, usar muitas gírias ou variações de linguagem[2], como neologismos, linguagem excessivamente técnica etc.

O ideal é falar na primeira pessoa do plural, pois transmite uma sensação de conjunto, coletividade e aproximação com o público. Por outro lado, deve-se evitar a primeira pessoa do singular porque sugere a ideia de individualismo e pode soar um pouco arrogante.

> **Para saber mais**
>
> Existe uma série de boas referências bibliográficas sobre o assunto abordado neste capítulo, mas nos parece que, para fins de introdução ao tema, o livro indicado a seguir é bastante pertinente e instrutivo:
>
> WERNER, A. **Oratória descomplicada**: dicas práticas para quem quer se comunicar melhor. Curitiba: Intersaberes, 2012.

---

2   *No Capítulo 8, esse tema será abordado detalhadamente.*

Síntese

Neste capítulo, tivemos a oportunidade de discorrer sobre alguns conceitos caros ao campo da oratória.

Fez-se indispensável, a título de introito, destacar a oratória como uma particularidade da vida social e humana, sendo uma arte apreendida, e não um fator da natureza, como comumente se crê.

Uma vez delimitadas as diferenças e importâncias do conteúdo e da forma na oratória, foi necessário conceituar o que se entende por oratória no presente livro, sendo definida como a arte de transmitir ideias por meio da fala com a finalidade de influenciar o público.

Em seguida, no mesmo diapasão, buscamos definir o que se compreende por oratória política, objeto de estudo do presente livro.

Nessa esteira, alguns outros conceitos pertencentes ao campo da oratória foram minimamente discutidos, como a comunicação, a retórica, a persuasão e a eloquência.

Finalizamos com o entendimento do que seria a linguagem e as linguagens, buscando demonstrar a importância desses conceitos para a oratória.

Questões para revisão

1. A oratória geralmente é conceituada genericamente como "a arte de falar bem". Na presente obra, o autor propõe uma conceituação com base em cinco elementos. Quais são eles?

2. A oratória pode se dar em vários âmbitos da vida humana, sendo uma delas a oratória política. À luz do que foi estudado, como pode ser definida a oratória política?

3. Priscila, professora de artes da Universidade do Brasil, utilizou metade de sua aula para fazer uma longa explanação sobre a importância do pintor Salvador Dali para o movimento surrealista. Após essa exposição sobre as técnicas do pintor espanhol, fez uma breve digressão acerca da adesão do artista ao ditador general Franco, defendendo a tese segundo a qual, por mais condenável que fosse a posição política do indivíduo, não se deve confundir o artista com sua arte, evitando-se condenar uma obra pelas convicções políticas de seus autores. Nesse sentido, é possível afirmar que:

   a) a professora empregou recursos de oratória em toda sua aula.
   b) a professora empregou recursos de oratória apenas quando explanou acerca da importância de Salvador Dali para o movimento surrealista.
   c) a professora empregou recursos de oratória apenas quando defendeu a tese de que não se deve confundir a arte com o artista.
   d) a professora não empregou recursos de oratória em nenhum momento de sua aula.
   e) Nenhuma das alternativas anteriores está correta.

4. Associe os conceitos a seguir às suas respectivas características:

   I) Persuasão
   II) Eloquência
   III) Comunicação
   IV) Linguagem
   V) Retórica

( ) Existem vários tipos dela, podendo ser divididas entre verbal e não verbal.
( ) Está geralmente associada à dimensão estética da oratória.
( ) Pode-se dividi-la em dois tipos: a racional ou emotiva.
( ) Os elementos básicos que a compõe, são: emissão, recepção e mensagem.
( ) Área voltada ao estudo de como conduzir nosso pensamento de modo coeso, lógico e de forma persuasiva.

Agora, assinale a alternativa que apresenta a sequência correta:

a) II – III – V – I – IV.
b) III – V – I – IV – II.
c) IV – II – I – III – V.
d) V – II – I – III – IV.
e) IV – III – I – II – V.

5. Com base em Aristóteles, Guimarães (2001) define como as cinco principais operações fundamentais da retórica:
   a) *Inventio, dispositio, elocutio, actio, memoria.*
   b) *Dispositio, elocutio, actio, eloquencia, retórica.*
   c) *Inventio, elocutio, artis, téchne, memoria.*
   d) *Dispositio, elocutio, artis, téchne, eloquencia.*
   e) Eloquência, retórica, persuasão, oratória, comunicação.

Questões para reflexão

1. Muito se fala que a oratória é um dom e que as pessoas nascem com ele. Por que o exemplo de Demóstenes pode ser considerado uma prova de que a oratória não é nata ou inata?

2. A oratória é uma combinação de dois elementos: conteúdo e forma. Por conteúdo entende-se o que será dito, enquanto a forma se refere a como será transmitido o conteúdo. Para um orador, existe algum elemento mais importante que outro? Por quê?

Capítulo 3

Organizando o pensamento e a fala

Conteúdos do capítulo:

- Organização do pensamento e da fala.
- Definição de objetivos gerais e específicos ou as estratégias e táticas de fala.
- Planejamento da fala.

Após o estudo deste capítulo, você será capaz de:

1. organizar uma fala para apresentar ao público;
2. articular um roteiro de fala fechado, realizado de forma contínua e ininterrupta;
3. estruturar um roteiro de fala aberto por meio de tópicos.

A primeira questão que surge para quem vai falar, é: Por onde começar?

Cada um tem o próprio "esquema" de preparação, um método particular de organizar a fala.

Há inúmeras formas de se abordar o tema. Aqui, vamos apresentar um modo de organizar o exercício de oratória. Claro que você, leitor, poderá criar o seu, mas vamos ao menos apresentar uma referência como base para ser possível organizar uma intervenção.

Como vimos, o objetivo da oratória é o de influenciar o público por meio da fala. A serviço dessa influência temos vários meios e instrumentos: a retórica (raciocínio ou pensamento lógico e coeso), a persuasão (argumentação), a eloquência (estilo, vivacidade, veemência) etc. Esses recursos da oratória precisam ser empregados de forma correta e equilibrada.

Mas, antes de qualquer coisa, é necessário que o orador organize seu pensamento e, em seguida, o que efetivamente dirá.

Dividiremos esse tema em dois passos: 1) organizar o pensamento; e 2) planejar a fala. Para organizar o pensamento, o orador precisa responder duas perguntas:

1. Qual o objetivo da minha fala?
2. Quais meios posso usar para chegar até esse objetivo?

Já o segundo passo é planejar a fala.

Veremos cada um desses passos a seguir. Esse é o sentido deste capítulo.

3.1
Definindo os objetivos gerais e específicos ou as estratégias e táticas de fala

Primeiro, vamos conceituar o que são objetivos gerais ou estratégias e objetivos específicos ou táticas.

Por objetivo geral compreende-se a finalidade mais ampla, genérica e central que a pessoa pretende atingir ao falar.

Na linguagem militar, existem dois conceitos, tática e estratégia, hoje empregados nos mais diversos ramos da vida humana.

A estratégia é o fim almejado. São os objetivos gerais. Já as táticas são os meios que a pessoa utilizará para alcançar os objetivos gerais. São os objetivos específicos.

Esses dois conceitos servem para a elaboração do plano de fala. Ao responder à pergunta "qual o objetivo da minha fala?", a pessoa definirá seu objetivo geral, ou sua estratégia. Ao responder à pergunta "quais os meios posso usar para chegar até este objetivo?", definirá os objetivos específicos, ou suas táticas.

O mundo da política se utiliza muito desses conceitos. Na oratória eles são úteis para traçar o objetivo e os meios de alcançá-los.

No lugar desses termos, Santos (1964), por exemplo, emprega os termos *ideia clara* e *nexo* como equiparados aos conceitos de objetivo geral e específico, respectivamente. Nas palavras desse autor:

> *Quem discorre sobre alguma coisa não pode deixar de considerar o nexo que deve haver nas ideias que deseja expressar, isto é, uma certa ordem que ligue umas às outras. Quem discorre sobre alguma coisa tem um fim a alcançar. O discurso tem uma finalidade, quer dizer, deve obedecer ao fim que se deseja conseguir. Por isso, deve evitar-se tudo quanto o distrai desse fim, tudo quanto o afasta da meta desejada. (Santos, 1964, p. 59)*

Toda comunicação possui um objetivo. Ninguém se comunica por comunicar. Mesmo para quem quer "jogar conversa fora", há sempre um objetivo na comunicação: falar sobre futebol, política, sobre alguém (cuidado com a fofoca!), contar uma história, uma novidade, uma piada etc. Há sempre uma finalidade na comunicação, da mais simples à mais complexa.

No caso da oratória política, esse objetivo é mais importante ainda e deve estar bem delimitado.

Quando alguém vai escutar algum orador político, é porque quer saber dele alguma resposta para os dilemas enfrentados na vida. Então, espera-se que a pessoa que vai falar não emita palavras vãs. O intento do discurso, portanto, deve ser o de apresentar ideias que causem influência no público.

O primeiro passo é definir os objetivos: O que eu quero da minha fala? O que exatamente quero transmitir (e influenciar) ao meu público?

Para ajudar a organizar seu discurso, o orador pode adotar o mesmo procedimento de um trabalho escolar ou acadêmico. Nesses tipos de trabalho, geralmente os objetivos gerais e os específicos são divididos.

Mas, atenção! Não é necessário mencionar isso para o público. Não necessariamente o orador começará dizendo: "Bom dia, pessoal! Meu nome é fulano e meu objetivo geral é falar sobre isto, e meus objetivos específicos é falar sobre aquilo".

Numa apresentação, numa palestra ou na exposição de algum trabalho, pode-se até mencionar os objetivos. Inclusive, é perfeitamente desejável que isso seja feito, mas apenas quando se tratar de uma oratória mais acadêmica, com um público para quem se pretende expor ideias mais sistematizadas.

Quando se trata de um orador político, esse tipo de intervenção pode ocorrer quando for apresentado um projeto de lei, por exemplo; ou quando for apresentada uma ideia política para um círculo mais estrito de pessoas das quais se espera uma opinião crítica sobre as ideias.

Por exemplo, se você quer iniciar uma campanha sobre revitalização do meio ambiente na sua cidade e quer reunir lideranças, estudiosos, engenheiros ou outros direta ou indiretamente interessados no assunto, para que compartilhem de opiniões sobre sua campanha, é interessante talvez mencionar, já de entrada, quais são os objetivos. Do contrário, se for falar diretamente para o público mais amplo, os objetivos servem para você organizar o pensamento antes de falar.

3.2
Objetivo geral ou estratégia

A primeira coisa que a pessoa precisa definir é seu objetivo geral – sua estratégia. Ela não pode falar sobre nada se não sabe aonde quer chegar e o que pretende com aquilo.

Assim, a primeira tarefa do orador é saber qual a finalidade do seu discurso. Para isso, precisa responder à seguinte pergunta: "Aonde quero chegar com o que vou dizer?". Se não sabe exatamente aonde quer chegar com o que vai falar, é melhor nem começar. Se a oratória é a arte de transmitir ideias com o objetivo de influenciar um público, como é possível exercitá-la se a pessoa não sabe sobre o quê ou quem exatamente quer influenciar.

Portanto, antes de começar a falar, é necessário que a pessoa tenha em mente o que quer com aquilo. Se ainda tem dúvida ou não sabe exatamente o que quer, melhor aguardar uma próxima oportunidade.

Vamos a dois exemplos de estratégia ou objetivo geral.

Imagine um dirigente sindical que precisa fazer uma assembleia para falar sobre aumento salarial. O objetivo geral dele é falar sobre o aumento salarial. Ele quer influenciar aquelas pessoas que o ouvem sobre o aumento de salários. Se ele falar sobre essa questão, terá atingido seu objetivo geral ou sua estratégia.

Se você é uma liderança de uma comunidade e terá a oportunidade de falar sobre a instalação de postes elétricos no seu bairro para uma equipe da prefeitura, seu objetivo geral é tratar do assunto da instalação de postes.

Então, toda fala precisa culminar nesses assuntos mais gerais, pois se trata da estratégia, da preocupação mais ampla, central e genérica.

Mas falar sobre o assunto geral, sem fundamentá-lo, sem persuadir ninguém, sem tentar convencer alguém do que precisa ou pretende, a oratória será limitada, superficial, estéril. Bastaria simplesmente à pessoa dizer "meu objetivo é falar sobre tal assunto" que a missão estaria cumprida.

Assim, o orador precisa saber que também há objetivos específicos, ou táticas, que pretende alcançar com a fala, sob pena de dizer apenas o suficiente para falar, mas não o necessário para convencer.

3.3
OBJETIVOS ESPECÍFICOS OU TÁTICAS

Os objetivos específicos são aqueles detalhes que se relacionam com o objetivo geral. São os elementos mais particulares, mais concretos do plano de discurso. Trata-se das táticas utilizadas para chegar ao objetivo geral, ou seja, os os meios para atingir o fim ou a estratégia.

As táticas são importantes porque constituem as peças que serão movimentadas para dar o "xeque mate". São as linhas que vão costurando o discurso para que se apresente ao público a manta das ideias defendidas.

Voltemos aos exemplos anteriormente mencionados para ilustrar nossos objetivos específicos ou táticas.

O dirigente sindical já sabe que seu objetivo geral é falar sobre o aumento salarial. No entanto, ele sabe também que, se pegar um microfone e falar sobre isso sem convencer ninguém, muita gente não vai se somar aos seus objetivos.

Então, esse dirigente deve acrescentar aos seus argumentos dados sobre a economia, mostrando que as empresas ganharam muito dinheiro no ano, juntando a isso informações sobre lucros etc. Depois, é necessário apresentar dados sobre a situação da categoria. Por exemplo, mostrar como se compra menos com o mesmo dinheiro; apontar algum dado da empresa que mostre que a produção aumentou ou se manteve, mas com menos funcionários. Dessa maneira, deve ir somando um argumento ao outro, costurando os argumentos para chegar ao objetivo geral, que é convencer sobre a necessidade de aumento salarial.

Assim, esse orador não somente vai convencendo sobre a necessidade de aumentar salários, mas também cria argumentos para quem o ouve, estimulando uma massa crítica que vai ajudar a fundamentar o que ele disse diante de outras pessoas de quem espera apoio para essa causa.

Quando falamos, não somente estamos influenciando quem nos ouve, mas também oferecendo argumentos para que aqueles que concordem conosco possam reproduzi-los diante das demais pessoas. Desse modo, o dirigente do exemplo pode ajudar quem foi na assembleia a convencer aqueles que não foram. Ou, ainda, ajudar aqueles que concordam com suas ideias a convencerem os que não concordam ou estão em dúvida ou até mesmo desinteressados.

O mesmo vale para a liderança comunitária que pretender exigir a instalação de postes no seu bairro. Já se sabe o objetivo geral. É necessário, então, definir as táticas para convencer o público disso.

A liderança pode acrescentar argumentos gerais, como os riscos de todos ficarem sem luz; buscar algum artigo de lei ou alguma lei que obriga o município a instalar luz; acrescentar que os impostos que pagam servem para esse tipo de coisa; ou, ainda, incorporar argumentos sobre pessoas específicas para despertar o interesse delas.

Nesse último caso, por exemplo, pode argumentar que, além dos problemas gerais, a falta de iluminação nas ruas é uma necessidade mais urgente ainda para as mulheres, mais vulneráveis e sujeitas às tentativas de violência, facilitadas pela ausência de iluminação no bairro. Pode também apontar que a falta de luz prejudica quem vai trabalhar no terceiro turno (à noite) ou, ainda, que nenhum motorista de táxi ou aplicativo quer circular na região, impedindo as pessoas de passearem ou se locomoverem por esse meio. Enfim, pode adicionar aos seus objetivos argumentos que irão convencer o público de que seus fins são os mais justos e corretos.

E não só os argumentos, mas também todos os conceitos que já vimos geralmente são empregados nos objetivos específicos. É nesse momento que o orador se vale da persuasão, da eloquência e da retórica para convencer e influenciar. Em outras palavras, é nesse o momento que ele emprega recursos estéticos, lógicos, corporais, enfim, todo arsenal de meios disponíveis para que influencie da melhor maneira quem o vê e/ou ouve.

Veremos em detalhes, ao longo deste livro, vários meios de convencimento.

O que queremos que você registre é que, para atingir seu objetivo, um orador precisa criar meios de influenciar o público.

Esse esquema, entre objetivos gerais e específicos, precisa estar na cabeça do orador antes de ele falar, pois é necessário que ele saiba aonde quer chegar e quais os meios para chegar até lá. Quem quer fazer uma viagem, precisa conhecer o destino e, no mínimo, a forma de chegar até ele.

3.4
Planejar a fala

Como vimos, primeiro vem o pensamento, depois a fala. Não é possível falar sem pensar. Na verdade, até é possível. Mas as chances de dar errado são gigantescas.

Sempre haverá uma incompatibilidade temporal entre o que pensamos e o que falamos. A mente funciona de forma mais veloz e espontânea. Já a língua depende de comandos motores que funcionam mais lentamente. O planejamento é uma ponte que se estende entre a mensagem do cérebro e os movimentos da fala (boca, língua, mandíbula etc.).

São inúmeros os casos de pessoas que foram falar e acabaram "trocando os pés pelas mãos". Aliás, "trocando o cérebro pela língua".

Um orador deve primeiro pensar no que dirá. E o primeiro pensamento é definir qual é a estratégia do discurso, como vimos. Depois, definir as táticas, os meios de atingir esse objetivo. Feito isso, é hora de colocar tudo isso no papel ou em qualquer lugar que ele possa visualizar, caso precise.

O segundo passo, nesse sentido, é o de planejar o que será dito.

Assim como planejamos um trabalho de escola, também podemos planejar um discurso, entendido aqui como aquilo que diremos ao público.

Claro que nem sempre é possível organizar um discurso. Não raro uma pessoa é chamada a falar em cima da hora e, quando muito, é informada apenas do assunto sobre o qual irá falar. Nesse caso, o improviso será grande.

O improviso é o famoso "se vira nos 30" (uma alusão aos 30 segundos), como diz o bordão de um famoso apresentador de televisão.

No Capítulo 8, discorreremos com mais detalhes acerca do assunto. No momento, queremos delimitar essa necessidade: o planejamento antecede a fala.

Quanto mais planejada, melhor será a fala, em todos os sentidos.

Para quem ouve e assiste, um bom orador parece que está falando tudo de improviso, tamanhas a fluidez, a autenticidade e a desenvoltura da fala.

Na verdade, trata-se de resultado de um planejamento prévio, em virtude do qual tudo foi pensado, elaborado, para só depois ser dito.

Como planejar um discurso?

Depende. Se a fala for individual, contínua e ininterrupta, pode ser adotado um tipo de planejamento chamado *roteiro de fala fechado*. Se a fala for individual, mas sujeita a descontinuidades ou interrupções, ou se a fala for concomitante com outra pessoa e sujeita a interrupções, o roteiro de fala é aberto.

Vejamos a seguir as duas hipóteses.

3.4.1 Roteiro de fala fechado

A primeira coisa que o orador deve fazer é elaborar um roteiro de fala, entendido aqui como a sequência do que vai ser falado.

O roteiro de fala fechado é aquele no qual a pessoa fará um discurso, somente ela, de forma contínua e ininterrupta.

É uma fala na qual somente a pessoa falará. Ninguém vai falar de forma concomitante com ela. Ninguém irá interrompê-la ou ficar perguntando nada a ela. Somente a pessoa, o público, um tema para falar e um tempo para ser dito. Nessa hipótese, a pessoa adota um roteiro de fala fechado.

Fechado não quer dizer trancado em algum lugar, escondido. Fechado significa que esse roteiro tem um sistema de palavras-chaves, uma sequência de tópicos que serão percorridos no discurso, organizado para ser dito para alguém, em determinado contexto e pelos meios que pareçam mais adequados.

Nesse roteiro, o orador deve responder algumas perguntas: Por onde começo? Com qual frase? Quais elementos irão fundamentar minha opinião? Quais meios posso usar para atrair a atenção de quem me ouve? Como posso encerrar minha fala? Como reunir isso dentro do tempo que tenho para falar?

Há quem defenda um roteiro mais resumido, com apenas três passos, sintetizados em: 1) saber qual o tema e o motivo do evento; 2) descobrir os problemas e as soluções propostas; 3) estabelecer a ordem da apresentação (Polito; Polito, 2015).

Há também quem prefira criar um roteiro detalhado, decorá-lo e pronunciá-lo. Não recomendamos esse tipo de oratória porque fica muito mecânico, por mais cadenciado que seja o discurso decorado. Além do mais, pode a pessoa simplesmente esquecer uma palavra ou mesmo uma frase, perdendo-se no meio da fala. Também ocorre de haver alguma pequena, mas considerável interrupção e o raciocínio é totalmente quebrado. Por fim, a oratória perde vivacidade, emoção e veemência com discursos decorados, porque fica restrita à memória de quem fala, sendo ideal que o orador também sinta o que está dizendo.

De qualquer forma, para quem está iniciando, decorar algumas falas para apresentá-las, a título de treinamento, pode ser uma saída útil.

Independentemente dos elementos presentes no roteiro, é importante que ele seja feito.

O que chamamos de *roteiro de fala fechado* são os tópicos pelos quais o orador irá percorrer quando for falar. É como se fosse um guia de fala. Mas, atenção, não é qualquer guia. É preciso definir uma ordem, uma hierarquia do que será falado. Não se trata de um amontoado de tópicos. É necessário que haja um sentido, uma finalidade, qual seja, a de concatenar as táticas com a estratégia.

O sentido do roteiro, portanto, é o de listar as informações, os argumentos, os itens que vão se articulando entre si para chegar ao objetivo do orador.

Um detalhe importante: não é preciso detalhar as informações que irão ser listadas, mas apenas os tópicos genéricos. Quanto mais detalhes forem colocados no roteiro, maior ele fica e mais difícil é acompanhá-lo.

Não se pode confundir um roteiro de fala com um roteiro de leitura. Em um roteiro de leitura, a pessoa vai apenas lendo algo, acrescentando ou não comentários sobre o que lê.

Quem já foi a uma missa pode diferenciar essas duas situações. Uma coisa é alguém subir ao púlpito para ler um salmo. Outra coisa é a homilia, na qual o padre faz um discurso explicativo após ler um trecho da bíblia. Nos dois casos há leitura, e apenas no último ela é seguida de uma explicação.

Num discurso, a leitura é desaconselhável. Numa boa oratória, o ideal é que o orador apenas fale, sem ler. Se acrescentar muitos tópicos para acompanhar, a oratória corre o risco de se transformar numa leitura ou numa espécie de homilia, que é uma prática comum e esperada numa missa, mas completamente inadequada para um orador político.

No roteiro de fala fechado, o tópico é só para ajudar o orador a lembrar o que precisa ser dito. Se ele colocar tudo o que precisa dizer, vai ficar com os olhos fixados por muito tempo no seu roteiro, dando a impressão de leitura. Essa prática rompe a conexão com o público. Transfere a atenção apenas para o que está sendo lido, e não para o orador. Impede que sejam desenvolvidos outros meios de oratória, como o corpo, os olhos, as mãos. Tira, enfim, a emoção do discurso, que fica enfadonho, cansativo e meio sem graça.

Nem toda leitura é assim. Existem pessoas que leem poesias e conseguem tirar da leitura um pouco mais de vivacidade. Mas, cotejando as duas formas, uma poesia recitada sem a leitura é muito melhor, mais emocionante e eloquente.

Via de regra, assistir alguém lendo um discurso é bem maçante. Só quem frequentou a escola para se lembrar daquele amiguinho que lia o trabalho inteiro na sala, enquanto os demais enfrentavam o dilema entre fingir prestar atenção ou dormir com sinceridade.

Portanto, é importante colocar apenas os tópicos. Nada de muitas explicações no roteiro.

O orador pode inserir no tópico um detalhe ou outro, como um dado de que precisa lembrar. Mas precisa estar com os argumentos na cabeça. O roteiro é apenas o gatilho para lembrar o que dizer.

O roteiro pode estar em um papelzinho, na mão, em um caderno ou em PowerPoint. Não importa. O orador deve sempre fazer um roteiro que será sua memória para fora da sua cabeça. Um ponto de apoio para seu discurso.

Vamos a um exemplo de roteiro com tópicos e algumas observações sobre eles.

Vamos supor que o orador irá falar sobre o desmatamento na Amazônia. Para isso, colocará os tópicos que pretende abordar mais ou menos na seguinte sequência:

1. Saudações

Observação: Esse tópico é importante para quem esquece de cumprimentar os presentes. Se o orador for um deles, deve começar por aí.

2. Importância da Amazônia

Observação: não é para lembrar sobre o assunto que será tratado. É um tópico para o orador lembrar de falar sobre a importância da Amazônia nas mais variadas dimensões: econômica, cultural, culinária etc.

Se o orador quiser, pode colocar da seguinte maneira: cultura, economia, política, culinária, Amazonas. Mas é necessário não detalhar demais para não virar um roteiro de leitura, em vez de um roteiro de fala.

Observação importante: pode-se utilizar o senso de ocasião, que é uma forma de demonstrar familiaridade, simpatia e empatia com o lugar sobre o qual se está falando. Em termos de figura retórica, o senso de ocasião pode ser empregado por meio de uma alusão a algum detalhe da vida do público que o aproxime do orador. Veremos este tema no Capítulo 7, mas desde já vale consignar que a alusão é um importante meio de comunhão com o público.

No nosso caso, poderia se fazer uma alusão ao gosto pelo Tacacá (comida típica do Amazonas), destacar a admiração pelo festival de Parintins ou mencionar alguma referência sobre o local do qual se está falando.

Claro, não se trata de inventar coisas, mas, se possível, demonstrar que conhece o local sobre o qual irá falar, fazendo alguma referência a um bairro, um time de futebol, uma universidade, alguma pessoa conhecida, algum prato, um artista local, um prato etc. Isto cria um senso de identificação com quem o ouve ou assiste.

2.1 Impacto desmatamento

Observação: aqui o orador pode acrescentar alguns detalhes, porque nem sempre lembramos de dados estatísticos. Número de árvores queimadas, números de animais mortos pelas queimadas; perda econômica; pessoas desalojadas de suas casas, enfim, todos os dados que ajudem a fundamentar o impacto que as queimadas tiveram.

2.2 Responsáveis

Observação: neste tópico, o orador pode acrescentar os responsáveis. Se são queimadas em decorrência de crimes ambientais; se são resultantes de períodos de estiagem; quem fez ou deixou de fazer algo etc.

2.3 Saídas ou alternativas

Observação: neste item, o orador defenderá seu programa, ou seja, suas saídas para os problemas. Enfim, defenderá sua política, seja ela favorável, seja contrária.

3. Encerramento

Observação: caso o orador tenha preparado alguma surpresa ao final, como chamar para alguma campanha, é bom colocar o nome da campanha no tópico. Exemplo: "SOS Amazônia". Ele pode também fazer um chamado para ajudar uma organização não governamental (ONG), por exemplo. Ainda, pode pedir que o público se some a algum abaixo-assinado ou talvez queira apenas se despedir ou fechar com uma homenagem a alguém. Enfim, é o momento derradeiro da fala. É importante, porém, colocar um tópico que faça lembrar de como quer encerrar.

Muita gente fecha o discurso com uma frase de efeito. Se a pessoa se lembra da frase, não precisa colocá-la, mas, às vezes, não é possível recordá-la. Nesse caso, pode-se escrever e ler a frase ou simplesmente dizê-la de memória. Não é bom ler, mas quando isso ocorre no final e apenas para fechar um assunto, não há maiores problemas.

Evidente que esse é apenas um exemplo de roteiro sobre um determinado assunto. O orador poderá pensar em outros tópicos que possam fazer com que ele lembre do que precisa dizer.

Polito e Polito (2015), por exemplo, propõem a seguinte ordem: cumprimentar os ouvintes; fazer uma introdução; expor o assunto; revelar o problema; apresentar solução; contar uma história; refutar objeções; concluir.

As ordens e preferências de roteiros são distintas para cada pessoa. Há quem comece falando sobre seus objetivos e depois os fundamenta. Também é válido. Mas, não se esqueça: um roteiro de fala fechado é um *script* do que o orador irá dizer, dentro de uma certa lógica, com objetivos determinados.

Há pessoas que utilizam pouquíssimos tópicos, enquanto outros precisam de vários. Há quem utilize frases, outros, apenas palavras-chaves, outros tantos se valem de números e há até quem use símbolos. E, claro, há quem prescinda completamente de um roteiro.

O que interessa destacar aqui é que o orador tenha consigo um apoio, um guia ou um roteiro para auxiliá-lo na fala.

É importante a um orador ter sempre um "roteirinho" em mãos. Até mesmo o fato de planejá-lo o ajudará a gravar o discurso. Se não for usar o roteiro, pode deixá-lo guardado, como se fosse um salva-vidas. É a "cola" do orador. Tomara que não precise. Mas, na dúvida...

3.4.2 Roteiro de fala aberto

Assim como às vezes não é possível organizar o discurso, em outras situações não é possível seguir um roteiro de fala.

Uma coisa é montar a fala, preparar-se e praticar a oratória num contexto no qual só a pessoa precisa falar, de modo contínuo, sem interrupções, como se fosse um monólogo, com o público todo concentrado nela.

É como subir para falar de uma tribuna. Isso não quer dizer que o público não irá interagir. Pode haver aplausos, vaias, expressões de satisfação e insatisfação, silêncio e até algumas eventuais interrupções. Mas o planejamento está ali, pronto para ser retomado.

Outra circunstância é quando uma pessoa participa de um debate, de uma entrevista de TV ou de rádio, de uma mesa de discussões ou outras situações nas quais estão presentes mais pessoas que também irão falar, interrompê-la, questioná-la, criticá-la etc. Para essa hipótese, o roteiro não pode ser fechado, sistematizado e organizado para uma fala contínua e ininterrupta. Ele precisa ser aberto, contendo apenas tópicos que a pessoa precisa se recordar de falar em algum momento, quando a ocasião permitir.

Há oradores que não fazem roteiros abertos precisamente porque não sabem o assunto que será tratado, o tema que será proposto ou, simplesmente, não o fazem pelas incertezas de uma situação como essa. Mas acreditamos que é sempre bom ter algo anotado, algo essencial e que a pessoa não pode deixar de mencionar em algum momento de sua fala.

No roteiro de fala aberto, deve-se eleger algum tópico prioritário, mas não necessariamente numa ordem prioritária. Não é necessariamente para ordenar a fala, como se fosse um discurso no qual somente a pessoa vai falar e pode seguir seu próprio roteiro. É apenas para ela se recordar de determinado assunto, independentemente do momento em que irá falar.

No caso de um debate ou de uma entrevista, o roteiro aberto serve apenas para que a pessoa não esqueça de falar sobre determinados temas, sejam quais forem as perguntas e sejam quais forem as ordens do assunto.

Um episódio que ficou muito conhecido e que nos ajudará a ilustrar esse assunto foi o debate presidencial televisivo no curso do qual o então candidato Jair Bolsonaro foi flagrado pelas câmeras com uma "cola" na mão, com as palavras: "pesquisa", "arma" e "Lula" (Bolsonaro..., 2018). Independentemente do que cada um pensa sobre esse procedimento e o conteúdo das anotações, é fato que, nesse caso, trata-se de um roteiro de fala aberto, já que a intenção não foi a de organizar um discurso, mas apenas o de lembrar temas que eram caros ao candidato durante um debate televisivo.

Sabemos que o assunto é questionável, encontrando resistência por parte de muitas pessoas em adotar esse tipo de roteiro.

Na nossa opinião, ele é válido na medida em que cada um sabe das suas capacidades e limitações, sendo plenamente legítimo o uso de um roteio aberto, caso o orador se sinta mais confiante para o exercício da oratória.

Seja qual for a opção, sempre que possível, é importante que o orador faça um roteiro. Como rememorou Anderson (2016, p. 243-244), "a maior vantagem de optar pelo roteiro é poder fazer o melhor uso possível do tempo". De fato, um roteiro é uma verdadeira economia de tempo para quem irá falar. E tempo é fundamental na oratória, como veremos mais adiante.

> **Para saber mais**
>
> Criar um roteiro parece simples, mas pode ser tanto melhor quanto maiores as opções que conhecemos. Para saber mais sobre o tema, sugerimos as obras indicadas a seguir:
>
> HOWARD, D.; MABLEY, E. **Teoria e prática do roteiro**: um guia para escritores de cinema e televisão. São Paulo: Globo, 1999.
> SARAIVA, L.; CANNITO, N. **Manual de roteiro**. São Paulo: Conrad, 2004.

> **Mãos à obra**
>
> Prepare um roteiro fechado com os seguintes elementos: um objetivo geral e três objetivos específicos.
>
> Em seguida, faça uma fala de um minuto buscando defender seu objetivo geral, passando obrigatoriamente pelos três objetivos específicos.
>
> Sugestões de objetivos gerais:
>
> - Guerra
> - Paz
> - Fim da fome
> - Diminuição da poluição

Síntese

Neste terceiro capítulo, mostramos como podemos organizar uma fala antes de apresentá-la ao público.

Como mencionado, uma fala é antecedida por uma organização do próprio pensamento, que precisa ter claro aonde quer chegar.

Para isso, buscamos explicar que qualquer discurso precisa saber aonde quer chegar e os meios de atingir esse objetivo.

Tratamos, assim, de esclarecer o que são os objetivos gerais (ou estratégia) e os objetivos específicos (táticas), que precisam ser articulados uns aos outros para que uma oratória possa ter endereço certo de chegada e dispor dos meios para alcançá-lo.

Por fim, uma vez explicitada a importância de um roteiro, buscamos diferenciar dois tipos deles: o roteiro fechado e o aberto, sendo o primeiro mais detalhado que o segundo, prestando-se ambos a situações distintas na prática oratória.

Questões para revisão

1. Leia atentamente as premissas indicadas a seguir:

    I) Por objetivo geral, compreende-se o fim mais amplo que se pretende atingir ao realizar uma fala,

    porque

    II) é o mecanismo particular que o orador vai juntando para formar seu discurso a fim de apresentá-lo ao público.

    Assinale a alternativa que apresenta a resposta correta:
    a) As premissas I e II são verdadeiras, mas a II não decorre da I.
    b) As premissas I e II são falsas.
    c) Apenas a premissa I é verdadeira.
    d) As premissas I e II são verdadeiras, sendo que a II decorre da I.
    e) Apenas a premissa II é verdadeira.

2. Ronaldo foi convidado para uma entrevista numa emissora de TV para falar acerca da violência doméstica. Doutor no assunto, levou em mãos um livro no qual aborda a temática, fruto de uma pesquisa de mais de cinco anos de estudos. Sempre que perguntado sobre algum dado aleatório, Ronaldo fazia consultas pontuais a algum capítulo do livro, no qual encontrava o dado de que precisava para responder à pergunta do entrevistador. Para Ronaldo, o livro por ele publicado serviu como:
    a) roteiro fechado.
    b) roteiro aberto.
    c) objetivos gerais.
    d) objetivos específicos.

e) Nenhuma das alternativas anteriores.

3. Acerca do senso de ocasião, é correto afirmar:
   a) É empregado a fim de se aproximar do público.
   b) É usado para demonstrar familiaridade com o local de onde se está falando.
   c) É também considerado como uma figura retórica empregada como alusão a detalhes da vida do público.
   d) Nenhuma das alternativas anteriores está correta.
   e) Apenas as alternativas "a", "b" e "c" estão corretas.

4. Pelo que vimos, quais são os dois tipos de planejamento de fala que podemos adotar?

5. Com base no que foi discutido neste capítulo, explique em qual ou quais situações o orador pode adotar um roteiro fechado e em qual ou quais situações ele pode adotar um roteiro aberto.

Questão para reflexão

1. Demóstenes foi realizar um discurso em Atenas sobre a guerra. Em sua oratória, defendeu a imperiosa necessidade de paz entre os povos como bandeira a ser levantada pelo povo grego. Para convencer o público, enumerou os prejuízos de uma guerra, como a fome, a violência, a morte de milhares de pais atenienses e a consequente orfandade de seus filhos e filhas.

   Na sua opinião, se Demóstenes estivesse defendendo como objetivo geral a guerra ao invés da paz, qual ou quais os tipos de objetivos específicos ele poderia adotar?

Capítulo 4

A construção da mensagem

Conteúdos do capítulo:

- A construção da mensagem.
- A estrutura da intervenção.
- De olho no cronômetro.
- Dividindo o tempo.
- Formando a estrutura de uma mensagem.

Após o estudo deste capítulo, você será capaz de:

1. organizar um discurso;
2. estruturar uma intervenção;
3. adequar um discurso no tempo.

Já vimos como é indispensável que o orador pense antes de falar e de que precisa, antes de tudo, saber aonde quer chegar com seu discurso, quais os meios de fazê-lo e os tipos de roteiros que pode adotar.

Mas, como organizar aquilo que irá dizer? Por onde começar? Qual deve ser a estrutura do discurso?

A ideia principal deste capítulo é trabalhar precisamente a estrutura da mensagem.

4.1
A ESTRUTURA DA INTERVENÇÃO

Toda mensagem tem uma estrutura. A mensagem é o que será dito. A intervenção é uma mensagem falada; é, enfim, o exercício de dizer essa mensagem.

A estrutura de uma mensagem falada é muito parecida com a de uma mensagem escrita. Ela deve possuir três elementos fundamentais: introdução, desenvolvimento e conclusão, ou seja, precisa ter começo, meio e fim.

Não existe nada mais frustrante do que ouvir uma intervenção cujo desfecho ninguém sabe exatamente qual foi. O mesmo ocorre com quem ouve alguém falando de algo a respeito de um assunto que ninguém entendeu por onde começou.

Uma boa mensagem é igual a um romance "água com açúcar". Você pode até não gostar ou concordar com o deslinde do filme, mas sabe perfeitamente que o casal terminou juntinho um ao outro.

É claro que, numa mensagem política, nem sempre haverá final feliz. Mas, ainda que seja para denunciar algo muito triste ou inadmissível, o orador precisa deixar claro para o público o que exatamente quer dizer.

Mais do que começo, meio e fim, uma mensagem precisa estabelecer o nexo entre essas três coisas. É plenamente possível, e às vezes até desejável, que haja alguma digressão no meio do caminho, mas, ao final, o público deve saber que os argumentos que o orador utilizou foram necessários para relacionar o que foi dito no começo com a conclusão desejada.

O pior dos mundos ocorre quando quem ouve acha que a mensagem não juntou "lé com cré", como se dizia antigamente. Ou seja, não foi dito coisa alguma ou o que foi dito não tinha qualquer relação.

Por exemplo, se a mensagem intenta convencer as pessoas sobre a necessidade de mais investimentos em saúde, a pessoa não pode terminar conclamando o público para que ele se some a uma campanha do agasalho. A pessoa pode até fazer uma pequena digressão, falando que a falta de agasalho também causa problemas de saúde, mas precisa ter claro que o assunto é um e não outro. Um assunto ajuda a fundamentar o outro, mas o orador deve saber qual é o centro, o eixo ou o foco da mensagem, sendo as demais questões puramente acessórias.

Portanto, a mensagem deve ter início, desenvolvimento e uma conclusão, sendo que esses três elementos precisam estabelecer nexo entre si para que a mensagem seja o mais compreensível possível.

4.2
DE OLHO NO CRONÔMETRO

Antes de definir exatamente qual é a mensagem, o orador precisa atentar a um detalhe prévio e completamente exterior a ela. Para isso, deve responder à seguinte pergunta: "Quanto tempo tenho para falar?".

Ninguém deve organizar uma mensagem antes de saber qual será o tamanho dela, e este será determinado pela quantidade de tempo que a pessoa terá para falar. Se é um discurso de 10 minutos, será um tipo de mensagem. Se é uma fala rápida de 3 minutos para um evento, a mensagem será outra. Em qualquer das hipóteses, o orador precisará criar uma mensagem com começo, meio e fim. No entanto, o que dirá no começo, no meio e no fim vai depender do tempo que terá para falar.

Não existe nada mais frustrante para quem fala e para quem ouve do que uma intervenção que não chega ao seu desenlace ou conclusão. Isso é muito comum em debates, quando determinada pessoa não consegue concluir seu raciocínio porque o tempo dela expirou.

O contrário também é verdadeiro, quando alguém tem determinado tempo e não o utiliza por completo, deixando a impressão de que havia mais por dizer. Nesta segunda hipótese, desde que a pessoa tenha ao menos concluído seu raciocínio, é menos prejudicial ao orador do que a primeira, porque ao menos houve começo, meio e fim. Mas o ideal é que o orador ocupe todo o tempo de que disponha enquanto fala.

Portanto, a questão do tempo é crucial para quem vai falar.

É preciso criar uma disciplina de raciocínio, construindo uma mensagem mental que será falada no exato tempo disponível. Isso é muito difícil, mas indispensável.

Uma regra é clara: quanto mais domina o assunto, mais o orador consegue sintetizar sua fala. O contrário, geralmente, também é verdadeiro. Quanto menos clareza o orador tem do assunto, maiores serão as digressões, as tergiversações e a prolixidade. É como se a pessoa estivesse tentando compensar com a forma a falta de conteúdo. Por isso é tão importante a união entre conteúdo e forma. Quanto mais se domina o primeiro, mais fácil de se criar a segunda.

4.3
Dividindo o tempo

Como já narrado, primeiro a pessoa precisa saber o tempo que tem para falar. Depois, deve construir uma mensagem que ocupe esse tempo. Essa mensagem, como já visto, precisa ter começo, meio e fim.

Não há uma fórmula de como distribuir uma mensagem ao longo de determinado espaço de tempo, mas nos parece que essa mensagem poderia ser dividida mais ou menos dentro da seguinte métrica:

- introdução – entre 10% e 15% do tempo;
- desenvolvimento – entre 75% e 80% do tempo;
- conclusão – entre 10% e 15% do tempo.

Naturalmente que essa equação é apenas uma referência. Depende de cada pessoa, do assunto e do contexto. Via de regra, temas mais complexos dependem de maiores explicações iniciais do que finais. Contextos adversos também convidam a introitos mais extensos.

Por exemplo, um palestrante sobre direitos humanos fará uma explicação sobre o assunto para uma turma da polícia militar. Alguém que defende a descriminalização do aborto falará para um público evangélico. Um defensor da privatização de universidades públicas irá defender sua posição numa assembleia universitária. Todos estes são temas complexos e em contextos sensíveis ou adversos. Não há como adentrar diretamente no assunto e defender uma opinião sem um bom preâmbulo.

Coisa outra é defender uma opinião num circuito mais propenso às ideias. Nesse caso, ocorre o oposto: menos argumentos na entrada e mais no final.

Pensemos numa convenção partidária na qual todos coadunam dos mesmos ideais e programa. Nesse caso, o epílogo teria mais destaque, com palavras de ordens, emulações para que os correligionários disputem quem consegue mais votos, frases de efeito e outros recursos que possuem o objetivo de elevar o moral do público, colocando-o em movimento para a campanha.

Numa situação mais adversa, é indispensável uma preparação do púbico para que as ideias sejam cuidadosamente introduzidas. Por outro lado, numa situação na qual o público concorda com as ideias, é melhor enfatizar outras questões ao final, que enalteçam ainda mais o papel do orador.

Assim, claro está que a divisão de tempo que mencionamos anteriormente é apenas uma referência, não uma fórmula matemática. Tudo dependerá de outros fatores.

Em condições normais, do prólogo ao epílogo é quase o mesmo esquema, qual seja, o de reservar a maior parte do tempo ao desenvolvimento, ao meio do discurso. Isso porque é no desenvolvimento que o orador utiliza da maior parte dos seus argumentos, dos elementos de reflexão, do conteúdo que pretende expor.

A oratória é um todo, como se fosse um bolo, embaixo do qual vai a mesa, em cima, as velas e decorativos e, no interior, o recheio.

Em matéria de oratória política, o recheio é extremamente importante, porque é nele que o orador deposita todo o conteúdo de suas ideias ou opiniões. O programa que ele irá defender precisa ser bem explicado, aprofundado e externado, sendo a parte do desenvolvimento da mensagem a responsável por essa parte. Então, qualquer que seja o lapso temporal, sempre deve ser dedicado maior tempo à parte do desenvolvimento, ou seja, do meio do discurso ou da mensagem.

Salvo nas hipóteses anteriormente assinaladas, o orador deve procurar não fazer longas introduções, como se fosse um prefácio maior do que o livro ou um helicóptero que nunca aterrissa. Para o público, parece que o orador está dando voltas a fim de não entrar no assunto. Isso ocorre porque o público cria uma expectativa de que o orador dirá algo sobre o tema. Está ansioso para ouvi-lo. Quer saber efetivamente sua opinião. Isso é muito bom, sendo até desejável um pequeno prelúdio, para atiçar ainda mais essa expectativa. O risco é se estender demais nessa parte, frustrando quem ouve ou assiste, tornando cansativa a espera, que pode se transformar em desistência.

Já o desenvolvimento é mais complexo e, por essa razão, exige mais tempo para ser transmitido. Por tomar mais tempo, também há o risco de se tornar monótono e cansativo. Por isso, o desenvolvimento não é só o momento de propor as ideias centrais e os principais argumentos. O meio do discurso também deve ser usado para explorar aspectos de forma, como a eloquência, a teatralidade, a *performance*, enfim, a parte estética da oratória.

Em uma entrevista, geralmente mais dinâmica, posto haver um diálogo entre os lados, a parte do desenvolvimento é mais atrativa. É como se o orador fosse transmitindo suas ideias a conta-gotas. Alguém pergunta, ele responde e assim por diante.

Quando se trata de um discurso apenas da pessoa, contínuo e ininterrupto, o orador precisa associar outros recursos aos seus argumentos, para que quem ouve ou assiste não fique entediado.

Já o fechamento é o arremate. É a síntese do que foi dito. Geralmente, é o ápice de um discurso, seu ponto alto, seu momento de maior intensidade.

Maior intensidade não quer dizer maior entusiasmo. Maior intensidade quer dizer que tudo o que foi dito será coroado no final. É o ápice. O cume da intervenção.

Num discurso de homenagem a alguém morto, por exemplo, a intensidade é sobre o significado daquela pessoa no mundo. Não é um desfecho, porém, no qual se espera que saiam todos entusiasmados. O sentido do arremate da oratória será outro.

Tudo vai depender do tema e do contexto em questão, mas, via de regra, a conclusão é aquele momento no qual o orador deve terminar sua mensagem de modo bem-sucedido.

Uma conclusão frágil pode até não comprometer a mensagem integralmente, mas seguramente o orador perde a oportunidade de enfatizar, destacar e gravar na memória do público a síntese das ideias transmitidas.

Voltando ao exemplo do bolo, pode até ser que ele seja gostoso, mas, sem dúvida, uma estética bonita junto com alguma iguaria especial no recheio fazem dele irresistível e causam a sensação de "quero mais".

Este é o sentimento que satisfaz um orador: a vontade do público de vê-lo e ouvi-lo novamente. Quando um orador "fideliza" seu público, que não mede esforços para ouvi-lo, quer dizer que seu mister foi exercido a contento.

4.4
FORMANDO A ESTRUTURA DE UMA MENSAGEM

Como dito anteriormente, uma estrutura de mensagem possui começo, meio e fim. As questões essenciais são: O que vai no começo, no meio e no fim? Quais elementos formam uma estrutura de mensagem?

De plano, frisamos que esses elementos variam de uma estrutura para outra, e cada pessoa faz a sua. Reforçamos que não é objetivo aqui propor um modelo fixo de estrutura de mensagem, mas apenas um referencial para que a pessoa possa construir uma mensagem que mais tarde será dita ao público.

Via de regra, uma mensagem adequada é composta por, ao menos, sete elementos:

1. definição do tempo;
2. saudação;
3. apresentação;
4. tema;
5. preparação;
6. desenvolvimento;
7. finalização.

Veremos cada um desses elementos com mais detalhes na sequência.

4.4.1 Definição do tempo

Esse elemento é prévio a qualquer mensagem. Como dissemos, a primeira coisa que um orador precisa fazer é saber quanto tempo tem para falar, a fim de dimensionar o tamanho da sua mensagem e de sua fala. Ciente do tempo que possui, o passo seguinte é começar a mensagem.

4.4.2 Saudação

Dizem que a "primeira impressão é a que fica". Segundo estudo dirigido por Nicholas Rule, pesquisador da Universidade de Toronto, em matéria publicada no Correio Braziliense (Oliveto, 2014), essa premissa é verdadeira. Num discurso, a primeira impressão do público nasce da apresentação do orador.

Pode parecer óbvio, mas não é incomum que alguém comece a falar sem ao menos cumprimentar o público. Às vezes por esquecimento, às vezes por falta de tempo e, às vezes, porque a pessoa já está familiarizada com o público, crente de que é dispensável saudar os presentes. Acontece muito!

Uma saudação é importante para criar já no início alguma identificação com o público. É também crucial para se abrir o discurso com um bom cartão de visitas, demonstrar respeito e cordialidade com o público. Trata-se de um dos momentos nos quais é o público quem é prestigiado, e não o próprio orador.

Conta-se[1] que, certa feita, um prefeito de uma cidade foi ler seu discurso de posse, que foi escrito provavelmente por algum assessor. Como não sabia qual o horário em que o prefeito falaria, a pessoa que escreveu o texto colocou as três hipóteses de saudação: "bom dia, boa tarde e boa noite". Ao iniciar sua fala, o prefeito disparou: "Bom dia, boa tarde e boa noite, conforme a ocasião", lendo literalmente o que estava escrito no discurso. As gargalhadas foram imediatas.

Isso mostra a importância de uma apresentação, que pode dar totalmente errado se não for feita corretamente.

É nesse momento que o orador tem a oportunidade de passar uma boa impressão, saudando de modo direto, educado e cordial. Essa saudação pode ser direcionada tanto ao público que o assiste quanto aos presentes, às autoridades ou a quem o convidou para ali estar.

Em debates televisivos, nos quais os tempos para falar são bastante exíguos, a pressão por expor as ideias é grande, induzindo o orador a ir direto ao assunto sem sequer saudar as pessoas presentes ou que o assistem.

Claro que isso também dependerá do tempo. Se houver tempo de sobra, é interessante ao orador cumprimentar os presentes, alguns até pelos nomes, para mostrar que está ambientado e familiarizado com todos. Ele pode, ainda, agradecer a alguém por ali estar; alguém que o tenha convidado ou mesmo organizado a atividade da qual fará parte, seja um debate televisivo, seja uma palestra, seja uma entrevista etc.

---

1   *Trata-se de uma anedota fictícia.*

Não havendo muito tempo para isso, o orador pode se limitar a fazer uma saudação genérica, cumprimentando os presentes "por atacado", isto é, de forma indiscriminada e impessoal. Por exemplo: "Boa noite a todos!"[2], "Senhoras e senhores!", "Companheiros e companheiras!", "Gostaria de saudar os presentes", e assim por diante.

4.4.3 Apresentação

O orador deve se questionar: "Quem é você? O público amplamente já o conhece?" Se sim, pode pular esta parte. Se não, deve se apresentar ao público.

Essa apresentação pode ser feita também ao final, como fazia de forma caricatural o deputado Enéas, por exemplo. Mas recomenda-se que isso seja feito logo no início, para que as pessoas saibam o nome de quem está falando.

Não precisa ser uma apresentação extensa, mencionando toda sua biografia. Basta dizer o nome e está tudo certo, salvo em duas situações.

A primeira, como em tudo, se há mais tempo para falar e o público não conhece quem está falando. Nesse caso, o orador pode dizer seu nome e alguma outra informação que chamamos de *qualificação*.

A qualificação ou qualificadora se refere a algum dado biográfico ou informação acerca do orador que seja relevante para o tema que ele irá discutir, o contexto no qual irá falar ou o público que irá ouvi-lo.

Por exemplo, se o orador for fazer uma palestra numa escola e é professor, pode acrescentar essa qualificação junto ao seu nome. Se vai falar para um público religioso e faz parte da mesma religião,

---

[2] *Há um debate atual acerca do uso dos pronomes neutros que consideramos legítimo, mas, com as devidas escusas, não adotaremos no presente trabalho uma forma particular de escrita pela pura e simples falta de acúmulo sobre esse importante assunto.*

seria outra qualificadora interessante de acrescentar. Se for falar numa cidade na qual morou, talvez seja importante mencionar esse fato.

Às vezes, a informação não é sobre o orador, mas sobre alguém que ele conhece ou com quem mantém algum parentesco, ou qualquer outra coisa que o ajude a criar um vínculo com o público.

A ideia na apresentação é o orador falar primeiro o seu nome e, caso o tempo permita, um pouco sobre si.

A segunda situação em que é interessante adicionar alguma informação pessoal não está relacionada ao tempo que há para se apresentar, mas à importância que a informação pessoal tem para o assunto que será abordado.

Há situações nas quais, mesmo com o tempo escasso, é interessante trazer alguma informação que credencie a pessoa para o assunto. Especialmente para o orador político, a parte da qualificação pessoal é digna de ser mencionada se o orador necessita mostrar ao público que tem competência em alguma coisa, experiência em outra, é profissional em alguma área etc. Essa informação pode vir logo no início, junto à menção ao nome ou surgir no decurso da oratória.

Vamos a um exemplo: você está num debate ou fazendo uma intervenção e o assunto é sobre educação. Você domina a área, tem alguma especialização, mestrado ou possui alguma qualificação específica sobre o assunto em questão. Neste caso, é muito importante que você mencione isso. Quer no início, quer no meio da sua fala.

Pode ser que seu domínio não seja acadêmico, mas profissional, como professor, diretor etc. Vale mencionar esse fato.

Pode ser ainda que sua experiência seja em matéria de gestão ou outra qualquer, como um secretário de educação de um município, por exemplo. Enfim, é importante que mencione essas qualificantes para que o público saiba que você exerce domínio pessoal sobre o que está falando.

Se for num debate, pode ser que o assunto surja no meio da querela. A informação sobre sua qualificação coloca você em vantagem ante os demais concorrentes. Se não foi mencionada na apresentação, vale mencioná-la em momento oportuno.

Também pode ser que você esteja dando uma entrevista e surja uma pergunta, do público ou de algum presente, sobre saúde e você é da área. Se já se apresentou como alguém do ramo no início, não precisa repetir a informação para não perder tempo. Mas, caso tenha omitido isso na apresentação inicial, pode adicionar essa qualificação, que servirá também como um argumento de autoridade, cujo conceito discutiremos mais adiante, no Capítulo 6.

Só um detalhe a propósito dessa qualificação: o orador não deve ostentá-la nem valorizá-la em demasia. Não deve usar empáfia ao mencioná-la. Não precisa falar que é o maior especialista no tema, dando a impressão de ser a maior autoridade no assunto. É importante que o orador tenha humildade em praticamente tudo o que vai falar, especialmente quando se trata de si próprio. Dependendo do cenário, caso não tenha se qualificado logo no início, pode dizer mais ou menos o seguinte:

- pergunta do público – "Agradeço a pergunta, porque é da minha área de atuação";
- debate – "Este é um tema que me é caro, já que atuo na área há anos";
- intervenção direta – "Minha experiência profissional nesta área me permite afirmar que...".

Portanto, a apresentação segue mais ou menos os parâmetros indicados no quadro a seguir:

Quadro 4.1 – Hipóteses de apresentação pessoal

Situação	O que fazer
Foi apresentado	Não se apresente
Foi apresentado e tem tempo	Não se apresente e qualifique-se
Público o conhece	Não se apresente, nem se qualifique
Público não o conhece	Apresente-se
Público não o conhece e tem tempo	Apresente-se e qualifique-se
Público não o conhece, tem pouco tempo, mas o assunto é do seu domínio	Apresente-se e qualifique-se

4.4.4 Tema

O tema é complemento prescindível de ser registrado, caso o público já conheça a pessoa que está falando. É algo bastante secundário de ser dito. Na hipótese de o público estar pouco ou nada familiarizado com o tema, o orador pode aludi-lo.

Ao optar por mencioná-lo, deve procurar fazê-lo de forma natural e espontânea. Não deve ser muito formal, por exemplo: "Vou falar do tema 'x' para vocês". Desse modo, o tom fica muito professoral, muito acadêmico.

Melhor é usar outro recurso, como falar da importância do tema, em vez de apresentá-lo. Por exemplo: "Nada me enche mais o peito de orgulho do que tratar do assunto x"; ou "É uma satisfação compartilhar com vocês deste importante tema"; ou "No momento que este tema ganha mais relevância, é um grande desafio falar sobre ele"; e assim por diante.

O orador não vai apresentar o tema e depois falar dele, mas falar diretamente algo sobre o tema para que as pessoas saibam de sua importância.

Insistimos, só vale apontar o tema se o público o ignora parcial ou integralmente e se houver tempo para isso. Do contrário, o tema vai sendo desenvolvido sem necessariamente ser apresentado e o público vai compreendendo-o ao longo da exposição.

Em vez do nome do tema, deve-se discursar sobre seu conteúdo, que é muito mais importante para quem escuta e para o esforço do orador em influenciar o público.

4.4.5 Preparação

A preparação é uma parte do discurso na qual o orador começará a adentrar nos argumentos que utilizará para defender suas ideias. É a transição entre a exposição do tema e os fundamentos que irá alegar em defesa de sua tese.

Essa parte tomará mais ou menos tempo, de acordo com a situação.

Quando se trata de um tema muito espinhoso, complexo e sensível, uma boa preparação é indispensável. Se for, ao contrário, algo do conhecimento do público e que é consenso entre seus integrantes, o orador pode deixar o melindre de lado e abordar diretamente o desenvolvimento do tema. Tudo, obviamente, dentro dos limites temporais de que dispõe.

Imagine que você esteja numa reunião de pequenos ou grandes empresários para falar sobre a necessidade de aumentar impostos. As chances de alguém apreciar o que irá dizer são poucas. Se entrar diretamente no assunto, sem ao menos preparar o público para isso, criará uma instantânea reação adversa, provocando uma indisposição em ouvi-lo ou até mesmo indignação. Nesse caso, precisa neutralizar, diminuir ou, se possível, extinguir as tensões, preparando o público para a mensagem que irá trazer.

Os recursos para isso são inúmeros. Não queremos esgotá-los aqui, porque não pretendemos, neste momento, discutir os tipos de argumentos usados, mas tão somente dissecar os elementos de uma mensagem com ênfase na preparação, se o contexto assim exigir.

De qualquer modo, uma preparação pode ser feita por meio da narração de uma história, de uma citação bíblica, de uma referência a algum lugar em que aquilo deu certo, de uma anedota, de um exemplo pessoal ou, até mesmo, de uma piada. Tudo vai depender do contexto, naturalmente.

É possível, inclusive, lançar uma pergunta para o público, que o próprio orador responderá ao final. Esse recurso chama-se *pergunta retórica* e o veremos em mais detalhes posteriormente, no Capítulo 7.

A ideia é criar empatia com o público, sensibilizá-lo para o assunto que será tratado e "abrir o coração" dos ouvintes.

A preparação é o momento da conquista. É como aquele momento no qual um pretendente prepara a outra pessoa para pedi-la em namoro, utilizando uma analogia. Se conquistar o público é o objetivo do orador, deve-se criar um cenário, sensibilizando esse público a ponto de criar as condições necessárias para que o assunto em apreço possa ser introduzido.

A preparação é tanto maior quanto mais resistente é o público ao qual será endereçado o assunto. Se souber de antemão que será bem aceito, o orador deve sair dos "entretantos" e ir logo aos "finalmentes".

Portanto, tendo o orador consciência de que o público está mais aberto às suas ideias, deve gastar menos tempo com a preparação. De outra banda, ciente das dificuldades, pode alongar a preparação um pouco mais, porque isso permitirá que as resistências se estabilizem, diminuam ou mesmo desapareçam, a depender do caso.

Um detalhe importante é que a preparação não necessariamente vem após os elementos anteriores (saudação, apresentação, tema).

Aliás, a ordem dos fatores não necessariamente são os aqui apresentados, já que trazemos apenas um esquema para ajudar a organizar um discurso.

Não raro, a preparação vem logo no início, sendo a primeira coisa a ser dita. Caso o público já conheça ou tenha ideia de quem seja o orador, além de conhecer relativamente suas convicções e já estar familiarizado a escutá-lo, a saudação, a apresentação e a anunciação do tema são perfeitamente dispensáveis, ao menos no início.

O discurso conhecido como "Eu tenho um sonho", de Martin Luther King, de 28 de agosto de 1963, é um exemplo disso. Assim Luther King inicia sua mensagem: "Estou feliz em me unir a vocês hoje naquela que ficará para a História como a maior manifestação pela liberdade na História de nossa nação" (Eu tenho..., 2018).

Observe que, logo após uma saudação ("feliz em me unir a vocês"), Luther King defendeu uma tese, qual seja, a de que o dia de seu discurso entraria para a história como "a maior manifestação pela liberdade na história de nossa nação".

Ele saudou e já preparou o público para adentrar diretamente no desenvolvimento do seu tema, qual seja, a liberdade civil dos negros estadunidenses.

Portanto, a preparação é aquele prelúdio de que o orador entrará efetivamente no assunto.

4.4.6 Desenvolvimento

O desenvolvimento é a parte que deve ocupar o maior tempo do que o orador irá dizer. É, por assim dizer, o essencial dos seus argumentos.

É no desenvolvimento que o orador vai concentrar todo seu arsenal argumentativo, persuasivo, eloquente, lógico e reflexivo. Se a oratória é a transmissão falada de ideias a fim de influenciar o público, essas ideias são fundamentalmente externadas durante o desenvolvimento do discurso.

No desenvolvimento é que será defendida a tese, os fundamentos da proposta, alicerçando o ponto de vista do orador.

Mas não se trata só de argumentos. É na fase do desenvolvimento que são usados recursos corporais, por meio da utilização adequada de gestos e das variações na fisionomia de acordo com cada argumento apresentado, a fim de ganhar corações e mentes de quem ouve.

Uma pergunta frequente é sobre como iniciar os argumentos, como introduzi-los. É difícil saber como inaugurar uma argumentação, pois cada pessoa adiciona seus argumentos de uma maneira específica. No entanto, algumas dicas podem ajudar na inspiração.

Uma técnica bastante usada é a de começar os argumentos como se fosse o começo de uma música.

Voltando ao exemplo de Martin Luther King, o discurso dele mencionado anteriormente ficou registrado na história como "Eu tenho um sonho". Embora ele não tenha iniciado seu discurso com essa frase, foi ela que ficou marcada na memória de todos. É uma frase bem musical. Há várias canções que falam de sonhos.

No caso de Luther King, a frase mais marcante foi aquela na qual ele afirmou: "Tenho um sonho de que meus quatro filhos um dia viverão em uma nação onde não serão julgados pela sua cor de pele, mas pelo teor de seu caráter" (Eu tive..., 2018).

Não se trata de uma música, naturalmente, mas é uma frase musical, no sentido de que possui fluidez, ritmo e sonoridade, embora não contenha rima. O que, aliás, não deve existir num discurso, salvo como adereço dele.

Mas é uma frase marcante. Uma frase de efeito que não serviu para fechar o discurso, mas para adorná-lo, construir uma ideia, uma tese e um argumento que fosse inteligível e assimilado facilmente pelo público.

Portanto, as frases musicais não são somente para fechar um discurso, mas ajudam também a gravar ideias.

Imagine, por exemplo, o orador fazendo um discurso sobre alguma situação do país – saúde, educação, cultura etc. Em dado momento, para demonstrar sua indignação, lança a pergunta: "É esse o país que queremos?" ou, ainda, "Que Brasil é esse?". Observe que são perguntas retóricas, que fazemos porque já sabemos a resposta. Veremos esse tema mais detidamente no Capítulo 7.

O que pretendemos destacar neste momento é que determinadas letras musicais podem ser adicionadas ao discurso, seja da forma como ela é, seja como trocadilho ou em forma de paródia.

Você não precisa necessariamente copiar a letra ou o nome de uma canção e transferir para seu discurso. A intenção é se inspirar em alguma coisa para desenvolver sua ideia, e as letras de músicas são instigantes fontes para isso.

Caso não goste de *rock*, pode buscar inspiração em letras de *rap*, MBP (Música Popular Brasileira), bossa nova, pagode ou qualquer ritmo de sua preferência, desde que, evidentemente, a letra empregada faça sentido em seu discurso.

Outra motivação pode ser encontrada na poesia ou na literatura. Você pode, em seu discurso, tanto incrementá-lo com uma estrofe de alguma poesia ou um excerto de um livro, como permitir que a centelha poética faça arder sua oratória.

Sartre (2010, p. 102), em seu livro *A náusea*, ao criticar um deputado desafeto, chamado Olivier Blévigne, fez uma comparação irônica entre o tamanho do personagem e sua importância política, afirmando que "o destino dos homens daquela altura joga-se sempre umas polegadas acima da sua cabeça".

O orador deve sempre evitar falas preconceituosas acerca da condição física ou psicológica de eventuais adversários, mas o emprego de certas ironias pode ser cuidadosamente utilizado em uma oratória, sendo a literatura fonte valiosa para esse tipo de argumentação.

Outro importante suporte são os bordões utilizados nos meios de comunicação de massa.

De programas de humor a novelas, sempre há algum bordão que as pessoas reproduzem no seu dia a dia, podendo ser uma boa fonte de inspiração para se comunicar com o público.

São frases conhecidas do público e que misturam conteúdo sério (defasagem salarial) com uma forma de humor, muito eficientes para coroar um argumento no discurso.

Por fim, outro excepcional arrimo para as teses são os ditos ou expressões populares.

Por exemplo, a expressão "daria um boi para não entrar numa briga, mas daria uma boiada para não sair dela" pode ser usada tanto em uma assembleia para definir uma greve quanto em um discurso para uma situação de ameaça de guerra.

Em situações nas quais um orador pretende justificar a falta de confiança em determinado governo ou político, ele pode se valer da expressão "quem com leite se queima, não pode ver uma vaca que chora", buscando explicar o temor de ter novamente a confiança traída pelo adversário.

São ditos ou expressões populares que podem não somente inspirar a construção de um argumento, de forma a introduzi-los na cabeça do público, como podem simplesmente ser empregados no discurso tal como o conhecemos.

Quando for desenvolver seu discurso, sua mensagem, o orador pode usar e abusar de todos os recursos disponíveis. Assim, quando sentir alguma dificuldade em relação ao que falar ou por onde começar, essas fontes e outras podem inspirá-lo ou mesmo fornecer matéria-prima para ser aplicada na oratória.

Aqui discorremos um pouco sobre o desenvolvimento, mas iremos retomar esse tema no próximo capítulo, quando tratarmos dos tipos de raciocínios (dissertativo, narrativo e descritivo).

O importante agora é saber que o desenvolvimento é apenas uma parte da mensagem, do discurso, da fala. Não obstante, podemos afirmar que ele é não somente a maior, como a mais importante parte do que o orador dirá, já que toda influência que ele quer exercer sobre o público encontra no desenvolvimento seu mais sublime momento.

4.4.7 Finalização

A finalização é o arremate do seu discurso. O *grand finale* (ou grande final). A cereja do bolo. A questão principal é: O que dizer ao final?

Se a saudação e a apresentação são o "cartão de visitas" e os argumentos, os fatores de convencimento e influência, a finalização é o momento de deixar marcados o orador e seu discurso.

Nem sempre o final é o que as pessoas mais lembram do que foi dito. Como comentamos anteriormente, às vezes é de parte do argumento que elas se lembrarão, como no caso do discurso de Luther King.

Mas, seguramente, as chances de alguém gravar a mensagem crescem mais ainda ao final, já que poderão ser as últimas lembranças que alguém vai guardar do orador e do que ele disse.

Por essa razão, muita gente utiliza ao final as famosas "frases de efeito", ou o que mais atualmente comumente é chamado de "lacração", que é uma forma de se sair bem ao final de um discurso, um debate, uma entrevista etc.

É claro que frases de efeito e "lacrações" não salvam oradores frágeis, mas ajudam a gravar na cabeça do público ideias que fecham sua mensagem.

Nesse sentido, "lacrar" por "lacrar", só pra "ganhar" um debate, demonstra superficialidade e fragilidade de um orador. Deve-se, pois, cuidar também do conteúdo e dos argumentos para não cair na tentação de quem espera aplauso a qualquer custo.

Mas essa é apenas uma forma de se finalizar um discurso. Não é a única nem necessariamente a melhor. Tudo depende do que pretende o orador.

É como um veículo. Geralmente o discurso começa com uma marcha mais lenta na saudação, passa para outra na apresentação, começa a aumentar a velocidade com o tema e a preparação, acelera com o desenvolvimento e, ao final, pode aumentar mais ainda ou mesmo diminuir.

Vamos a um esquema que, como sempre, é apenas uma referência, e não uma receita de bolo. Via de regra, se o discurso é voltado para a ação, o melhor é acelerar ao final. Se for para reflexão, o melhor é diminuir.

Neil Armstrong, o primeiro astronauta a pisar na lua, fez um discurso simples, curto e direto, dizendo: "Esse é um pequeno passo para um homem, um salto gigante para a humanidade" (Neves, 2022). Não quis ele estimular as pessoas a fazerem nada. Queria simplesmente dizer que aquele fato era individualmente tão simples quanto pisar na calçada de casa, mas numa casa que jamais alguém na história havia pisado antes. Uma frase para reflexão.

Já o grito de "independência ou morte", supostamente bradado por Dom Pedro I no dia Sete de Setembro de 1822, dia da Independência do Brasil, é claramente um clamor à ação, para a luta pela independência do país.

Não se trata de frase de efeito nem de "lacração". É um chamado para a ação e forma o ponto alto, o apogeu de um discurso que ficou para a história.

Então, nem sempre o desfecho de um discurso será uma frase de efeito ou "lacração". Nem sempre será mais enfático, vibrante ou veemente um final de discurso. Tudo depende do contexto, do público e da estratégia do orador.

Quando houver dúvidas sobre como finalizar, uma fórmula mais conservadora, entretanto, mais eficiente, é sempre utilizada: simplesmente sintetizar as ideias que foram defendidas até ali. É quase uma *reprise* do que já foi falado. Um pequeno resumo.

Ao tratarmos da espécie dissertativa de raciocínio, retomaremos este tema.

Por agora, frisamos que toda mensagem, não importa por onde comece, precisa ter um final, e esse final está condicionado ao objetivo geral do orador.

> **Para saber mais**
>
> Uma mensagem pode ser construída com inspiração em várias fontes. Em vez de um livro, sugerimos, a seguir, um filme com cenas que mostram como os personagens constroem seus discursos, o que pode auxiliar na organização da fala.
>
> O GRANDE desafio (The Great Debaters). Direção: Denzel Washington. EUA: California Filmes, 2007. 126 min.

> **Mãos à obra**
>
> Escolha um destes 5 cinco temas:
>
> - Natureza
> - Diversidade
> - Tecnologia
> - Moradia
> - Ciência
>
> Marque no relógio 2 minutos e construa uma mensagem com os seguintes elementos:
>
> 1. Saudação
> 2. Apresentação
> 3. Tema
> 4. Preparação
> 5. Desenvolvimento
> 6. Finalização

Síntese

Neste Capítulo 4, o intento foi, fundamentalmente, o de apresentar alguns elementos que ajudem o orador a construir a mensagem que pretende transmitir. Esses elementos formam a estrutura da intervenção que será falada.

Como toda mensagem precisa ser dita num dado lapso temporal, discorremos sobre a importância do tempo na oratória. Com isso, apresentamos um esquema que ajuda a dar um referencial de como uma intervenção pode ser mais bem distribuída no tempo.

Sob esse prisma, vimos uma proposta de estrutura de mensagem com os tópicos sobre os quais o orador poderá percorrer para criar sua intervenção, dividindo-os em definição do tempo, saudação, apresentação, tema, preparação, desenvolvimento e finalização. Com isso, espera-se que a oratória tenha ao menos uma referência de estrutura que ajude o orador na preparação da intervenção.

Questões para revisão

1. Quais são os três elementos fundamentais de uma mensagem?
   a) Conteúdo, tempo e desfecho.
   b) Discurso, desenvolvimento e tempo.
   c) Introdução, desenvolvimento e conclusão.
   d) Estrutura, mensagem e conclusão.
   e) Todas as alternativas anteriores estão corretas.

2. Leia atentamente as premissas indicadas a seguir:
   I) A qualificação ou qualificadora é algum dado biográfico ou informação acerca do orador que seja relevante para o tema que ele irá discutir, o contexto no qual irá falar ou o público que irá ouvi-lo.

   Assim,

   II) a qualificadora ocorre antes da apresentação, sendo elemento indispensável e obrigatório em qualquer mensagem, devendo ser feita logo no início.

   Assinale a alternativa que apresenta a resposta correta:
   a) As premissas I e II são verdadeiras, mas a II não decorre da I.
   b) As premissas I e II são falsas.
   c) Apenas a premissa II é verdadeira.

d) As premissas I e II são verdadeiras, sendo que a II decorre da I.

e) Apenas a premissa I é verdadeira.

3. Associe as informações indicadas a seguir:
   I) Público não o conhece.
   II) Público o conhece bem.
   III) Público não o conhece, mas você possui bastante tempo para falar.
   IV) Você já foi apresentado ao público.

   O que fazer:

   ( ) Não se apresente, nem se qualifique
   ( ) Apresente-se e qualifique-se
   ( ) Apresente-se
   ( ) Não se apresente

   Agora, assinale a alternativa que apresenta a sequência correta:

   a) III – I – II – IV.
   b) II – III – I – IV.
   c) IV – III – I – II.
   d) II – I – III – IV.
   e) I – III – II – IV.

4. Vanize é uma ferrenha defensora dos direitos humanos. Ela fará uma palestra para uma equipe de policiais, cujo tema será: "As garantias fundamentais da população carcerária no atual contexto". Ciente de que irá dialogar com um público que desconhece ou menospreza o assunto, Vanize terá de abordar com mais tempo a preparação? Na sua opinião, por qual motivo ela deverá fazer isso?

5. Na distribuição temporal de nossa fala, por qual razão geralmente dedicamos mais tempo ao desenvolvimento do que à introdução ou à finalização?

Questão para reflexão

1. No filme *O grande desafio* (2007)[3], há um trecho que diz o seguinte:

> Enquanto as escolas forem segregadas, os negros receberão uma educação sempre inferior e discriminatória. Pelos próprios cálculos de Oklahoma, o Estado atualmente gasta cinco vezes mais com a educação de uma criança branca do que gasta para educar uma criança negra. Isso significa livros melhores para uma criança do que para outra. Ah! Eu digo que isso é uma vergonha, mas meu oponente diz que hoje não é o dia para negros e brancos irem a mesma faculdade e compartilharem o mesmo campus e entrar na mesma sala de aula. Bom, poderia me dizer então quando esse dia vai chegar? Ele vai chegar amanhã?
> Ou vai chegar a semana que vem? Daqui a 100 anos? Nunca? Não!
> A hora da justiça, a hora da liberdade e a hora da igualdade e sempre, e sempre, é esta, é agora!

Considerando essa mensagem, qual trecho dela você destacaria como uma parte do desenvolvimento e qual poderia ser considerado a finalização? Transcreva o trecho correspondente aos elementos indicados a seguir:

---

3   Trecho de 56min 27s a 57min 21s, transcrição nossa.

Desenvolvimento:

Finalização:

Capítulo 5
Tipos de textos

Conteúdos do capítulo:

- Tipos de textos.
- Diferença entre tipologia textual e gênero textual.
- Classificação dos tipos de textos.

Após o estudo deste capítulo, você será capaz de:

1. identificar os vários tipos de textos existentes;
2. compreender a diferença entre tipologia textual e gênero textual;
3. distinguir a classificação dos seguintes tipos de textos e sua possível aplicação na oratória política – narrativo, descritivo, expositivo, injuntivo e dissertativo.

Como vimos, o orador vai externar uma mensagem falada. Essa mensagem precisa ter uma certa estrutura, com começo, meio e fim. No entanto, há vários tipos de mensagens que o orador pode construir. Chamaremos essas mensagens de *textos,* e às modalidades de texto existentes chamaremos de *tipos de textos* ou *tipologias textuais* – indispensáveis para o orador, posto que ele precisa saber qual tipo de texto ou mensagem ele vai desenvolver antes de falar.

5.1
DIFERENÇA ENTRE TIPOLOGIA TEXTUAL E GÊNERO TEXTUAL

Antes de deslindar acerca dos diferentes tipos de textos, cabe uma diferenciação entre o que é tipologia textual, ou tipos de texto, e o que é gênero textual.

Gênero textual se refere às características sociocomunicativas do texto que são definidas por seu conteúdo, suas propriedades, sua composição e estilo, sendo os mais variados (Marcuschi, 2002). Alguns exemplos de gêneros textuais: uma entrevista, uma reportagem, um relato, uma conversa etc.

Já os tipos de textos são aquelas classificações de textos que, por suas características, estrutura e finalidade, formam uma modalidade textual com regras específicas. Nos termos de Marcuschi (2002, p. 22), tipologia textual é utilizada "para designar uma espécie de sequência teoricamente definida pela natureza linguística de sua composição (aspectos lexicais, sintáticos, tempos verbais, relações lógicas)". São categorias pertencentes aos tipos textuais: narração, argumentação, exposição, descrição e injunção.

Os tipos textuais possuem conteúdos e formatos específicos, enquanto os gêneros são os mais variados, em geral, condicionados ao contexto no qual estão inseridos.

Essas classificações são, evidentemente, matéria de debates. Travaglia (2001), por exemplo, acredita que não se pode falar em tipos puros de textos, já que há a presença de um tipo no outro, criando uma certa conexão entre eles, ainda que exista uma dominância de um sobre o outro, que acaba definindo a categoria ao qual o texto pertence. Concordamos com a perspectiva segundo a qual nenhum tipo textual é puro o suficiente, especialmente quando se trata de oratória, que é uma linguagem falada, muito mais dinâmica e viva do que a linguagem escrita.

Na oratória política, essa interconexão de tipos de textos é ainda mais dialógica, interativa e, por que não dizer, necessária.

Como veremos, há um tipo predominante de tipo textual na oratória, que é o texto dissertativo, no qual é possível (talvez até necessário) intercalar outros tipos de textos, tornando-o mais atrativo no momento da fala ou do discurso.

No que pese a discussão acerca da quantidade de tipologias textuais existentes, apresentaremos uma síntese dos cinco principais tipos de texto, destacando, dentre eles, o texto dissertativo, em geral o mais usado na oratória e, mais ainda, na oratória política.

5.2
Classificação dos tipos de textos

Como dissemos, são cinco os tipos de textos, classificados segundo sua estrutura, formato e finalidade específica, divididos entre texto narrativo, descritivo, expositivo, injuntivo e dissertativo.

Vejamos cada um deles com mais detalhes na sequência.

5.2.1 Texto narrativo

A finalidade do texto narrativo é basicamente a de contar uma história, real ou imaginária. *Narrar* é sinônimo de *contar*.

Um dos fatores determinantes nesse tipo de texto é a presença de um narrador, que é aquele que conta a história ou o enredo.

Um texto narrativo é composto basicamente pelos seguintes elementos:

a) personagem – aquele, real ou imaginário, que vive a história que está sendo contada;
b) enredo – a trama, a articulação entre os acontecimentos que são contados, os quais podem ser reais ou imaginários;
c) espaço – onde as coisas contadas ocorreram;
d) tempo – quando as coisas se passaram ou estão ocorrendo.

O texto narrativo deve possuir uma estrutura de começo, meio e fim.

O tempo verbal, usualmente, é o passado, porque é difícil contar uma história que está acontecendo no presente e, mais difícil ainda, contar uma história futura, que ainda não aconteceu.

Há vários tipos de textos narrativos, como o conto, o relato, a novela, o romance etc.

Vejamos um exemplo de texto narrativo: "Numa manhã, ao despertar de sonhos inquietantes, Gregório Samsa deu por si na cama transformado num gigantesco inseto (Kafka, s/d, p. 2). Esse antológico início do livro *A metamorfose*, de Franz Kafka, mostra como uma pessoa narra uma história – no caso, fictícia – sobre uma pessoa que se viu transformada num inseto tão logo acordou.

Uso da narração na oratória política

Na oratória política, o texto narrativo pode ser usado em um discurso, entretanto, o orador não deve utilizar exclusivamente esse tipo de texto. Primeiro, porque fica um pouco empobrecida a fala com apenas um tipo de texto, ainda mais quando se trata de contar uma história. Segundo, porque, como defendemos, contar história não é necessariamente um exercício de oratória, porque nem sempre se defende uma ideia nesse tipo de texto.

Como já dissemos, oratória, no entendimento aqui defendido, é a arte de influenciar o público com ideias, no caso, ideias políticas, sendo pouco provável que se consiga influenciar alguém apenas contando uma história. Outra coisa é no caso de essa história contada ou narrada estar inscrita nos marcos de uma ideia que se pretende defender, que é o uso ao qual nos referimos que deva ser feito desse tipo de texto narrativo.

Contar uma história para ilustrar ou fundamentar uma ideia é uma coisa. Contar exclusivamente uma história para entreter, é outra.

O orador político quer influenciar, convencer, disputar a opinião alheia, e esse escopo fica limitado com o uso exclusivo do texto narrativo, mas pode ser enriquecedor valer-se do texto narrativo para defender uma ideia.

Vamos a um exemplo[1]:

> Num discurso no qual a oradora pretende convencer o público da necessidade de congelar os preços dos alimentos, Sarah adiciona o seguinte trecho em sua fala: "Ontem, ao fazer compras em um supermercado, encontrei uma senhora aposentada que, em prantos, dizia que já não podia mais comprar a mesma qualidade e a mesma quantidade de leite para o neto, que agora só poderá mamar uma vez, em vez de duas vezes por dia".

---

1   Exemplo fictício.

No caso, a oradora narrou um pequeno acontecimento para fundamentar sua tese de que os preços dos alimentos subiram demais, motivo pelo qual devem ser congelados. Ela introduziu um texto narrativo como espeque para sua ideia, mas não se limitou apenas a contar a história.

Portanto, é interessante usar o texto narrativo para construir uma ideia, mas desinteressante reduzir essa ideia ao texto narrativo.

5.2.2 Texto descritivo

A principal característica do texto descritivo é, como o próprio nome diz, descrever algo ou alguém.

Descrever é sinônimo de retratar, representar, detalhar ou pintar alguma coisa. Descrever algo é como desenhar esse algo com palavras, construindo, na mente de quem lê, assiste ou ouve, um quadro do que está sendo dito ou escrito.

Num texto descritivo, são muitos utilizados analogias, metáforas e adjetivos, com a finalidade de criar uma imagem mental em quem está lendo ou ouvindo o texto.

Da mesma forma que o texto narrativo, também um texto descritivo possui começo (o que será descrito), meio (a caracterização propriamente dita do que será descrito) e fim (finalização da descrição).

Vejamos um exemplo de texto descritivo:

José puxou o lençol grosso e áspero para os ombros e aconchegou melhor o corpo na esteira, sem se afastar. Sentiu que o calor da mulher, carregado de odores, como de uma arca fechada onde tivessem secado ervas, lhe ia penetrando pouco a pouco o tecido da túnica, juntando-se ao calor do seu próprio corpo. (Saramago, 1993, p. 22-23)

Observe que, dentre outros detalhes, o autor descreve tanto objetos (lençol, túnica) e partes humanas (ombros, corpo) como sentidos (odores, calor), valendo-se ainda de analogias ("como uma arca", "secado ervas") para emprestar ao cenário que pretende descrever o maior número de detalhes possível.

Claro que nem toda coisa a ser descrita precisa ser total e absolutamente detalhada, como no exemplo que vimos, no qual é descrita uma cena sem necessariamente dizer do que se trata, apenas insinuando. Mas o essencial de um texto descritivo é que ele busca retratar algo ou alguém para que o público possa ter uma imagem mental mais próxima o possível do que se quer descrever.

Uso da descrição na oratória política

Tal como no texto narrativo, também é recomendável que se utilize o texto descritivo para enriquecer a oratória. Nessa perspectiva, não é interessante utilizar exclusivamente um texto descritivo. É preciso que aquilo que se pretenda descrever esteja a serviço de alguma ideia que se deseja emitir ao público com o fito de influenciá-lo.

Portanto, o texto descritivo é um recurso a mais na oratória, mas não deve ser o único.

Vamos a um exemplo[2]:

---

2   Exemplo fictício.

> Eric foi a uma entrevista na TV falar sobre sua candidatura. Quer mostrar com sua fala que é uma pessoa simples, de origem humilde, como muitos de seus eleitores. Para comprovar sua tese, fez a seguinte descrição:
>
> > Vim de João Pessoa, na Paraíba. Antes de me formar em Economia, vivi em uma casa simples, com dois cômodos bem estreitos, cujas paredes amareladas nem lembravam mais da cor laranja que um dia foi. O banheiro possuía uma privada quebrada e, no pequeno quintal de areia, eu jogava bola com um chinelo, porque meu kichute era adereço só permitido usar nos dias de missa na Igreja.

O orador em questão não pode utilizar todo seu tempo de fala para descrever sua vida. As pessoas querem ouvir seu programa, suas ideias e suas propostas. Mas, para se qualificar em um setor mais humilde dos eleitores, ele utiliza uma pequena descrição de sua vida pessoal para fundamentar sua tese acerca de sua condição de vida.

Nesse caso, o texto descritivo foi um dos meios usados num discurso mais amplo. Não foi o único tipo de texto nem sequer o principal, mas foi indispensável para o orador influenciar uma parte do público.

5.2.3 Texto expositivo

O texto expositivo tem por finalidade apenas informar ou esclarecer o público acerca de algum tema ou assunto.

Expor é sinônimo de apresentar, relatar, espelhar ou exibir alguma informação, sem que tal signifique argumentar, convencer ou influenciar quem lê, assiste ou escuta.

No texto expositivo, a linguagem deve ser mais objetiva, clara e muito concisa.

Esse tipo de texto também possui começo (no qual se contextualiza o tema e são definidos objeto e objetivo), meio (com a explicação propriamente dita do assunto ou tema) e fim (com a síntese do que foi exposto).

Trata-se do tipo de linguagem muito presente na profissão de professores, mas também pode ser utilizado em uma reportagem, uma notícia, um fichamento, um relatório ou um resumo. Até mesmo em um artigo científico, quando o que se quer é apenas expor as ideias de um ou mais autores, o texto expositivo é muito utilizado.

Passemos ao exemplo[3]:

> O guitarrista de rock Zé Bideu sofreu uma parada cardiorrespiratória depois de receber um choque elétrico decorrente de curto-circuito em seu equipamento musical. Internado, o músico recebeu várias homenagens de seus fãs e colegas de banda.

Note que a intenção de quem escreveu é puramente informativa. Não tinha o objetivo de influenciar, convencer ou argumentar nada. Simplesmente quis que o público soubesse do falecimento de um ídolo da música.

Um texto claro, objetivo e sucinto, sem maiores detalhes ou pretensões. O público foi informado da morte, esclarecido das causas até então apuradas e pronto! Nada mais!

Uso da exposição na oratória política

Se um professor estiver simplesmente dando uma aula sobre história da Revolução Francesa, não está fazendo mais do que relatar um acontecimento histórico. Isso vale para a hipótese de estar ensinando sobre o nazismo na Alemanha.

---

3   *Exemplo fictício.*

No entanto, se esse mesmo professor passar a defender o ideário iluminista ou nazista, está defendendo uma ideia.

No primeiro caso, o texto é expositivo. No segundo, dissertativo. No primeiro caso não há o exercício da oratória, porque a pessoa não pretende influenciar ninguém com ideias. Quer apenas reproduzir, retratar um momento da história. No entanto, a partir do momento em que cria argumentos para influenciar seus alunos, o professor está desenvolvendo um trabalho de oratória.

O texto expositivo pode ser muito útil numa oratória, mas, também, a exemplo dos demais até aqui apresentados, não pode ser o único tipo de texto. Deve se submeter e estar articulado com outros tipos de argumentação para que tenha alguma eficácia no mundo da oratória.

Vamos a um exemplo[4]:

> Num debate entre candidatos, um deles, a fim de refutar uma informação falsa prestada por outro, expõe que, "A notícia de que o número de mortos por Covid informada pelo candidato X é falsa. Na verdade, segundo dados do próprio Ministério do Trabalho, o número de vítimas no mês de abril de 2021 já havia ultrapassado os 371 mil mortos".

Nesse caso, o orador não queria necessariamente defender um ponto de vista, mas tão somente desacreditar o outro candidato, demonstrando que a notícia dada por este último era falsa ou incorreta.

O texto expositivo, portanto, pode ser parcialmente utilizado como forma de esclarecer ou informar o público acerca de alguma coisa interessante ao orador.

---

4   *Exemplo fictício.*

5.2.4 Texto injuntivo

O texto injuntivo também é conhecido como *texto prescritivo*, e tem por finalidade apenas orientar ou instruir quem lê, assiste ou ouve.

Injuntivo é sinônimo de indiscutível, de algo categórico ou definitivo. Prescrever algo é definir ou estabelecer um modo de fazer algo.

São exemplos de texto injuntivo as regras de um jogo, as leis, os manuais de instrução, bulas de remédio, regulamentos, editais e até uma receita de bolo.

Os textos injuntivos servem como um guia para que uma pessoa saiba como se portar diante daquilo que está sendo orientada a fazer.

Vamos a um exemplo:

> "II – ninguém será obrigado a fazer ou deixar de fazer alguma coisa senão em virtude de lei" (Art. 5º, inciso II, da Constituição Federal de 1988 – Brasil, 1988)

Esse trecho da Constituição Federal talha o que se chama de *princípio da legalidade*, segundo o qual os cidadãos, assim como a Administração Pública, possuem direitos e deveres, de sorte que o Estado só pode compelir alguém a fazer ou deixar de fazer alguma coisa se houver alguma previsão legal.

Por sua natureza, o texto injuntivo é muito caracterizado pelos verbos no modo imperativo, sempre para um sujeito indeterminado.

Uso do texto injuntivo na oratória política

Igual aos textos anteriores, o texto prescritivo ou injuntivo não deve ser empregado de modo exclusivo numa oratória política, mas pode ser utilizado parcial e concomitantemente a outros tipos de textos.

Você pode se perguntar: Mas como é que vou utilizar uma linguagem dessas numa oratória? A depender do contexto, é perfeitamente possível utilizá-la.

Há discursos, por exemplo, que são inflamatórios e feitos com o expresso objetivo de colocar as pessoas em movimento. Não são discursos para a reflexão, mas para a ação. O que quer o orador é que sua oratória sirva como um combustível para uma mobilização, para um agir e um fazer. Nessa perspectiva, o texto injuntivo, por sua natureza imperativa, é adequado a esse tipo de oratória, já que pretende determinar um comportamento do público, uma ação.

O que se chama de "palavras-de-ordem" possui precisamente essa finalidade. Claro que nem toda palavra de ordem serve para a ação, mas, via de regra, esse é o sentido. Como o nome diz, é uma mensagem de ordem, de comando, imperativa. Não é só para pensar. É, principalmente, para fazer.

São exemplos de palavras de ordem: "fora fulano", "abaixo a ditadura!", "agora é greve", "basta de corrupção" etc.

Sob esse ângulo, o texto injuntivo é aplicado no discurso para fechá-lo com uma palavra de ordem, um guia para a ação, uma prescrição do que deve o público fazer.

Um exemplo[5]:

> Dirigente do Partido do Amor utiliza redes sociais e horário na TV para divulgar campanha de filiação partidária: "Estamos convocando todos vocês que acreditam no amor a filiarem-se a nossa legenda, bastando para isso acessar nossa página na internet, clicando em 'filiar-me', preenchendo os dados cadastrais e fazendo parte deste que é o partido mais amoroso do país".

Nesse exemplo, após uma fala convencendo as pessoas de que o partido em apreço é a melhor opção, há um guia de como uma pessoa pode filiar-se à organização partidária.

---

5   *Exemplo fictício.*

5.2.5 Texto dissertativo

Reservamos esta última parte ao texto dissertativo porque ele é, por excelência, o principal tipo de texto para um orador.

Dissertar é sinônimo de discorrer, tratar ou discutir sobre determinado assunto.

A principal característica de um texto dissertativo é que ele apresenta uma ideia, um ponto de vista ou uma perspectiva, com o objetivo de influenciar e convencer o público (Soares; Campos, 2011).

Há quem divida o texto dissertativo em dissertativo-argumentativo e dissertativo-expositivo, mas nos parece uma diferenciação desnecessária e inadequada, já que a finalidade do texto dissertativo-expositivo seria exatamente a mesma do tipo de texto expositivo. Se já existe uma tipologia textual com a finalidade expositiva, não há a necessidade de se criar outra para o mesmo fim.

Ademais, *expor* é diferente de *dissertar*. Na exposição não há defesa de ponto de vista como no texto dissertativo. São coisas distintas, embora seja perfeitamente possível incluir um excerto expositivo em um texto dissertativo, sem que deixe de ser uma dissertação.

Portanto, o texto dissertativo é, no nosso entender, apenas o argumentativo.

Já dá para saber o porquê desse tipo de texto ser o mais usado por um orador. Se a finalidade da oratória é transmitir uma ideia a um público a fim de influenciá-lo, o texto dissertativo é o único dos cinco tipos de textos que não só presume a existência da ideia, como é precisamente a defesa dessa ideia que define esse tipo de texto.

Em outras palavras, a dissertação é a defesa de uma ideia por meio da qual buscamos influenciar o público.

A oratória política, como vimos, quer influenciar o público politicamente, com base num programa ou numa convicção política.

Para isso, o orador precisará dissertar sobre esse programa ou conjunto de ideias, lançando mão de argumentos que comprovem sua tese.

Uma tese é uma ideia, uma convicção ou uma opinião que se pretende defender. É essa tese que o orador irá cotejar com outras pessoas para convencê-las de que sua ideia é a melhor, mais justa ou mais correta.

Privatizar ou estatizar? Pagar ou não a dívida externa? Legalizar a maconha ou enrijecer penas a usuários? Mercosul (Mercado Comum do Sul), Alca (Área de Livre Comércio das Américas), acordos bilaterais ou monopólio do comércio exterior?

Cada questão dessa é matéria de debate político. Cada perspectiva dependerá de teses que serão defendidas para que o público seja convencido de uma coisa em detrimento de outra.

A oratória é instrumento decisivo no convencimento das pessoas, e o texto dissertativo é não só o mais adequado, como o único que permite o desenvolvimento de opiniões (teses) que ajudem a influenciar o público.

A estrutura de um texto dissertativo é igual a dos demais. Ela possui uma introdução (apresentação do assunto a ser defendido), o desenvolvimento (argumentos e "provas" que possam validar as teses) e a conclusão (desfecho, que pode ser uma síntese da tese defendida, uma solução para o problema, um chamado à ação ou mesmo um convite à reflexão).

Composição do texto dissertativo

Um texto dissertativo possui basicamente uma composição de quatro elementos: assunto, tema, tese e argumentos.

Vejamos cada um desses elementos na sequência.

O **assunto** é uma ideia genérica sobre o que vai se falar. É uma temática mais ampla sobre a qual o orador vai discorrer. São exemplos de assunto: ecologia, saúde etc. Assim, o assunto é uma ideia geral, global e ampla sobre determinada coisa. Sobre o assunto qualquer coisa pode ser dita. Dentro do assunto, podem caber variados temas. Já o **tema** é um recorte ou uma delimitação do assunto. É, portanto, mais específico e estabelece os limites do que será falado. Para emprestar os assuntos (genéricos) anteriormente usados, vamos a alguns exemplos de temas (delimitados):

> Assunto: Ecologia
> Tema: A importância da Amazônia para a realidade ecológica do país
>
> Assunto: Saúde
> Tema: A falta de verba para o Sistema Único de Saúde (SUS) e o impacto para o atendimento da população mais carente

Observe que o assunto é amplo e o tema, restrito.

O tema dá o norte para onde o orador deve ir. Quem fica apenas no assunto, perde-se na intervenção, porque não sabe qual rumo tomar na oratória.

Quanto mais delimitado estiver o assunto, mais seguro estará o orador para intervir. A generalidade abre condições para uma fala prolixa, superficial e desorientada. A delimitação, ao contrário, estabelece uma bússola, um horizonte para onde a oratória caminhará. Diferenciar, portanto, essas duas coisas é crucial para que um discurso seja bem realizado.

A **tese** é o ponto de vista sobre o tema. É como se fosse uma delimitação da delimitação. A pessoa parte de uma ideia geral (assunto), delineia-a (tema) e delimita-a mais ainda, defendendo uma tese sobre o tema.

Uma tese é uma proposição, uma premissa sobre algum tema.

Retomemos os exemplos anteriores.

> Assunto: Ecologia
> Tema: A importância da Amazônia para a realidade ecológica do país
> Tese: Com as queimadas da Amazônia em curso, em quatro anos desaparecerá uma área de fauna e flora equivalente ao Estado do Rio de Janeiro
>
> Assunto: Saúde
> Tema: A falta de verba para o SUS e o impacto para o atendimento da população mais carente
> Tese: O simples congelamento de verbas para o SUS é capaz de aumentar os riscos de enfermidades crônicas, internações por falta de tratamento de doenças e o número de mortes para 70% da população que depende do serviço público para ser atendida.

A tese, portanto, é o enfoque sobre o problema. A hipótese de trabalho. O enquadramento do tema, ante o qual o orador vai estabelecer a premissa ou as premissas que pretende comprovar com seus argumentos.

Cabe destacar que, na oratória, podem ser desenvolvidas mais de uma tese, dependendo do assunto, do contexto e, especialmente, do tempo que há para falar.

Por exemplo, numa palestra sobre educação, um orador pode desenvolver sua tese. Mas, após sua apresentação, pode ser indagado sobre vários outros temas correlatos que lhe imponham a necessidade de defender outros pontos de vista sobre aquele mesmo assunto.

Por fim, o **argumento** é a comprovação ou a demonstração de que a tese está correta; é aquela parte do texto dissertativo responsável por lançar luz sobre o que está sendo dito. Argumentar é fundamentar, é provar uma tese.

Para que seja efetivo, racional, persuasivo e lógico, o argumento deve estabelecer o nexo causal entre a(s) tese(s) e o(s) argumento(s). O nexo causal é a relação entre causa e efeito. Quem planta banana, deve colher banana. Se o orador colher outra fruta no seu discurso, o insucesso estará garantido.

Vamos aos mesmos exemplos:

> Assunto: Ecologia
> Tema: A importância da Amazônia para a realidade ecológica do país
> Tese: Com as queimadas da Amazônia em curso, em quatro anos desaparecerá uma área de fauna e flora equivalente ao Estado do Rio de Janeiro
> Argumento: Dados do Instituto Nacional da Propriedade Industrial (Inpe) dão conta de que, só entre 2019-2020, foram desmatadas mais de 11 mil km² de mata, um aumento de 9,5% em relação ao ano anterior (Dantas, 2020).
> São cerca de mil km² de desmatamento por mês. A cada 15 dias, desmata-se o equivalente a uma cidade do tamanho de Iretama, no interior do Paraná.
> Em quatro anos, teremos um desmatamento de 44 mil km², tamanho superior ao do Estado do Rio de Janeiro.
>
> Assunto: Saúde
> Tema: A falta de verba para o SUS e o impacto para o atendimento da população mais carente
> Tese: O simples congelamento de verbas para o SUS é capaz de aumentar os riscos de enfermidades crônicas, internações por falta de tratamento de doenças e o número de mortes para 70% da população que depende do serviço público para ser atendida.
> Argumento: Segundo pesquisa do Conselho Nacional de Saúde, desde a promulgação da Emenda Constitucional 95, o orçamento da saúde já perdeu R$ 20 bilhões só em 2019, sendo que a receita da União cresceu 27% comparada ao ano de 2016 (Souza, 2020). É uma contradição, pois, ao mesmo tempo que aumenta a receita geral, é diminuída a receita da saúde, piorando o quadro caótico que já existe.
> Considerando que o desemprego aumentou em 2021, a taxa populacional que precisa do SUS também será superior a 70%.

Assim, a argumentação é aquela parte que sustenta a tese, que comprova a alegação aduzida na ideia defendida.

Para usar uma expressão popular, a tese "mata a cobra", o argumento "mostra o pau". Ou seja, a premissa estabelecida na tese é comprovada na argumentação. Entre ambas, como dito, precisa haver o nexo causal.

No primeiro exemplo, passou-se do assunto ecologia para o recorte acerca do desmatamento da Amazônia, defendendo-se a ideia de que as queimadas serão do tamanho do Estado do Rio de Janeiro em apenas quatro anos. Para comprovar esse alegado, utilizou-se um estudo do do Instituto Nacional da Propriedade Industrial (Inpe) que dá conta de 11 mil km^2 de queimadas por ano.

Assim, o texto dissertativo segue a lógica do funil, passando do assunto mais amplo aos mais restritos até a comprovação, conforme podemos observar na figura a seguir.

Figura 5.1 – Funil dissertativo

ASSUNTO
TEMA
TESE
ARGUMENTO

No quadro indicado a seguir, podemos observar uma síntese do que é cada elemento da composição.

Quadro 5.1 – Quadro exemplificativo

Elemento	O que é	Exemplo
Assunto	Ideia genérica	Ecologia
Tema	Recorte do assunto	A importância da Amazônia para a realidade ecológica do país
Tese	Ponto de vista	Em quatro anos desaparecerá área equivalente ao Estado do Rio de Janeiro
Argumento	Comprovação	Dados do Inpe indicam que foram desmatadas mais de 11 mil km² de mata num ano, podendo em quatro anos, ocorrer o desmatamento de área equivalente a 44 mil km²

Considerando que a parte da argumentação é a "fina flor" do texto dissertativo, aquele momento em que se pode convencer o público e persuadi-lo de que a ideia defendida é a melhor, mais justa e correta, vamos especificar os tipos de argumentos e contra-argumentos que podem ser usados na oratória.

Por agora, cumpre registrar que a composição de um texto dissertativo também pode ser estendida. Ela pode incluir também um título, embora nem sempre se utilize esse recurso numa oratória, salvo se for uma palestra.

Também pode ser diferenciado o argumento de uma prova, porque nem todo argumento é comprovado. Como veremos, há vários tipos de argumentos, e nem sempre eles serão demonstrados por evidências, como a prova. No entanto, tem-se que a prova é uma espécie de argumento, de sorte que ela é parte dele. Em todo caso, é legítimo separar, em um texto dissertativo, o que é um argumento e o que é uma prova, embora aqui empreguemos uma coisa (prova) como parte de outra (argumento). Pode-se, ademais, incluir o desfecho como parte da composição desse tipo de texto.

Entretanto, nos parece razoável, pedagógico e mais consistente a divisão desses quatro elementos (assunto, tema, tese e argumentos) como componentes do texto dissertativo, sendo todos eles indispensáveis para uma oratória eficiente e convincente.

Para saber mais

Para saber mais sobre as formas de se construir um texto falado, consulte o material indicado a seguir:

SOARES, M. B.; CAMPOS, E. N. **Técnica de redação**. Rio de Janeiro: Imperial Novo Milênio, 2011.

Mãos à obra

Construa um texto dissertativo de, no máximo, dez parágrafos, com um tema, uma tese e dois argumentos, no máximo, valendo-se de um dos seguintes assuntos:

- Meio ambiente
- Desemprego
- Habitação
- Trânsito
- Economia

> Ao final, elabore e preencha os campos do quadro-modelo indicado a seguir com os itens usados em sua dissertação:
>
> | Elemento | Exemplo |
> |---|---|
> | Assunto escolhido | |
> | Tema usado | |
> | Tese defendida | |
> | Dois argumentos usados | |
>
> Exponha de forma oral sua dissertação em um tempo máximo de 5 minutos. Se quiser, você pode gravar sua fala, repetir sua exposição, gravar novamente e comparar qual das duas versões ficou melhor.

Síntese

No presente capítulo, vimos os tipos de textos mais importantes que podem ser utilizados na oratória.

A oratória é, em certo sentido, um texto falado, e conhecer os tipos de textos permite ao orador saber usar os elementos de cada um deles na arte do convencimento.

Apresentamos uma diferenciação conceitual entre gênero textual e tipologia textual, passando para a classificação dos principais tipos de textos: o narrativo, o descritivo, o expositivo, o injuntivo e, o mais usado deles na oratória, o dissertativo.

Acerca deste último tipo textual, mergulhamos nos seus elementos mais importantes – quais sejam, assunto, tema, tese e argumentos –, explicando do que se trata cada um e a importância de saber usá-los numa oratória.

Questões para revisão

1. Saritas, jornalista da Rede Vida Boa, foi convidada para fazer uma matéria sobre a cachoeira do Bicão de Iretama. Incumbida da tarefa, decidiu a jornalista que faria uma reportagem sobre a importância da queda d'água para a cidade e a região, seu potencial turístico, a preservação dos rios que desembocam na cachoeira, dentre outros assuntos correlatos.

   Considerando a escolha que Saritas fez para apresentar seu material, podemos concluir que:

   a) trata-se de uma narrativa, um tipo textual que, no caso, busca narrar a importância da cachoeira.
   b) trata-se de uma descrição, um tipo textual que, no caso, busca descrever a importância da cachoeira.
   c) trata-se de uma dissertação, um tipo textual que, no caso, pretende defender uma tese sobre a importância da cachoeira.
   d) trata-se de um gênero textual, uma forma de comunicação que, no caso, é apresentada por meio de uma reportagem.
   e) Nenhuma das alternativas anteriores está correta.

2. Associe as informações a seguir a suas respectivas tipologias textuais:
   I) Tem por finalidade orientar ou instruir quem lê, assiste ou ouve.
   II) Tem por finalidade contar uma história, real ou imaginária.
   III) Tem por finalidade retratar algo ou alguém.
   IV) Tem por finalidade defender um ponto de vista sobre algo ou alguém.

( ) Texto injuntivo
( ) Texto dissertativo
( ) Texto narrativo
( ) Texto Descritivo

Agora, assinale a alternativa que apresenta a sequência correta:

a) IV – I – III – II.
b) II – I – IV – III.
c) I – II – IV – III.
d) III – II – I – IV.
e) I – IV – II – III.

3. Leia atentamente as premissas indicadas a seguir:

I) Na oratória, o texto dissertativo serve para defender uma ideia por meio da qual o orador busca influenciar o público,

porque

II) o texto dissertativo é não só o mais adequado, como o único que permite o desenvolvimento de opiniões que ajudem a influenciar o público.

Assinale a alternativa que apresenta a resposta correta:

a) Apenas a premissa II é verdadeira.
b) As premissas I e II são verdadeiras, mas a II não decorre da I.
c) As premissas I e II são falsas.
d) As premissas I e II são verdadeiras, sendo que a II decorre da I.
e) Apenas a premissa I é verdadeira.

4. Como vimos, o texto dissertativo é o mais indicado para a construção da mensagem de um orador. Acerca do texto dissertativo, quais os principais elementos que o compõem?

5. O que é e qual a importância do nexo causal na argumentação?

Questão para reflexão

1. Leia os trechos do artigo a seguir e, ao final, responda as questões propostas.

Crianças e adolescentes devem se vacinar contra a covid-19
"[...]
A infectologista e epidemiologista Denise Garrett, vice-presidente do Sabin Institute, nos Estados Unidos, afirmou, em entrevista a este Portal, que há ampla evidência da segurança e da eficácia da vacina da Pfizer para adolescentes. "Casos de miocardite e pericardite foram identificados em jovens que receberam a vacina, mas todos foram casos leves, que se resolveram em poucos dias. O risco de desenvolver miocardite e pericardite por covid-19 é muito maior."
De fato, de acordo com o Centro de Prevenção e Controle de Doenças (CDC) dos Estados Unidos, até 11 de junho deste ano, 52 milhões de doses de vacinas de RNAm (Moderna e Pfizer) foram aplicadas em pessoas de 12 a 29 anos nos EUA. Desse total, 323 desenvolveram miocardite/pericardite após a vacinação, a maioria casos leves. Não houve nenhuma morte entre esses pacientes.
Um estudo realizado pelo CDC americano revelou que o risco de uma criança com menos de 16 anos não vacinada contra a covid-19 desenvolver miocardite é 37 vezes maior do que o de uma criança vacinada."
[...]. (Varella, 2021)

Em sua opinião, que tipo de texto predomina no artigo? Reflita sobre qual ou quais outros argumentos a autora poderia ter usado para comprovar sua tese.

Capítulo 6
Argumentação e contra-argumentação

Conteúdos do capítulo:

- Argumentação e contra-argumentação: conceitos.
- Estrutura da argumentação.
- Quatro elementos para uma boa argumentação.
- Como avaliar um argumento – validade e relevância.
- Argumentos lógicos – indutivos ou dedutivos.
- Espécies de argumentos e contra-argumentos.
- Outras formas de argumentação.

Após o estudo deste capítulo, você será capaz de:

1. entender alguns fatores que podem estruturar a argumentação e a contra-argumentação;
2. relacionar alguns elementos indispensáveis que compõem uma boa argumentação;
3. diferenciar quando um argumento é válido ou relevante;
4. caracterizar algumas premissas lógicas dos argumentos;
5. reconhecer 11 formas de argumentação e como enfrentá-las na contra-argumentação;
6. identificar outras formas de argumentação muito utilizadas.

Vimos que o texto dissertativo é aquele mais aplicado, pertinente, útil e eficiente para uma oratória política. A argumentação ocupa no interior desse tipo textual um papel decisivo, já que os argumentos são capazes de influenciar mais ou menos o público.

De nada adianta uma boa tese, lindas palavras e um bom tema se não há argumentos para sustentar as ideias expostas.

Já dissemos anteriormente que nem sempre vence quem tem melhor argumento. Há inúmeros exemplos disso, e na história da política são incontáveis os números de péssimos oradores, com argumentos dos mais estapafúrdios, mas que mesmo assim se destacaram, talvez mais pelo contexto que estavam vivendo do que por suas qualidades. Entretanto, esse tipo de coisa acontece.

Por outro lado, via de regra, são as pessoas mais bem armadas de argumentos que costumam se destacar como oradores políticos.

Por outro lado, a contra-argumentação é tão ou mais importante do que o argumento. Desconstruir o argumento de um adversário, refutá-lo ou contestá-lo muitas vezes surte um efeito muito superior no público do que a própria argumentação.

Nesse sentido, vale nos aprofundarmos um pouco mais sobre os vários tipos de argumentos e contra-argumentos que podem ser utilizados numa oratória.

6.1
Estrutura da argumentação

Uma boa argumentação precisa ser bem estruturada. Há várias formas de estruturar uma argumentação. Apresentaremos aqui sugestões do que seria uma boa estrutura argumentativa.

Antes disso, queremos assinalar apenas duas questões.

A primeira é sobre o que é uma boa estrutura. A segunda é sobre a distribuição dos argumentos durante a oratória.

Uma boa estrutura argumentativa é aquela na qual o discurso prevê os argumentos, assim como os contra-argumentos.

Quanto mais o orador conseguir antever possíveis contra-argumentações, melhor será a estrutura argumentativa. Se falar de uma tese A, o orador precisa imaginar qual seria uma possível contra-argumentação para essa tese, apresentá-la e refutá-la. É como se sua fala tivesse uma argumentação, uma réplica e uma tréplica.

Claro que isso depende do tempo que ele possui para falar. Mas, na medida do possível, é sempre importante acrescentar na estrutura argumentativa possíveis objeções e a posição do orador ante elas.

Uma segunda questão é sobre a distribuição dos argumentos. Isso porque a argumentação, se mais de uma, não possui o mesmo "peso" ou hierarquia de importância. Há argumentos mais importantes e decisivos e outros nem tanto. Essa ordem de importância e "força" argumentativa quem deve estabelecer é o orador.

Há quem prefira começar com argumentos mais fortes, enquanto outros preferem iniciar com os mais fracos.

No nosso entender, a melhor forma de distribuir essa ordem de importância é começar e terminar com argumentos fortes, introduzindo entre eles argumentos mais fracos.

Por argumentos fortes compreende-se aqueles que são mais diretos e que oferecem maior evidência e comprovação da tese. Os argumentos fracos são aqueles mais indiretos e assessórios à tese.

Por exemplo: se um orador disser que as mulheres negras ganham menos do que as mulheres brancas e fundamentar com dados estatísticos sobre a diferença salarial entre elas, usará um argumento forte (direto e evidente). Se ele disser a mesma coisa e fundamentar com dados sobre a corrosão salarial de mulheres tanto negras quanto brancas pela inflação, usará um argumento fraco (indireto e acessório). A inflação afeta a todos e, de fato, mais ainda quem ganha menos, mas não é ela a responsável pela diferença salarial entre as mulheres.

Então, argumentos acessórios também são importantes, mas como auxiliares aos argumentos centrais.

Os argumentos são como uma apresentação musical. O ideal é começar e terminar com as melhores canções, intermediadas por outras menos conhecidas ou menos preferidas pelo público. Assim, o artista chama a atenção logo no início, sustenta com argumentos mais auxiliares e, quando a atenção começa a diminuir, arremata com uma música final que anima o público novamente.

Uma estrutura argumentativa segue mais ou menos a seguinte ordem:

1. tese;
2. argumento 1;
3. possível contra-argumento 1;
4. resposta ao contra-argumento 1;
5. argumento 2;
6. possível contra-argumento 2;
7. resposta ao contra-argumento 2;
8. conclusão.

Assim, para cada argumento, é importante que o orador estime um contra-argumento e responda ele mesmo à eventual objeção, aplicando essa ordem segundo o tempo de que dispõe para falar, até a conclusão.

6.2
Quatro elementos para uma boa argumentação

Argumentar é defender, alegar, comprovar e justificar uma ideia ou uma tese.

A palavra *argumento* provém do latim *argumentum* (Japiassú; Marcondes, 2001) e quer dizer prova, evidência, baseado em fatos.

O argumento é aquele astro que faz reluzir uma ideia, que lança luz e clareza. É o ponto de apoio da ideia, da tese que se pretende defender.

Uma boa oratória requer uma tese clara. Essa tese, por sua vez, requer argumentos que aqui vamos chamar de P3C ou PCCC: precisos, conexos, contundentes e consistentes.

6.2.1 Argumentos precisos

Um argumento é preciso no sentido de primoroso, exato, rigoroso e o mais perfeito possível.

O orador pode utilizar vários argumentos para uma tese, mas, quanto mais precisa for a argumentação, melhor ela é. Podem ser dados, números, depoimentos, relatos etc. Não importa. *Preciso* é todo argumento de evidência que comprova o que está sendo dito.

Uma coisa é dizer que morreram várias mulheres no Brasil vítimas de feminicídio durante a pandemia. Outra coisa é dizer que a cada 18 horas duas mulheres morreram no Brasil vítima de feminicídio durante a pandemia (Oliveira, 2020). As duas argumentações buscam comprovar a tese segundo a qual o número de vítimas de feminicídio é grande no país, mas o segundo argumento é mais preciso, mais rigoroso.

6.2.2 Argumentos conexos

Esses argumentos são chamados *conexos* porque precisam guardar relação com a tese. Um argumento não pode estar divorciado da tese que quer comprovar, sob pena de parecer desarrazoado, caricatural e sem sentido.

Usando o exemplo anterior, não se pode argumentar sobre a questão do feminicídio empregando argumento estranho a esse assunto.

Não raro, quando um orador desconhece o assunto, introduz um outro em contraponto para se safar da discussão. Esse é um recurso que às vezes é válido para quem quer ganhar fôlego até buscar argumentos pertinentes com o que está sendo debatido. Mas, via de regra, causa um certo mal-estar no público, porque fica visível que a pessoa não entende ou parece não entender do assunto em apreço.

E, uma vez tendo entrado no assunto, o orador deve procurar relacionar seus argumentos com o que está falando.

6.2.3 Argumentos contundentes

Os argumentos são chamados *contundentes* porque precisam ser categóricos, não deixando dúvidas sobre o que se está provando.

O antônimo de *contundência*, neste caso, não é a educação, a gentileza ou a suavidade e a delicadeza, embora todas essas coisas sejam plenamente compatíveis com a contundência.

Ser contundente é ser firme no que está dizendo. Não pode transparecer que pairam dúvidas sobre o que está sendo dito. Um orador, especialmente em um cargo de liderança, precisa passar segurança para o público. Não pode titubear ou "tremer o pulso", como se costuma dizer. É preciso ser convincente, implacável e conclusivo.

Voltemos ao exemplo anterior.

Se a tese é combater a prática do feminicídio, o orador não pode usar argumentos do tipo: "mas é tanta gente que morre neste país", "homens também morrem todos os dias", "poderia ser pior" etc. Veja que, nesses casos, a pessoa está relativizando sua tese, enfraquecendo-a com argumentos que podem levar o público a pensar que a ideia defendida não é tão justa quanto parece.

Claro que há temas que o orador irá relativizar porque eles devem ser relativizados. Quando o assunto é muito novo e ainda não há provas o suficiente para defendê-lo ou negá-lo, a dúvida também é bem-vinda.

No entanto, quando se trata de uma tese sobre a qual o orador está convencido, ele deve ser contundente ao defendê-lo. O pior cenário é o orador dar a impressão de que não está seguro sobre aquilo.

Portanto, a contundência é demonstrada pela forma imperativa de defender a ideia.

O correto, então, seria dizer, no exemplo dado, algo como: "é inadmissível que uma mulher seja assassinada a cada 9 horas", "o feminicídio tira de nossas vidas uma mãe, uma filha, uma avó ou uma irmã a cada 9 horas" etc.

Numa primeira situação, o orador demonstrou dúvida, hesitou sobre o argumento usado. Na segunda situação, ele foi categórico no argumento, eis porque a contundência é indispensável numa argumentação.

6.2.4 Argumentos consistentes

Uma argumentação consistente é uma fundamentação densa, encorpada, coerente, plausível e lógica.

Quando um orador vai se expressar, precisa mostrar que sua tese é factível, crível e sólida.

Argumentos frágeis, incoerentes, ilógicos ou tênues tendem não somente a influenciar pouco o público, como podem inclusive causar reações adversas por parte dele.

Nem sempre o que será dito está sujeito a uma prova real. Às vezes, a argumentação está apenas no plano do pensamento, sem arrimo na realidade. São os famosos debates de ideias. Algumas delas encontram amparo na realidade, enquanto outras, apenas no plano do pensamento.

Mesmo ideias mais abstratas podem influenciar o público, desde que sejam coerentes, sólidas ou consistentes.

Os debates sobre a existência ou não de Deus encontram-se entre as ideias abstratas. É tão mais difícil comprovar a existência de Deus quanto sua inexistência, cabendo à parte da consistência do argumento o melhor caminho para a defesa da tese.

Certa feita, ao argumentar que a origem do homem derivava de Deus e não dos macacos, o escritor Ariano Suassuna fez uma descrição caricatural da suposta evolução humana, concluindo que era preciso ter mais fé na história da evolução do que na existência de Adão e Eva (Suassuna, [s.d.]). Independentemente do amparo na realidade, Suassuna empregou consistência em sua argumentação, buscando demonstrar que, mais absurdo que acreditar na origem humana pelas mãos de Deus, seria acreditar que viemos de um símio.

Por outro lado, havendo provas categóricas, elas devem ser usadas para concretizar e materializar a ideia defendida.

No exemplo do feminicídio, mais vale exemplificar o número de mulheres mortas com números e dados do que se valer de argumento mais abstrato, porque o primeiro encontra amparo na realidade e o segundo, apenas no plano do pensamento. Por mais sentido que faça, entre uma coisa e outra, via de regra, o público prefere argumentos mais objetivos do que subjetivos, embora as duas ferramentas devam ser igualmente utilizadas no discurso do orador.

Portanto, independentemente do tipo de argumento usado – e veremos vários tipos na sequência – um bom argumento é aquele que, no nosso entender, está pautado nestes quatro elementos: precisão, nexo, contundência e consistência.

6.3
COMO AVALIAR UM ARGUMENTO: VALIDADE E RELEVÂNCIA

Um argumento é formado por proposições, que podem ser verdadeiras ou falsas. São verdadeiras se correspondem à realidade e falsas se não correspondem. Assim, a medida de valor de uma proposição é se ela é falsa ou verdadeira.

Já o argumento não se "mede" por critério de verdadeiro ou falso, mas se ele é válido ou relevante. Ele será válido se, e somente se, for impossível que sua conclusão seja falsa quando se assume que todas as premissas são verdadeiras.

Já a relevância ocorre se, e somente se, além de o argumento ser válido, todas as suas premissas forem, de fato, verdadeiras e a conclusão decorrer logicamente das premissas. Se uma só premissa for falsa, então o argumento será irrelevante. Se forem premissas verdadeiras, mas a conclusão não decorre logicamente das premissas, o argumento também será irrelevante.

Assim, um argumento pode até ser válido se suas premissas forem verdadeiras, mas, se uma delas não for, ele é irrelevante. Ainda, se forem verdadeiras as premissas e a conclusão for ilógica, sem nexo com as premissas, então teremos também um argumento irrelevante.

Exemplo de argumento válido e relevante: "Todos os homens são mortais. Sócrates é homem. Logo, Sócrates é mortal" (Penteado, 2021, p. 345).

É verdadeiro que todos os homens são mortais (premissa 1). É verdadeiro que Sócrates é homem (premissa 2). É verdadeiro que Sócrates é mortal (conclusão lógica).

Exemplo de argumento válido e irrelevante:

> Todos os homens são carecas.
> Sócrates é homem.
> Logo, Sócrates é careca.

Este argumento é válido porque das premissas decorre uma conclusão lógica. No entanto, ele possui uma premissa falsa, qual seja, a de que "todos os homens são carecas". Nesse caso o argumento é válido, mas irrelevante.

O melhor tipo de argumento é aquele que possui suas premissas verdadeiras e a conclusão decorre delas. Às vezes, uma premissa pode ser falsa, mas, se a conclusão decorre logicamente das premissas, o argumento ainda é válido.

O argumento ruim é aquele em que a conclusão não decorre das premissas, sejam elas verdadeiras ou falsas. Por exemplo:

> Todos os homens são mortais.
> Sócrates é homem.
> Logo, Sócrates é careca.

Nesse caso, não há premissa alguma que justifique a conclusão de que Sócrates seja careca. A premissa de que "todos os homens são mortais" é verdadeira. A premissa de que Sócrates é homem pode ser falsa ou verdadeira. Verdadeira se efetivamente se fala do filósofo grego, mas falsa se Sócrates é o nome de um cachorro, por exemplo. Mas, a despeito dessas premissas serem falsas ou verdadeiras, nenhuma delas autoriza a alguém dizer que Sócrates é careca, razão pela qual esse é um argumento ruim.

Assim, nem sempre um orador terá a verdade ao seu lado. Pode ser que, inadvertida, involuntária ou inconscientemente, use alguma premissa falsa.

Se assim ocorrer, o argumento pode ser válido unicamente, das premissas, mesmo que falsas, decorre a conclusão lógica. No entanto, por ter uma premissa falsa, o argumento, mesmo que válido, é irrelevante.

O melhor tipo de argumento é aquele que reúne premissas verdadeiras e dele decorre uma conclusão lógica. Assim sendo, será um argumento válido e relevante.

Isso ocorre porque o plano da argumentação é o plano da lógica. Já o plano da verdade é o plano da prática. Uma argumentação pode estar apenas no plano do pensamento, sem comprovação na vida. Sob essa perspectiva, o argumento será válido, independentemente de ser verdadeiro.

Muitos escritos filosóficos, por exemplo, são válidos no plano da argumentação, porque o pensamento de determinado autor guarda relação entre as premissas e a conclusão. Mas pode ser que esses mesmos princípios filosóficos não resistam à verdade dos fatos da vida real.

No campo da retórica, nem sempre um argumento terá fundamento na realidade e mesmo assim pode convencer. Isso porque sua validade decorrerá do nexo, da lógica entre as premissas e a conclusão, e não da confrontação com a realidade.

Naturalmente que não estamos encorajando ninguém a mentir ou proferir informações falsas. Não se trata disso. Ao contrário, como já dito, o melhor é que as informações, as premissas de um argumento, sejam sempre verdadeiras. Mas nem sempre isso ocorre e, ainda assim, tendo uma ou outra premissa falsa, o argumento pode ser bom, desde que a conclusão encontre o devido respaldo nas premissas.

6.4
ARGUMENTOS LÓGICOS: INDUTIVOS OU DEDUTIVOS

No plano da lógica, o argumento pode partir de dois princípios: do geral para o específico ou do específico para o geral. Cada tipo de lógica adotada é correspondente a um tipo de argumento, que pode ser dedutivo ou indutivo.

Vejamos em mais detalhes, a seguir, os tipos de argumentos segundo a lógica.

6.4.1 ARGUMENTOS DEDUTIVOS

No argumento dedutivo parte-se de uma premissa universal para um caso particular ou singular. Nesse tipo de argumentação, a conclusão é necessariamente decorrente da premissa estabelecida. Isso quer dizer que, se a premissa é verdadeira, a conclusão é necessariamente verdadeira. Por exemplo:

> Todas as pessoas são mortais. (premissa 1)
> Eu sou uma pessoa. (premissa 2)
> Logo, sou mortal. (conclusão)

Nesse tipo de argumentação, a conclusão já está praticamente presente nas premissas, de sorte que a conclusão apenas exterioriza essa informação.

No caso exemplificado, a notícia "sou mortal" já estava presente nas premissas mencionadas.

O argumento dedutivo é um dos mais usados em oratória, porque permite que o orador construa premissas das quais decorrem, necessariamente, conclusões. E sendo a premissa aceita, a conclusão também o será, já que uma deriva da outra.

6.4.2 Argumentos indutivos

No argumento indutivo parte-se de um caso particular ou singular para uma conclusão geral ou universal. Indução é o mesmo que generalização. Por exemplo:

> Ivermectina curou covid-19 do paciente A.
> Ivermectina curou covid-19 do paciente B.
> Ivermectina curou covid-19 do paciente C.
> Logo, ivermectina cura covid-19.

Nesse caso, parte-se de premissas particulares para extrair uma conclusão geral. Essa é, pois, a característica essencial do argumento indutivo.

No entanto, há que se destacar que existem argumentos indutivos fracos e fortes.

No exemplo anterior, trata-se de um argumento indutivo fraco, pois seria precipitado e abusivo concluir que determinado remédio administrado a apenas três pacientes os curaria da enfermidade. Coisa outra seriam testes massivos, em milhões de pessoas, com os mesmos resultados, tornando válida e mais forte a conclusão generalizada.

Há que se cuidar, ainda, do argumento indutivo falso. É aquele que, mesmo sendo correta a premissa e o argumento sendo forte, a conclusão pode ser falsa.

No exemplo mencionado, mesmo que milhões de pessoas se salvassem com o uso do medicamento, poderiam morrer outras tantas em número igual ou superior. Então, concluir que uma coisa dá certa para uma parcela importante das pessoas não autoriza a dizer que ela serve para todas as pessoas.

6.5
ESPÉCIES DE ARGUMENTOS E CONTRA-ARGUMENTOS

Tipo ou espécie de argumento é aquele procedimento utilizado para comprovar uma determinada tese.

Cada procedimento possui um tipo de argumento que o corresponde. Existem vários, mas vamos nos limitar a expor aqueles que nos parecem mais relevantes no plano da oratória política.

A par de cada tipo de argumentação, mencionaremos algumas formas de guerreá-los, ou seja, de contestá-los.

6.5.1 ARGUMENTO DE AUTORIDADE

Do latim *argumentum ad verecundiam* (Warat, 1984), o argumento de autoridade é aquele no qual o orador defende sua tese baseado na credibilidade que alguém goza naquela área.

Em outras palavras, o público é persuadido a aceitar a validade daquela tese baseado em evidências defendidas por algum especialista ou autoridade no assunto. É a famosa "carteirada" na argumentação, em razão da qual alguém se credencia em uma discussão ou um debate em decorrência do prestígio nutrido por alguma sumidade no assunto, que pode ser o próprio orador ou um terceiro.

Vale mencionar que essa autoridade não precisa ser necessariamente uma pessoa física, podendo ser também uma pessoa jurídica, como uma instituição, uma revista especializada, um instituto etc.

O raciocínio do argumento de autoridade segue mais ou menos o seguinte modelo:

> "Fulano disse que X; logo, X". Ou: "O instituto A disse X; logo, X". Exemplo: "O astronauta Rowilson disse do espaço que a Terra é azul. Logo, a Terra é azul".

Assim, temos uma afirmação corroborada por alguma autoridade no assunto.

Vamos a outro exemplo:

> *Estudo publicado na Revista da Associação Médica Americana (JAMA), que é uma das mais respeitadas do mundo, avaliou se a ivermectina resultaria na melhora dos sintomas das pessoas com covid quando usada nos primeiros dias de infecção. E o resultado foi de que o remédio não fez diferença quando usado precocemente. Então, se a pessoa não tiver sintomas graves, é porque isso já iria acontecer naturalmente.* (UFMG, 2021)

Nesse caso, a autoridade utilizada para defender a tese acerca da ineficácia do uso da ivermectina no combate à covid-19 foi a Revista da Associação Médica Americana.

Formas de combater o argumento de autoridade

a) verificar se a fonte é adequada

Imagine a seguinte situação fictícia. Num debate, um orador questiona o argumento de autoridade de outro da seguinte forma: "quando eu quero falar sobre futebol, eu ouço a opinião do Falcão, do Ronaldinho ou do Romário, não do Sérgio Malandro ou da Xuxa. Você citou um problema econômico e usou o argumento de um apresentador de TV, que entende de economia o mesmo que a Xuxa de futebol".

Assim, é importante verificar se a autoridade invocada é especialista no assunto a ser defendido. Se não for adequada ao tema em discussão, é possível contra-argumentar sobre a impertinência da fonte usada.

b) verificar se fonte é imparcial
Às vezes a fonte é adequada, mas não é imparcial. Por exemplo, um defensor do governo usa como argumento de autoridade uma matéria publicada em algum jornal ou uma emissora que apoia o governo. Você pode questionar que essa fonte não é idônea, imparcial ou isenta de interesse, já que apoia o governo que o orador está defendendo.

c) verificar a credibilidade da fonte
Às vezes a fonte é adequada, imparcial, mas não tem a menor credibilidade. Ao menos não para aquele argumento. É o caso, por exemplo, de algum instituto que ninguém conhece ou que todos conhecem precisamente porque suas pesquisas nunca refletem a realidade.

Essa falta de credibilidade pode decorrer da parcialidade, mas pode também ser decorrente de erros, desacertos em análises, conteúdos duvidosos ou mesmo da insignificância de quem está sendo usado como especialista ou autoridade no assunto.

É como a história daquele *coach* (treinador ou instrutor) que pretende te ensinar a conseguir um excelente emprego, mas ele próprio nunca conseguiu um. Não há credibilidade nessa fonte.

Pode se tratar daquele instituto de pesquisa que, de cada 10 previsões, erra 11, ou mesmo daquele pesquisador ou laboratório que publicava artigos contrários a outros estudos porque era financiado pelo concorrente. Enfim, são vários os motivos da falta de credibilidade, e é importante verificar, quando possível, se a fonte é realmente confiável.

d) confrontar uma fonte com outra
Na hipótese de alguém citar uma autoridade num assunto, pode-se citar outra igualmente conhecida.
Por exemplo. Um orador cita Freud. O outro pode citar Skinner, Vygotsky ou outra autoridade no campo da psicologia. Alguém cita Aristóteles. O outro, Platão. E assim por diante.
Às vezes, a fonte será utilizada para afirmar o contrário, às vezes, apenas para diferenciar-se.
Afirmar o contrário é opor-se. Por exemplo, dizer que o ser humano é essencialmente mau é o oposto de dizer que ele é essencialmente bom.
Diferenciar-se não é, necessariamente, opor-se. Por exemplo, é possível a afirmação de que o homem é essencialmente bom, mas uma fonte dizer que isso ocorre por razões biológicas e outra, por razões sociais. Ambas concordam sobre a bondade humana, mas diferenciam-se pela explicação dada sobre a origem dessa bondade.
Assim, uma fonte pode ser confrontada com outra não somente para afirmar o contrário, mas também para se diferenciar.

e) confrontar a fonte com a própria fonte
É possível, não raras vezes, que uma autoridade tenha defendido uma posição e depois mudado de opinião. Por isso, muitas vezes, um estudioso, pesquisador ou pensador separa um outro pensador no tempo. Por exemplo: o primeiro Wittgenstein e o segundo (Cavassane, 2010); "O jovem Marx" (Althusser, 2015, p. 39), e assim por diante.

Essa divisão é para demonstrar que um autor, por alguma razão, passou a mudar seu modo de pensar, permitindo-se que seja contraposto o pensamento da mesma pessoa.

Imagine o seguinte cenário. Uma pessoa defende a tese de que não há racismo no Brasil e que tudo não passa de "mimimi". Dá como exemplo a música *Fricote*, do cantor Luiz Caldas, cantada por todos na década de 1980 sem que houvesse comoção em torno da letra. O debatedor, então, citando entrevista dada pelo cantor ('Não escreveria…, 2020), lembra que o próprio Luiz Caldas já havia manifestado que jamais teria escrito, atualmente, uma canção com a letra como a dessa música, dizendo que, às vezes, o politicamente correto era necessário.

Enfim, o debatedor usou a mesma fonte do argumento para contra-argumentar.

f) verificar a fidedignidade da fonte
Às vezes, a fonte usada no argumento de autoridade não disse aquilo. Ou, às vezes, a fonte disse aquilo, mas em sentido diverso.

Na primeira hipótese o argumento pode ser desmentido pela contra-argumentação. Na segunda hipótese, deve ser corrigido, explicando-se o sentido correto do que a fonte quis dizer.

A famosa frase "os fins justificam os meios", por exemplo, nunca foi dita por Maquiavel, embora muitas vezes seja atribuída a ele.

6.5.2 Argumento por evidência

O argumento por evidência refere-se àquele baseado numa evidência ou prova concreta capaz de fazer o ouvinte admitir determinada tese. A evidência pode se dar por meio de algum dado estatístico, números, gráficos etc.

Esse tipo de argumento também é chamado de *prova concreta* ou *argumento de comprovação*. Nele também é possível empregar argumentos de fatos notórios, isto é, conhecimentos de amplo domínio público.

Trata-se de uma argumentação muito poderosa na oratória, porque segue o entendimento comum e popular de que "os números falam por si". Por exemplo:

> *Cerca de 19 milhões de pessoas passaram fome durante a pandemia do coronavírus no Brasil. Uma pesquisa realizada entre outubro e dezembro do ano passado mostra que mais de 116 milhões de pessoas conviveram com algum grau de insegurança alimentar no período.*
>
> *Isso significa que mais da metade dos domicílios brasileiros sofreu algum tipo de privação. Segundo o estudo da Rede Brasileira de Pesquisa em Soberania e Segurança Alimentar e Nutricional (Rede PENSSAN), o índice exato de famílias nessa situação chegou a 55,2%.* (Lacerda, 2021)

Assim, o orador defende uma tese (crescimento da fome no país, por exemplo) e a fundamenta com um argumento de evidência, apresentando números ou dados estatísticos que comprovem seu alegado.

Formas de combater o argumento de evidência

A título de contra-argumentação, podem ser empregadas as mesmas espécies que as utilizadas contra argumentos de autoridade.

a) verificar se a fonte é adequada

Pode ser que as informações sejam corretas, mas não se aplicam àquela tese.

Se houver contradição entre os dados apresentados e a tese defendida, o orador pode admitir o acerto dos dados e alegar que eles são estranhos à tese defendida.

b) verificar se os dados estão corretos
Neste caso, os dados podem até ser adequados com a tese, mas também pode ser que eles estejam incorretos.

Supõe-se que um debatedor afirme que há um sério problema de violência no país e argumente que morrem cerca de 10 mil pessoas ao ano, quando os dados fornecidos por órgãos públicos ou de pesquisadores dão conta de que seja o dobro ou o triplo desse número. O argumento, neste caso, seria adequado, mas incorreto.

Portanto, sempre que possível, é importante ao orador verificar se os dados apontados estão corretos.

c) verificar se a fonte é imparcial
Aqui deve ser utilizado o mesmo tipo de contra-argumentação já mencionada em oposição ao argumento de autoridade

d) verificar a credibilidade da fonte
Aqui se aplica o que já mencionamos anteriormente.

e) confrontar uma fonte com outra
Se alguém citar uma fonte com algum dado e o orador souber de outra com um dado diferente, vale a oposição de uma à outra. Isso ocorre, por exemplo, em fontes de pesquisa eleitoral, quando alguém cita uma fonte e outra pesquisa indica um resultado completamente diferente.

6.5.3 Argumento por exemplificação

O argumento por exemplificação é baseado em exemplos representativos que, por si, são capazes de justificar a tese.

É uma espécie de materialização do argumento. Quando o orador possui uma tese mais abstrata, o argumento "por exemplo" ou "exemplificação" permite que se concretize no imaginário do público o que se quer dizer.

Às vezes, a tese nem sequer é muito abstrata, mas o orador está dialogando com um público ainda pouco ou nada familiarizado com a ideia transmitida.

A fortaleza dessa argumentação é que é muito simples e os exemplos, se bem empregados, têm o condão de aproximar quem fala de quem ouve e permite que ideias muito complexas sejam reduzidas a exemplos mais simples do cotidiano.

Ao longo deste livro, serão usados muitos exemplos. Isso porque, quando se trata um tema voltado para a prática, os exemplos permitem concretizar o que se está defendendo.

Vejamos um exemplo a seguir.

Perguntado sobre a constitucionalidade da Lei n. 13.467, de 13 de julho de 2017 (Brasil, 2017), que dispõe sobre a reforma trabalhista, o Desembargador Jorge Luiz Souto Maior respondeu:

> *Por exemplo, está dito que o trabalhador pode trabalhar doze horas por dia, sendo que essas doze horas podem ser ampliadas por mais duas horas, e sem intervalo para refeição e descanso. Então nós temos uma lei segundo a qual é legal alguém trabalhar catorze horas por dia sem descanso. Isso não pode ser visto do ponto de vista da regularidade constitucional em uma Constituição que diz explicitamente: "a duração normal do trabalho é de oito horas em um dia e quarenta e quatro na semana".* (Boselli, 2020)

Desse modo, ao tratar de um assunto mais complexo e abstrato como a constitucionalidade de uma lei, o entrevistado exemplificou a inconstitucionalidade da lei em questão, mostrando que ela está em contradição com o que está na própria Constituição Federal de 1988 (Brasil, 1988).

Por esse tipo de argumentação, o orador pode se utilizar de um, dois ou vários exemplos que permitam ao público compreender e melhor aceitar sua tese.

Entretanto, é importante limitar os exemplos a um ou dois e que sejam preferencialmente curtos, porque o orador pode correr o risco de sua oratória dissertativa (defesa de ideia) se transformar em uma oratória narrativa (conta algo), ficando cansativo e pouco persuasivo aos olhos e ouvidos do público.

Formas de combater o argumento por exemplificação

a) refutar um exemplo com outros

Caso o argumento seja pautado em apenas um exemplo, é preciso apresentar dois ou três que o contradizem. Para um bom argumento, basta um tijolo. Para uma contra-argumentação, bastam duas ou mais boas tijoladas.

Considerando que tenha sido apresentado mais de um exemplo, é possível se opor com a mesma quantidade de exemplos. Mas, vale dizer que, às vezes, um bom exemplo vale mais do que dois ou três exemplos ruins ou mais frágeis.

Então, não se trata apenas de questão de quantidade, mas também de qualidade.

b) verificar a adequação do exemplo

Nesse caso, independentemente da quantidade de exemplos dados, o orador precisa conferir se eles estão adequados à tese. Do contrário, deve-se refutar o exemplo explicando simplesmente que ele não tem nada a ver com a tese defendida.

c) *usar o mesmo exemplo para outra tese*
Todos conhecem a história dos "dois lados da mesma moeda". Às vezes, o orador não irá se opor ao exemplo, mas usá-lo para fundamentar a sua tese.

Há, por exemplo, quem defenda o direito ao aborto porque acredita que é um direito democrático da mulher decidir sobre seu próprio corpo. Há quem defenda a mesma coisa no sentido de que a prática é necessária para fazer o controle de natalidade.

Tem quem defenda o fim da guerra fiscal entre os municípios porque é a favor de que a União estabeleça os impostos para que uma empresa se instale em qualquer lugar do país. Há quem defenda a mesma coisa simplesmente porque é contra a cobrança de tributos das empresas.

Enfim, é importante usar um exemplo em perspectiva distinta ou mesmo oposta de quem apresentou esse tipo de argumentação.

6.5.4 Argumento por comparação

Esta forma de argumentação permite que um orador possa cotejar coisas parecidas com o fim de fundamentar sua tese.

A comparação pode ser realizada entre diferentes elementos: comparações geográficas (entre países, regiões, cidades etc.); comparações culturais (entre povos, sociedades, regiões); comparações políticas (entre personalidades políticas, entre programas políticos, entre perfis políticos etc.); comparações econômicas (entre correntes teóricas, países, metodologias de pesquisa etc.); entre pessoas; entre animais; enfim, pode-se comparar sobre tudo, desde que guardado o nexo entre uma coisa e outra.

Há quem diferencie argumento por comparação de argumento por analogia (Corvacho et al., 2015), mas, no nosso entender, a analogia é apenas um tipo de comparação, como se fosse uma espécie do gênero comparação.

Afinal, assemelhar uma coisa com outra só é possível se compararmos ambas, daí porque a analogia é também um tipo de comparação.

São muitos os argumentos de comparação. Destacaremos três: 1) analogia, 2) comparação no tempo; 3) comparação no espaço.

Argumento por analogia

Essa espécie de argumento permite que o orador estabeleça uma relação de semelhança entre pensamentos, coisas, objetos ou fatos diferentes a fim de transformar o argumento em algo mais inteligível, compreensível ou assimilável pelo público.

Como regra, é utilizado para deixar um raciocínio mais complexo e abstrato em algo mais "palpável".

Uma coisa análoga é uma coisa semelhante, parecida ou compatível com outra coisa.

A estrutura do raciocínio do argumento por analogia é o seguinte:

- A é semelhante a B no aspecto X;
- A tem Y;
- Logo, B também tem Y.

Vejamos um exemplo:

> "O PT é que nem galinha: cacareja na esquerda, mas bota ovo na direita." (Matthiesen, 2017).

A frase do exemplo, atribuída ao político do PDT, Leonel Brizola, é uma crítica com a finalidade de exprimir a ideia segundo a qual o PT, no entender de Brizola, fala uma coisa e, na prática, faz outra.

O recurso argumentativo utilizado foi uma analogia, em função da qual um determinado partido político foi comparado a um animal para ilustrar uma determinada conduta política.

Veremos agora como é possível combater o argumento por analogia

a) opor a complexidade à simplificação
O argumento por analogia busca simplificar um raciocínio geralmente mais complexo. Nesse sentido, a pessoa pode opor o raciocínio simplificado ao complexo para que o público entenda que "uma coisa é uma coisa, outra coisa é outra coisa".

No exemplo anterior, as questões políticas são bem mais complexas que as do reino animal, incomparáveis entre si.

b) verificar a adequação da analogia
Nem sempre uma analogia é bem empregada. Às vezes uma analogia não corresponde à tese defendida, não guardando com ela qualquer semelhança.

Pense em um debate hipotético. Um debatedor defende o uso de agrotóxicos na agricultura e outro defende outras formas de cultivo.

Para fundamentar seu ponto de vista, o defensor dos agrotóxicos emprega uma analogia, valendo-se da fábula *A Lebre e a Tartaruga*, de Esopo (Araújo, 2019). Ele então compara as plantações que utilizam agrotóxico com a lebre, e as outras formas de plantio, à tartaruga, esquecendo-se de que, ao final da fábula, quem vence a corrida é exatamente a tartaruga.

Assim o defensor do uso de agrotóxicos empregou uma analogia como argumento, mas esta é incompatível com sua tese de que o plantio com agrotóxicos é melhor e mais avançado.

Portanto, é importante ao orador observar se a analogia é compatível com a tese defendida e usá-la a seu favor, caso seja inadequada.

c) se for o caso, banalizar a semelhança
Na hipótese de a analogia empregada ser superficial demais, o melhor a fazer é banalizá-la, diminuindo o valor dela como força argumentativa.

Às vezes a semelhança é tão simplória que não merece nem ser guerreada. Basta simplesmente contra-argumentar que a analogia é superficial demais para ser cotejada com a tese arguida.

Nem sempre uma analogia deve ser levada a sério. Em certas situações, mais vale diminuir o valor desse tipo de argumento, banalizando-o, do que dar-lhe importância demasiada.

d) insurgir-se com veemência contra analogias depreciativas
Quando a analogia empregada no argumento tiver caráter depreciativo, a contra-argumentação deve não somente contestar a tese, como ser veementemente, implacavelmente, refutada.

Um orador não fala apenas por si. Fala por outras pessoas – dezenas, centenas e talvez milhares de outras pessoas que concordam com sua perspectiva. Elas precisam saber que, diante de ataques depreciativos a alguém ou a algum setor da sociedade, o orador respondeu à altura.

Por exemplo, o Ministro da Economia, Paulo Guedes, comparou os funcionários públicos a parasitas (Silveira, 2020). Pode-se ter qualquer opinião sobre alguma coisa, inclusive sobre o papel do Estado e do serviço público, mas não cabe depreciar ou afrontar a dignidade de outras pessoas em um argumento de analogia, sob pena de insurgência de quem irá contra-argumentar.

Argumento de comparação no tempo

Essa modalidade de argumento por comparação permite que fatos atuais sejam comparados a fatos pretéritos ou vice-versa.

A finalidade desse tipo de argumento é defender a aceitação de uma tese, tendo em vista que ela será tão boa quanto foi em outro momento histórico ou que ela é vantajosa no presente precisamente porque seu oposto deu errado no passado. Vamos a um exemplo.

Em 2015, o então deputado Jair Bolsonaro, em discurso proferido em frente ao Ministério da Defesa, externou a seguinte posição:

> *31 de março de 1964, data da segunda independência do Brasil [...]. Estamos aqui comemorando cinquenta anos da gloriosa contrarrevolução de 31 de março de 64. [...] A nossa liberdade e a nossa democracia devemos em especial aos militares que evitaram que o Brasil fosse comunizado [...] parabéns aos militares, às mulheres nas ruas, à Igreja Católica, à grande mídia, que evitaram em 1964 que o Brasil se transformasse em um satélite da União Soviética. [...] Brasil acima de tudo!* (A Comemoração..., 2019)

No discurso citado, a tese defendida é a de que, graças à ditadura militar, hoje podemos gozar da liberdade e da democracia, ou seja, a liberdade de hoje existe graças à ditadura de ontem.

São dois momentos separados na história, mas que o político em questão compara no tempo para defender a tese segundo a qual as conquistas de hoje devem-se aos militares de ontem.

O argumento de comparação no tempo exige do orador algum conhecimento de história para ser aplicado. Esse tipo de argumento pode ser utilizado tanto para credenciar quanto para infirmar uma tese.

No exemplo dado, o argumento do tempo foi utilizado para comprovar a tese de que a ditadura foi um acerto. No entanto, pode-se usar o mesmo tipo de argumento para defender a tese oposta.

Um clássico exemplo de argumento temporal é o utilizado pelos que defendem o socialismo e pelos contrários a ele. Entre os que rechaçam a ideia, é comum trazer as experiências de alguns países como Rússia, Cuba e outros para sustentarem que aquele projeto naufragou. Já os defensores, guardada a complexidade do assunto, buscam os exemplos dos mesmos países para fundamentar como aquela experiência foi importante para elevar os direitos da classe trabalhadora.

O argumento de comparação temporal, portanto, permite que dois tipos de teses possam ser comprovados usando o mesmo tipo de exemplo histórico.

O orador voltará no tempo para trazer algo que já ocorreu para fundamentar uma ideia do presente. Nesse sentido, deve-se ter muita pertinência entre a presente tese e o argumento pretérito.

Veremos agora como é possível combater o argumento por comparação temporal

a) verificar a veracidade do exemplo histórico usado
Uma das formas de guerrear esse tipo de argumento é apontando que o exemplo histórico empregado é inverídico.

Presumamos, por pura especulação, que alguém defenda ser Adolf Hitler um político de esquerda. Pode-se alegar que o próprio biógrafo de Hitler desmentiu essa narrativa, afirmando e comprovando que Hitler era de extrema direita e, portanto, inimigo do marxismo e da esquerda (Kershaw, 2010).

b) verificar a adequação da comparação temporal
Como todo argumento, é preciso verificar se há correspondência entre o que está sendo comparado. Pode ser que a comparação temporal seja inadequada, devendo ser combatida nesses termos.

A inadequação pode se dar nas seguintes situações:

- comparação entre uma situação de relativa normalidade com outra de anormalidade ou vice-versa (por exemplo, comparar um momento de guerra com outro sem guerra; um momento de crise econômica e outro sem crise etc.);
- comparação entre culturas totalmente distintas (por exemplo, comparar sociedade dos Incas, Maias ou dos antigos hebreus com a atual);
- comparação entre países desenvolvidos e subdesenvolvidos (por exemplo, a Noruega e o Brasil, a Síria e a Alemanha etc.);
- comparação de fontes diferentes (por exemplo: comparar a Bíblia com a Constituição, um livro de literatura com um compêndio científico etc.);
- comparar pessoas distintas (por exemplo, comparar Gengis Khan com um líder parlamentar que nunca foi a uma guerra, comparar Nelson Mandela com alguém branco que nunca foi preso etc.).

Enfim, deve-se examinar se há nexo entre as comparações, se estas são pertinentes ou adequadas. Do contrário, deve-se refutar a comparação, afirmando a conhecida frase: "uma coisa é uma coisa, outra coisa é outra coisa".

c) verificar se o resultado do exemplo usado é positivo
Às vezes, o exemplo invocado do passado não foi bem-sucedido ao longo dos tempos, e esse é um bom ângulo para ser contestado.

Por exemplo, durante um tempo, duas correntes sindicais debateram se a melhor forma de defender os trabalhadores era fazendo mais ou menos concessões aos empregadores.

Os sindicatos mais conciliadores usavam sua própria história para confirmar a tese de que mantiveram mais postos de trabalho ao fazerem inúmeras concessões nas negociações, enquanto os mais combativos refutavam com sua história, dizendo que mantiveram melhores salários e condições de trabalho ao fazerem menos concessões.

Para os mais combativos o resultado das concessões era usado negativamente, já para os mais conciliatórios, as lutas tinham resultado mais desfavorável aos trabalhadores.

O mesmo raciocínio pode ser empregado entre governantes que foram mais ou menos submissos nas relações internacionais.

Também há comparações sobre tipos diferentes de sociedades. Capitalistas acusam o socialismo de não dar certo, enquanto os socialistas sustentam exatamente o contrário.

Enfim, um argumento de comparação no tempo pode ser refutado pelos resultados positivos ou negativos dos exemplos utilizados.

d) utilizar o mesmo exemplo para a tese oposta
Aqui é a velha fórmula do "copo meio cheio e meio vazio". Tudo – ou quase tudo – é uma questão de perspectiva.

Por exemplo, defensores de medidas como a lei seca defendiam que o consumo de álcool diminuiu no período em que foi proibido. Os contrários contra-argumentavam que medidas como essas criaram as máfias da bebida. Ou seja, ambos os lados usavam o mesmo exemplo temporal para defender teses opostas.

e) relativizar a comparação temporal
Às vezes, o argumento temporal empregado é pertinente, mas não é exatamente como foi dito. Possui um "porém", que pode ser usado para se contrapor ao argumento utilizado.

Por exemplo, se alguém usar a democracia grega como exemplo de democracia, pode-se relativizar que, naquela época, mulheres e escravos não votavam. Relativizou-se, assim, um exemplo histórico.

A relativização ocorre geralmente com o emprego da conjunção adversativa *mas* (sinônimo de *porém, entretanto, contudo* etc.), usada para confirmar uma tese e, logo em seguida, contrariá-la.

No exemplo anterior, se alguém afirmar que a Grécia é modelo democrático, o orador poderia se contrapor, sustentando a frase: "porém, na Grécia, as mulheres eram tidas para fins exclusivos de reprodução, os escravos não votavam, os estrangeiros não tinham direitos e muitos eram escravizados".

Nesse tipo de contra-argumentação, o orador não vai refutar o argumento, mas relativizá-lo, ponderá-lo e diminuir sua força.

Argumento de comparação no espaço

Nesse caso, a comparação não é entre um período histórico e outro, mas entre lugares, localidades, regiões, países, enfim, entre locais distintos, fisicamente separados.

Esse tipo de argumento é muito usado para sustentar a tese de que, se algo deu certo ou errado em determinado lugar, pode também dar certo ou errado no local sobre onde se está falando.

Vamos a um exemplo.

Em matéria publicada no jornal *O Globo*, o jornalista Luiz Alfredo Salomão (2014) escreveu o seguinte:

> "O que é bom para os Estados Unidos é bom para o Brasil." A frase do embaixador Juracy Magalhães era usada para ironizar os "entreguistas" nos anos 1970 a 90 e, até hoje, divide os brasileiros. No entanto, quase todos os nossos políticos procuram adotar aqui políticas públicas que observaram na Europa e, principalmente, nos EUA. Leonel Brizola, nacionalista

inconteste, era observador atento das instituições estrangeiras e do que elas poderiam contribuir para a vida no Rio e no Brasil.

Agora, quando dois estados americanos legalizaram o uso recreativo da maconha e 39 outros estudam reformas liberalizantes nesse campo, pode-se esperar para breve, no Brasil, uma onda de iniciativas legislativas na mesma direção. Afinal, o que é bom para os EUA continua a...
(Salomão, 2014)

Defende o autor, no exemplo dado, que, aprovada a legalização das drogas para fins recreativos nos Estados Unidos da América (EUA), provavelmente isso será feito no Brasil, já que uma coisa boa de lá pode ser usada aqui (Salomão, 2014).

O argumento espacial pode ser usado tanto para afirmar quanto para contestar uma tese.

Também pode ser combinado com o argumento temporal. Por exemplo, se uma pessoa emprega como exemplo algo que ocorreu na Europa no século passado, está utilizando uma argumentação de comparação híbrida, tanto temporal quanto espacial.

Veremos, agora, como é possível combater o argumento por comparação espacial.

a) O que vale para lá, vale aqui
Uma primeira maneira de contra-argumentar o argumento temporal é se opondo totalmente ao exemplo usado.

Nesse caso, a argumentação é a de que o que é bom, positivo ou útil para o local mencionado não é bom para o local sobre o qual se aplica a discussão.

Um exemplo disso foram os debates acerca do então projeto da Alca (Área de Livre Comércio das Américas), no qual o argumento de que aquilo era interessante para todos era combatido com o argumento de que aquela relação comercial não poderia ser boa para o Brasil se fosse boa para os EUA, já que a economia brasileira estaria subordinada àquele país.

b) Nem tudo o que vale lá, vale aqui
Uma outra forma de contra-argumentar é apresentando parcialmente uma oposição ao que foi defendido.

Por exemplo, os países da região escandinava ou nórdica (Suécia, Noruega e Dinamarca) são muito utilizados como modelos de países de economia estável e socialmente elevada, o que não quer dizer que todo exemplo vindo de lá é interessante para o Brasil.

Nesse caso, orador não nega que se trata de uma comparação pertinente, mas apresenta alguma informação para explicar que nem tudo de lá serve como exemplo.

c) Independentemente do que vale lá, não se aplica aqui
Por fim, um outro enfoque de contra-argumentação é o de que o exemplo mencionado é inaplicável ao caso.

Diferenças culturais, políticas, econômicas ou de qualquer natureza são tão distintas que a contra-argumentação não será nem integral nem parcial, simplesmente não se aplica.

Então, independentemente do exemplo invocado ser positivo ou negativo, a contra-argumentação se dará no sentido de demonstrar que as realidades são tão diferentes que uma não pode socorrer à outra como paradigma.

Pense, por exemplo, em um país mulçumano do Oriente Médio, de economia quase artesanal, costumes completamente diferentes, ser utilizado como exemplo em um país como o Brasil, de maioria cristã, economia de mercado, industrializado e de costumes e leis muito diferentes.

É evidente que alguma coisa sempre pode forçosamente ser comparada. Mas há poucos parâmetros de comparação, sendo a contra-argumentação de inaplicabilidade a mais adequada nesse sentido.

6.5.5 Argumento de princípio

O argumento de princípio ou argumento principiológico é baseado numa convicção pessoal que possui amparo em alguma forma de constatação aceita como verdadeira ou que possui valor universal.

É o tipo de fundamento mais utilizado no argumento dedutivo, porque parte de verdades abstratas e universais para casos particulares.

Vejamos exemplo simples:

> Todos os assassinos são criminosos.
> Hannibal é um assassino.
> Logo, Hannibal é um criminoso.

Assim, a conclusão particular está relacionada a um princípio mais geral. Portanto, conclui-se o raciocínio por dedução.

O risco desse tipo de argumentação é que ele vai para o "tudo ou nada", de modo que, se a premissa estiver incorreta, desmonta-se toda a argumentação.

Formas de combater o argumento de princípio

a) verificar se a premissa é válida

O meio mais contundente de refutar o argumento de princípio é precisamente verificando se aquele princípio é válido.

No exemplo anterior, pode-se argumentar que nem todo assassino é criminoso. A própria lei permite, em algumas exceções, como na legítima defesa, que uma pessoa mate a outra sem ser considerada assassina e menos ainda criminosa.

Portanto, a premissa é incorreta e o edifício da argumentação desaba caso um dos pilares seja errado.

b) verificar se a conclusão é válida
A outra forma de contra-argumentar não é contra a premissa, mas contra a própria conclusão.

No exemplo citado, poderia até ser verdade que todo assassino fosse criminoso, mas talvez essa premissa não se aplicasse a outra pessoa, desde que evidentemente não tivesse ela o mesmo comportamento do Hannibal.

6.5.6 ARGUMENTO POR ILUSTRAÇÃO

No argumento por ilustração é usada uma pequena narrativa (contar uma história), real ou fictícia, de si ou de terceiro, com a finalidade de ilustrar e tornar mais concreta a tese defendida.

Não há que se confundir, como ocorre muitas vezes, o argumento de exemplificação com o argumento por ilustração. O argumento de exemplo serve para todo tipo de exemplo, e o por ilustração, apenas por meio de fala narrativa.

Se bem e poucas vezes empregado, esse tipo de recurso argumentativo pode criar um ambiente de sensibilização do público e tornar a tese mais palatável.

Do contrário, usado em demasia, pode parecer apelativo e desesperado.

Vamos a um exemplo.

Em entrevista ao programa *Imparável*, canal do YouTube, o Juiz Federal Rolando Valcir, do Tribunal Regional Federal da 1ª Região, ao comentar sua história, narrou:

> Minha origem, como é conhecida hoje no mundo da internet, das redes sociais, minha origem é simples. Minha família começou a atividade dela era numa borracharia, num posto de lavagem. Aí, com o passar do tempo, foi constituído [sic] uma pequena confecção, na arte de cortinas, lençóis, colchas... A gente foi migrando para essas atividades. Passei a ser costureiro. Aprendi a bordar, sei fazer cortina. (Valcir, 2019)

Na entrevista, o magistrado parte de sua história pessoal para avançar nas questões relacionadas às formas de se passar num concurso para magistratura. Empregou, desse modo, um recurso ilustrativo, com a narrativa de sua própria história para explicitar alguns meios de se passar em concurso para juiz, encorajando as pessoas a se empenharem nessa tarefa.

O argumento de ilustração é apenas uma parte da oratória. Trata-se de um meio de se comprovar uma tese.

Há, evidentemente, quem use exclusivamente esse meio para defender uma tese. Por exemplo, o livro *Minha vida*, de Leon Trotsky (2017), é uma autobiografia para fundamentar suas posições marxistas. Já o livro *A náusea*, de Jean-Paul Sartre (2010), é uma história fictícia criada para desenvolver questões no âmbito do existencialismo.

Damos esses exemplos para chamar a atenção para o fato de que, na palavra escrita, o recurso narrativo pode ser integral e exclusivamente utilizado, já que permite ao escritor criar cenários, percepções, sentidos e sensações que serão usados ao longo da obra. Ademais, o tempo na leitura é o tempo do leitor, que pode ler uma ou cem páginas num dia, a seu gosto. Senhor do seu tempo, o leitor pode simplesmente parar de ler caso não entenda, não goste ou simplesmente canse da leitura.

Já na oratória, um discurso centrado exclusivamente nesse recurso argumentativo pode soar empobrecedor, cansativo e apelativo ao público.

Sem contar que, na oratória, o tempo é do orador, que tem um limite para realizar sua fala sem o privilégio de usá-la a seu talante, devendo defender sua tese nos marcos temporais a ele impostos. Ademais, o expectador não pode, como no livro, simplesmente pausar o orador caso não esteja gostando ou esteja cansado de ouvi-lo, ou mesmo voltar a página caso não tenha entendido algo.

Formas de combater o argumento por ilustração

A forma de combater esse tipo de argumento é muito relativa e depende basicamente da história contada:

a) **História comovente** – Quando se trata de uma história comovente, o melhor é demonstrar empatia e guerrear a tese, mas não o argumento por ilustração empregado.

b) **História não comovente** – Quando se trata apenas de uma história sem maiores comoções, ela pode ser confrontada por quem passou pela mesma situação, mas fez o contrário.

6.5.7 ARGUMENTO POR CAUSA E CONSEQUÊNCIA

Nesse tipo de argumentação, o orador busca comprovar sua tese por meio da relação entre causa e consequência. A causa é a origem. É o "porquê" de uma questão. A consequência é o resultado, o efeito da causa.

É como em uma enfermidade. Uma gripe, por exemplo, pode ter como causa um vírus qualquer. Já os efeitos da gripe podem ser a febre, a tosse, a dor de cabeça, a coriza etc.

Essa relação de causa e consequência está presente nos mais diversos domínios de nossa vida, e estamos o tempo todo inferindo que uma coisa é o resultado de outra.

Exemplificando, em artigo escrito para o portal UOL, a articulista Iara Schiavi (2021, grifo nosso) faz a seguinte relação entre causa e consequência no que se refere à queda do Produto Interno Bruto (PIB) no Brasil: "As **causas** de uma recessão podem ser políticas econômicas mal executadas ou mal gerenciadas ou choques externos que **causam uma abrupta redução em produção, consumo e investimento**".

No exemplo citado, foram dadas duas causas (políticas econômicas mal executadas e choques externos) e três consequências (redução da produção, do consumo e do investimento).

Formas de combater o argumento por causa e consequência

a) Verificar se a causa é inexistente
Uma causa é inexistente quando é fruto de ilações ou da engenhosidade humana.

Um exemplo é o anedótico debate presidencial de 2018, transmitido pelo canal de televisão Band, durante o qual o então candidato Cabo Daciolo pergunta para o adversário, Ciro Gomes, a quem afirma ser "fundador do Foro de São Paulo", o seguinte: "O senhor pode falar aqui pra [sic] população brasileira, pra [sic] nação brasileira, sobre o plano URSAL [...] União da República Socialista Latino Americana" (Cabo Daciolo..., 2018, transcrição nossa).

Em sua resposta, o candidato Ciro Gomes limitou-se a responder: "Meu estimado Cabo, eu tive muito prazer de conhecê-lo hoje, e pelo visto o amigo também não me conhece. Não sei o que é isso, não fui fundador do Foro de São Paulo e acho que está respondido" (Cabo Daciolo..., 2018, transcrição nossa).

Em linhas gerais, o então candidato do partido Patriota, Daciolo, persistiu na tese, denunciando suposta conspiração para transformar a América Latina numa grande nação e outras especulações.

Na tréplica, o candidato Ciro Gomes respondeu: "a democracia é uma delícia, uma beleza, e eu dei a vida inteira e continuarei dando [por ela], mas ela tem certos custos" (Cabo Daciolo..., 2018, transcrição nossa).

Observe que o candidato Ciro Gomes simplesmente ignorou a causa apontada pelo candidato Daciolo, sugerindo tacitamente, de forma jocosa, que a causa apontada era inexistente.

Assim, é preciso verificar se a causa defendida realmente existe ou se é fruto de especulações, teorias conspiratórias ou coisa do gênero.

b) verificar se a causa é incorreta

Pode ser que a causa exista, mas não é a origem daquela consequência.

Nem sempre uma consequência tem em sua raiz a causa apontada, especialmente quando se trata de problemas políticos, econômicos e sociais, que é a matéria-prima por excelência de um orador político.

No exemplo usado acerca da recessão econômica, poder-se-ia opor à causa apontada uma ou mais outras causas, como as crises cíclicas do capitalismo ou a superprodução de mercadorias. Nessa hipótese, exclui-se a causa apontada e, no lugar dela, aponta-se uma ou mais causas diferentes.

c) verificar se há concausa

Quando a tese atribuir a um fato apenas uma causa, a contra-argumentação pode apresentar outras causas mais. É o que chamamos de *concausas*, isto é, causas concorrentes ou concomitantes que se somam para o mesmo fim.

Nessa hipótese, a causa apontada não é incorreta, mas é limitada. Em outras palavras, a causa defendida não é a única e talvez nem a mais importante. Assim, em vez de uma causa, há concausa, que é a soma de outras causas que darão origem ao fato apontado como consequência.

A inclusão da causa apontada, entretanto, pode ser hierarquizada. Ou seja, a causa defendida será incluída, mas no final da fila.

Por exemplo: alguém afirma que a crise econômica decorre da incompetência de um governante. Você pode admitir essa causa como verdadeira, mas contra-argumentar que ela é apenas uma concausa. Não somente não é a única, como é a menos importante, já que as crises econômicas decorrem de outros fatores muito mais decisivos, passando a enumerá-los.

6.5.8 Argumento por hipótese ou idealizado

Nesse tipo de argumentação, o orador busca comprovar sua tese por meio de uma solução futura, hipotética ou idealizada, adstrita ao plano da imaginação ou do pensamento.

Não se trata de uma argumentação sobre fatos presentes ou passados, mas de provar uma tese com base em argumentos futuros, sujeitos a existirem, mas que ainda não existem. Vejamos um exemplo a seguir.

Em matéria publicada no jornal *Brasil de Fato*, acerca dos gastos para a pasta da Defesa, Daniel Giovanaz (2021, grifo nosso) destaca que:

> *O valor estabelecido pela empresa Licita Web Comércio Eireli, vencedora do pregão eletrônico nº 006/2020 do 38º Batalhão de Infantaria para a compra de 3,5 mil garrafas de cerveja das marcas Heineken e Stella Artois,* ***seria suficiente para bancar a alimentação de um soldado brasileiro por mais de 10 anos.***

No caso em tela, o articulista apresenta uma "prova" futura, idealizada, de que certa economia agora poderia ser usada ao longo do tempo para uma outra coisa, que ainda não existe, salvo no plano do pensamento.

Formas de combater o argumento por hipótese ou idealizado

a) verificar se há oposição entre o real e o ideal
Às vezes, não existe exatamente oposição entre o que foi feito e o que poderá ser realizado. Por exemplo, não comprar uma coisa não significa necessariamente renunciar a outra, porque as duas são importantes.

Quando um governo, por exemplo, investe em uma casa de cultura, o argumento de hipótese que diz que daria para comprar X de alimentos pode ser contra-argumentado com o fato de que um ser humano não vive só de comer, mas que a cultura também é importante. Isso vale para o investimento em um estádio – o esporte é tão importante quanto qualquer outra área humana.

Então, contra o argumento de hipótese, é importante verificar se o que se está cogitado é realmente oposto ao que está sendo defendido ou se são coisas igualmente importantes.

b) verificar se o problema que fundamenta o argumento de hipótese é correto
Às vezes, um argumento de hipótese se fundamenta numa tese equivocada.

Por exemplo, muito se diz que o salário de um vereador daria para matar a fome de tantas pessoas. Realmente. Mas será que o principal problema da fome está de fato no salário de políticos? Ou há problemas mais graves que ajudam a aumentar a forme, como a desigualdade social, por exemplo?

Então, a oposição não é exatamente contra o argumento de hipótese, mas à tese que ele pretende comprovar.

O problema não é matar a fome, entretanto, a fonte mais importante não é o salário de um político, mas questões muito mais profundas.

c) verificar se o argumento ideal é praticável
Às vezes, o argumento ideal ou por hipótese é idealizado demais, impossível ou impraticável de ser realizado.

Nesse sentido, o orador não se opõe ao argumento, mas pondera que tal argumento é, ao menos na ocasião, inatingível.

Vejamos um exemplo : o direito ao uso de armas de fogo no Brasil. Uma forma de contra-argumentar é que, do ponto de vista das liberdades democráticas, seria um direito pertinente, como ocorre nos EUA. Mas talvez a realidade brasileira não permita, ao menos por enquanto, um acesso irrestrito às armas por conta de nosso histórico de violência no lar, nas ruas etc.

A contra-argumentação, nesse caso, não é no sentido de opor à hipótese, mas de ponderá-la segundo as circunstâncias reais e cotidianas.

6.6
Outras formas de argumentação

Existem diversos tipos de argumentação, mas que são usados em menor escala durante uma oratória política. Trata-se de tipos de argumentos mais frágeis que devem ser evitados e, caso sejam necessários, usados com certa moderação. Enumeramos aqui alguns outros tipos de argumentação apenas para efeito de conhecimento.

6.6.1 Argumento *ad misericordiam* (argumento por piedade)

O argumento *ad misericordiam* apela à piedade (Warat, 1984), à misericórdia, buscando um juízo de razoabilidade sobre quem fala.

É muito comum em tribunais, quando se busca atenuar uma pena, mostrando que o réu possui uma vida sem crimes, uma infância de abandono ou qualquer outra atenuante.

Mas também é usado na política, quando alguém comete algum erro e busca se desculpar perante a opinião pública, sendo esse um tipo de argumento adequado ao caso.

Argumentos assim devem ser cuidadosamente utilizados, porque o uso deles pode parecer vitimização de quem os usa.

6.6.2 Argumento *ad hominem* (contra a pessoa)

O argumento *ad hominem* busca atacar quem fala (Warat, 1984), e não as ideias de quem fala. É utilizado, em geral, para mostrar as contradições entre a conduta pessoal e as teses que determinada pessoa defende.

Não é muito recomendado, especialmente no âmbito das lideranças políticas. Ao calor de um debate, é quase inescapável o uso desse tipo de argumento, mas ele deve ser evitado, porque geralmente mostra fraqueza de quem o utiliza, passando a impressão de que a pessoa não discute no plano das ideias pela ausência delas.

6.6.3 Argumento de ignorância ou *ad ignorantiam*

O argumento de ignorância ou *ad ignorantiam* apela ao desconhecimento sobre dada premissa (Warat, 1984).

É um tipo de argumento usado para mostrar que uma proposição é verdadeira porque não é possível provar sua falsidade ou o inverso do que se afirma. Exemplo: Não existe mais denúncia de corrupção no Brasil. Logo, não existe mais corrupção no Brasil.

Não é indicado esse tipo de argumento, porque a impossibilidade de se provar que uma premissa é verdadeira ou falsa enfraquece o fundamento.

6.6.4 Argumento *ad populum* (sentimento comunitário)

Segundo o argumento *ad populum* ou comunitário (Warat, 1984), uma proposição é verdadeira porque uma parcela ou a maioria da população acredita nela. A rigor, é um argumento de apelo à comunidade ou à multidão. Exemplo: A maioria das pessoas acredita em tal coisa, logo, tal coisa existe.

Esse argumento é frágil porque, em primeiro lugar, as pessoas mudam constantemente suas opiniões, convicções e crenças, podendo o argumento perder eficiência com essas mudanças.

Segundo, as pessoas são cheias de convicções em coisas inexistentes e o apelo à quantidade de pessoas não comprova a veracidade de uma coisa.

6.6.5 Argumento *ad baculum* ou argumento pela força

O *ad baculum* é um tipo de argumento que apela à força, física ou psicológica (Warat, 1984). Via de regra, esse tipo de argumento recorre ao medo, buscando convencer o público de que consequências negativas podem decorrer da falta de adesão à ideia apresentada. Exemplo: "Caso não votem em mim, o país será tomado por hordas de sem-teto que roubarão os lares das famílias brasileiras".

É um tipo de argumentação que possui uma força, mas não por muito tempo. Basta que a vida mostre o contrário do que se está afirmando que a tese vai perdendo seu efeito.

Ademais, o uso reiterado desse tipo de argumento pode parecer que não se trata de uma ameaça verdadeira, mas de um "blefe" de quem aplica esse recurso.

> **Para saber mais**
>
> A argumentação, como vimos, ocupa papel central na defesa de ideias. É indispensável que o leitor se aprofunde nesse tema, acerca do qual há interessante literatura, como a que indicamos a seguir:
>
> FIORIN, J. L. **Argumentação**. São Paulo: Contexto, 2015.

Mãos à obra

Leia o artigo indicado a seguir e, concordando ou discordando do conteúdo publicado, elabore um roteiro de intervenção com os elementos apresentados ao final:

> Nas últimas semanas, um tema não muito frequente tem tomado as manchetes de jornais e revistas: o autismo. As polêmicas giram em torno da Lei nº 12.764, que institui a "Política Nacional de Proteção dos Direitos da Pessoa com Transtorno do Espectro Autista". Sancionada em dezembro do ano passado pela presidente Dilma Rousseff, a medida faz com que os autistas passem a ser considerados oficialmente pessoas com deficiência, tendo direito a todas as políticas de inclusão do país – entre elas, as de Educação.
>
> Pode parecer estranho criar uma lei voltada especificamente ao autismo, sabendo que já existem no Brasil diretrizes gerais para a inclusão. A medida, no entanto, faz sentido. Segundo a deputada Mara Gabrilli (PSDB-SP), relatora do substitutivo do projeto que foi aprovado pela Câmara, "por não haver um texto específico que dissesse que os autistas são deficientes, muitos deles não podiam usufruir dos benefícios que já existem na legislação brasileira".
>
> Falando especificamente de Educação, a lei é vista por especialistas como mais um reforço na luta pela inclusão. O texto estabelece que o autista tem direito de estudar em escolas regulares, tanto na Educação Básica quanto no Ensino Profissionalizante, e, se preciso, pode solicitar um acompanhante especializado. Ficam definidas, também, sanções aos gestores que negarem a matrícula a estudantes com deficiência. A punição será de três a 20 salários-mínimos e, em caso de reincidência, levará à perda do cargo. "Recusar a matrícula já é algo proibido por lei, a medida reforça isso e estabelece a punição", comenta Mara. (Meirelles, 2013)

> A seguir apresentamos um roteiro de contra-argumentação:
> - tese;
> - argumento 1;
> - argumento 2;
> - fechamento.
>
> Após elaborar seu roteiro, faça sua defesa oral, filmando a fala, em um tempo de aproximadamente 5 minutos.

Síntese

A argumentação é, talvez, um dos elementos mais importantes e poderosos de uma oratória. É, por assim dizer, o centro da persuasão, da tentativa de convencer e influenciar o público.

Neste capítulo, buscamos desenvolver algumas ideias de estruturação de uma argumentação. Procuramos mostrar como a argumentação é formada, quais elementos a compõem e como usá-los, com vários exemplos.

Também apresentamos alguns aspectos mais filosóficos da argumentação, como o uso dos argumentos lógicos, para que a oratória possa apresentar-se com algum grau de racionalização.

Foram apresentadas dez espécies de argumentação, todas elas já com algumas possíveis formas de contra-argumentar, com exemplos práticos que podem ser usados como referência para o leitor.

Como complemento, outras cinco espécies de argumentações foram apresentadas, com os cuidados e as fragilidades que elas apresentam.

Questões para revisão

1. Leia atentamente as premissas indicadas a seguir. Pode-se dizer que uma boa argumentação precisa ter presente dois princípios:

    I) Primeiro, que tenha uma boa estrutura, composta de argumentos e possíveis contra-argumentos que são preventivamente imaginados por quem irá falar.

    II) Segundo, que esses argumentos sejam corretamente distribuídos durante a oratória, sendo que a forma correta de os distribuir é sempre começando pelos argumentos mais fracos e terminando com os mais fortes, demonstrando-se ao público o crescimento da força argumentativa.

    Assinale a alternativa que apresenta a resposta correta:

    a) As premissas I e II são verdadeiras.
    b) Apenas a premissa I é verdadeira.
    c) As premissas I e II são falsas.
    d) Apenas a premissa II é verdadeira.
    e) As premissas I e II são corretas, sendo que a II decorre da I.

2. Leia atentamente a argumentação indicada a seguir:

    > Todo filme é uma ficção.
    > O elenco do filme X é formado por atores e atrizes reais.
    > Logo, o filme é baseado em fatos reais.

Sobre o argumento apresentado, é possível concluir que:

a) é válido e relevante.
b) é inválido e relevante.
c) é válido e irrelevante.
d) é inválido e irrelevante.
e) Todas alternativas anteriores estão incorretas.

3. Associe as informações indicadas a seguir às suas respectivas tipologias textuais:

I) Tipo de argumento que presume uma solução idealizada.
II) Tipo de argumento que pressupõe alguma constatação admitida como um valor universal.
III) Tipo de argumento baseado no prestígio de alguém ou instituição reconhecida como especialista na área.
IV) Tipo de argumento que emprega alguma narrativa com a finalidade de tornar mais concreta a ideia defendida.

( ) Argumento principiológico
( ) Argumento de autoridade
( ) Argumento por ilustração
( ) Argumento hipotético

Agora, assinale a alternativa que apresenta a sequência correta:

a) II – IV – I – III.
b) I – III – IV – II.
c) II – III – IV – I.
d) IV – III – II – I.
e) IV – II – III – I.

Para as próximas questões, leia o texto apresentado a seguir:

> O ano de 2021 foi marcado pela alta do preço dos combustíveis. A fim de explicar o aumento dos preços, o Governo adotou a tese de que o valor do combustível subiu em decorrência do ICMS cobrado pelos governadores nos estados brasileiros. Em resposta, os governadores assinaram um manifesto sustentando que a causa do aumento não se devia o valor do ICMS, que foi o mesmo durante os últimos 12 meses, período durante o qual o valor do combustível subiu cerca de 40%. (Barros, 2021)

Com base no enunciado, responda:

4. Qual o tipo de argumentação utilizou o Governo para explicar o aumento do combustível?

5. Qual forma de contra-argumentação os governadores utilizaram no caso em apreço?

Questão para reflexão

1. O argumento *ad baculum* ou argumento pela força não é muito indicado para um orador, porque, em vez de convencer o público pelas ideias, apela para argumentos que soam como ameaças. Em sua opinião, esse tipo de argumento ainda é utilizado nos dias atuais? Indique algum exemplo de uso do argumento *ad baculum*.

Capítulo 7
A contra-argumentação

Conteúdos do capítulo:

- A contra-argumentação.
- Contra-argumento imediato e remoto.
- As falácias.
- Dez tipos de falácias.
- Como contra-argumentar.
- As figuras de retórica.

Após o estudo deste capítulo, você será capaz de:

1. identificar as melhores formas de contra-argumentação;
2. reconhecer uma falácia e os tipos de argumentos falaciosos;
3. compreender algumas figuras de retórica utilizadas na argumentação e na contra-argumentação.

O contra-argumentação é tão ou mais importante do que a argumentação, porque ela é a antítese do argumento, sua contestação e refutação.

No futebol há uma expressão que diz "quem não faz, toma", sugerindo que quem não marca o gol, pode sofrer um. Em um debate pode ocorrer o mesmo. Quem não faz uma boa fundamentação, não consegue desenvolver uma argumentação convincente e termina sendo derrotado por quem apresenta uma sólida contra-argumentação.

Pode-se contestar essa afirmação dizendo que nem sempre o orador participará de um debate e nem sempre ganhará uma discussão quem tem mais razão. É verdade!

Como já dissemos, às vezes um orador de qualidade duvidosa pode ganhar uma discussão em razão de determinadas circunstâncias. Mas essa é uma exceção. A regra é que quem tem mais e melhores argumentos convence mais.

Já na hipótese de o orador não estar participando de um debate, a contra-argumentação não deixa de ser importante. Porque o fato de não haver ninguém ali, presencialmente, não significa que os argumentos apresentados pelo orador não serão rebatidos. Podem não ser rebatidos em um dado momento, mas em outro sim. Pode não ser presencialmente, mas pode ser à distância. Enfim, o orador deve partir da seguinte premissa: sempre haverá contra-argumentos à sua tese. Sempre!

7.1
CONTRA-ARGUMENTO IMEDIATO E REMOTO

Engana-se quem pensa que uma contra-argumentação só ocorre em um debate presencial. Não é necessário que uma pessoa esteja presente para debater com outra. Qualquer pessoa que esteja ouvindo alguém pode estar em desacordo com o que está sendo dito e ter uma fundamentação oposta ou distinta. Então, mesmo que distante, sempre haverá alguém debatendo com o falante.

Há um debatedor (e uma contra-argumentação) imediato, presente, e um debatedor remoto, ausente. Vejamos um a um na sequência.

7.1.1 Contra-argumento imediato

Esse tipo de debate é *imediato* no sentido do tempo, e não necessariamente no espaço. É imediato porque ocorre simultaneamente, contemporaneamente, no aqui e agora. Não necessariamente no mesmo local, mas no mesmo tempo presente.

A principal característica de um debate imediato é a comunicabilidade de quem participa dele. Duas ou mais pessoas argumentam e contra-argumentam no mesmo instante, comunicando-se reciprocamente.

Se a pessoa está debatendo por telefone com outra no mesmo instante, é um debatedor imediato, porque está no presente, mas em outro local. Um debate virtual, pela internet, por exemplo, desde que esteja ocorrendo no momento em que está sendo transmitido, é um debate imediato com contra-argumentos imediatos.

Em um debate entre candidatos, a contra-argumentação é imediata. Em uma entrevista com vários jornalistas, ocorre o mesmo, assim como em uma mesa de debates em uma faculdade.

7.1.2 Contra-argumento remoto

O debate ou contra-argumento remoto é aquele no qual o debatedor simplesmente não está presente, seja no tempo, seja no espaço.

A característica de um debate remoto é a incomunicabilidade entre as pessoas. Se alguém defende uma tese e a outra pessoa que discorda não pode contra-argumentar no mesmo momento ou local, pois estão incomunicáveis, o debate e a contra-argumentação é remota.

A incomunicabilidade pode ocorrer no tempo ou no espaço. A pessoa pode estar ouvindo ou assistindo o orador no mesmo instante, mas longe dele e sem se comunicar. Pode também estar incomunicável no tempo, vendo ou assistindo o orador em outro momento da vida, no dia ou até no ano seguinte.

Por exemplo, se uma pessoa está assistindo a um debate pela TV, mas não está fazendo parte dele presencialmente, o máximo que pode fazer é contra-argumentar de forma remota. Se essa mesma pessoa está assistindo a uma exposição por uma rede social um ou mais dias depois que tenha sido transmitida, qualquer contra-argumentação que ela fizer será remota.

Essa distinção é importante para que o orador saiba que sempre haverá quem confronte ou conteste suas ideias. A questão é onde e quando isso ocorrerá.

Por isso, a construção da argumentação e da contra-argumentação é tão importante. Para ambas, vale a sugestão do P3C (argumentos precisos, conexos, contundentes e consistentes) mencionado anteriormente.

7.2
AS FALÁCIAS

Falácia provém do latim *fallacia* e quer dizer "enganar" (Abbagnano, 2007).

A falácia é objeto de estudo da lógica, ramo da filosofia encarregado de examinar as leis do pensamento, dentre as quais aquelas relacionadas ao que é verdadeiro e ao que é falso. A falácia pode ser sintetizada na frase "parece, mas não é".

Sob tal perspectiva, quando um argumento não possui consistência lógica apropriada, torna-se uma falácia. Trata-se de um argumento que na aparência é verdadeiro, mas na essência pode ser falso, falho, incorreto, logicamente incoerente, inválido ou ineficaz.

As falácias também são destinadas a persuadir o público. São muito usadas por oradores, mas podem ser desmontadas em sede de contra-argumentação caso seu enigma seja desvendado pelo contestante.

As falácias são relacionadas a determinados argumentos e não devem ser generalizadas a toda a argumentação nem por quem as utiliza.

Quando uma falácia é emitida involuntariamente, trata-se de um paralogismo, que é um raciocínio falacioso, mas sem intenção por parte de quem fala, ou seja, sem a configuração de má-fé.

Já a falácia intencional é tratada como sofisma, um tipo de falácia com o objetivo de confundir ou induzir o outro ao erro. Na atualidade, temos milhares de exemplos de falácias correndo pelas redes sociais por intermédio daquilo comumente chamado de *fake news*, embora esse tipo de argumento não se resuma a isso.

Compreender as falácias é muito importante para quem vai contra-argumentar, porque, uma vez identificadas, podem facilmente ser refutadas.

7.2.1 Dez tipos de falácias

Existe uma variação gigante de falácias. Só Aristóteles listou ao menos 13 delas. Em Schopenhauer, como visto no Capítulo 1, tivemos a oportunidade de examinar 38 estratagemas, dos quais vários são argumentos ou contra-argumentos falaciosos.

Neste capítulo, focaremos em dez tipos de falácias mais usadas durante debates de natureza política.

Falácia do falso dilema ou da falsa dicotomia

Muitas vezes chamada também de *falácia do "preto e branco"*, esse tipo de raciocínio apresenta uma situação polarizada entre duas escolhas, como se apenas essas duas existissem.

Exemplo: "Você critica o governo X porque apoia o partido Y". Esse tipo de raciocínio ficou muito marcado no contexto pós-eleições de 2018, no curso do qual qualquer crítica endereçada ao governo Bolsonaro era por vezes interpretada como adesão ao Partido Trabalhista (PT) ou ao ex-presidente Lula, quando, na verdade, havia pessoas que criticavam por motivos completamente diferentes e apoiavam outros partidos, lideranças políticas ou até mesmo não apoiavam ninguém.

Portanto, tratava-se de uma falsa dicotomia.

Falácia do acidente

A falácia do acidente é definida por uma generalização abusiva e indevida. Em outras palavras, aplica-se uma regra geral, ignorando as exceções. Exemplo: "A maioria dos membros do partido X roubou. Logo, todos do partido X roubam".

Falácia da inversão do acidente

Na falácia da inversão do acidente, uma exceção é transformada em regra geral.

Exemplo: "Se permitirmos que uma mulher aborte em caso de estupro, todas as mulheres vão abortar seus fetos". Trata-se, assim, de uma generalização precipitada, transformando um fator excepcional em regra.

Falácia do espantalho

Trata-se de um tipo de falácia na qual substitui-se a ideia oposta por uma outra distorcida, errada ou fraca, geralmente com conotações pejorativas, reprováveis ou indigestas.

Por exemplo: Um candidato X defende a reforma urbana com a desapropriação de imóveis urbanos abandonados para fins de moradia. Um candidato Y argumenta o seguinte: "Se ganhar a eleição, o candidato X irá invadir sua casa e colocar os sem-teto para morar com você".

Nesse caso, não houve uma argumentação contra a ideia original, qual seja, a de desapropriação de imóveis abandonados. Houve uma distorção dessa ideia original, criando-se uma outra com a finalidade de reprovar a ideia oposta.

Falácia da bola de neve ou do declive escorregadio

Também chamada de *falácia da derrapagem*, a falácia da bola de neve ou do declive escorregadio consiste em partir de um fato citado no argumento e extrapolá-lo até o limite do absurdo.

Exemplo: "Se liberarmos o casamento homoafetivo, logo será liberado o casamento com animais ou com pedófilos". Não há qualquer nexo entre uma premissa (casamento homossexual) e a conclusão (liberação de casamentos com animais ou com pedófilos), tratando-se de uma argumentação absurda (*ad absurdum*).

Falácia da terceira causa

A falácia da terceira causa ocorre na hipótese de uma determinada premissa ou argumento ignorar, conscientemente ou não, a existência de uma terceira causa.

Exemplo: "O consumo baixou, causando enorme desemprego no país". Tanto a baixa no consumo quanto a queda no emprego podem ter explicações diversas da apontada. O consumo pode ter baixado, por exemplo, pelo aumento da inflação, pela perda do poder aquisitivo etc. Já o desemprego pode ocorrer por outros fatores, como uma crise de superprodução, uma situação de guerra etc.

Falácia da petição de princípio ou petitio principii

A falácia da petição de princípio ou *petitio principii* afirma como verdade absoluta um determinado princípio que precisa ser provado. Caracateriza-se, portanto, pela pressuposição daquilo que se pretende demonstrar na conclusão (Japiassú; Marcondes, 2001).

Exemplo: "O único caminho verdadeiro é aquele escrito na Bíblia, porque só a Bíblia é o único caminho verdadeiro". Presume-se que a Bíblia é o único caminho porque é verdadeira e é verdadeira porque é o único caminho.

Tem-se que esse raciocínio é cíclico, porque a premissa é a mesma da conclusão e a conclusão é a mesma da premissa. Não houve uma premissa que sustentasse o motivo da Bíblia ser verdadeira nem o motivo pelo qual ela é o único caminho. Simplesmente afirmou-se essa premissa e essa conclusão como princípios verdadeiros sem indicar a razão.

Portanto, esse tipo de falácia postula como provado aquilo que precisamente se deveria provar.

Falácia da pressuposição

Aplicada em geral a perguntas, a falácia da pressuposição adiciona uma premissa sem prévia comprovação, pressupondo-se verdadeira.

Exemplo: "Seu partido parou de roubar?". Observe que se parte da presunção ou do pressuposto de que o partido roubava, perguntando-se apenas se ele parou ou não.

Esse é um tipo de pergunta feita em debates ou entrevistas, devendo sempre o orador estar atento para não cair na armadilha.

Falácia do holofote

Na falácia do holofote, reputa-se como verdadeiro ou falso um argumento ou uma premissa de acordo com a atenção que a mídia ou os meios de comunicação de massa atribuem a ele.

Exemplo: "As diversas matérias circuladas na imprensa acerca dos altos salários no Poder Judiciário indicam a urgência na votação da Reforma Administrativa". Além de ser uma falácia indutiva, da espécie "falácia da generalização precipitada" (no caso, o salário do Poder Judiciário não representa todos os salários do funcionalismo público), a falácia do holofote condiciona o que é verdadeiro ou falso ao que sai na imprensa.

No caso, o fato de sair na imprensa não significa que é urgente ou mesmo necessário.

Falácia do apelo à autoridade anônima

Fundamenta-se um argumento com base em uma autoridade inexistente, desconhecida ou não informada. Vejamos uma a uma:

a) **Inexistente**, se ela efetivamente não existe – Exemplo: "O Instituto de pesquisa Data Show de Bola informa que o candidato X está à frente na corrida eleitoral" (instituto inexistente).

b) **Desconhecida**, se ela existe, mas pouca ou nenhuma pessoa a conhece – Exemplo: "Segundo o perito James, da cidade de Iretama, no Paraná, o uso de ivermectina é eficaz no combate à covid-19" (perito desconhecido).

c) **Não informada**, se, independentemente de existir ou de alguém a conhecer, simplesmente não é mencionada – Exemplo: "Pesquisadores confirmam categoricamente que a Terra é realmente plana" (pesquisadores não informados).

São muitos os exemplos de falácias que podem ser usadas e refutadas num contexto de argumentação. Apresentamos essas dez, mas você pode se socorrer de outros exemplos para aprofundar-se no tema.

7.3
Formas de contra-argumentar

Como dito, são várias as formas de se contra-argumentar. De plano, quem vai contra-argumentar precisa discernir entre uma ponderação ou uma contestação.

7.3.1 Ponderação

Uma ponderação não é necessariamente uma oposição à tese, ao argumento ou à premissa apresentada. É uma forma também de contra-argumentar, mas no sentido de refletir, de esclarecer ou apenas fazer algum reparo no que foi dito.

Nessa hipótese, a contra-argumentação assume para si a tese de quem a explanou, mas faz algumas pontuações sobre o que foi dito.

Parte-se, assim, de um acordo total ou parcial com o que foi argumentado, mas não da forma como foi defendido. Ponderar pode ser resumido na frase: "Não é bem assim". Ou seja, pode até ser verdadeiro o que se disse, mas não dessa maneira.

Exemplo: "Uma manifestação em defesa do meio ambiente neste momento é desaconselhável, não porque é ineficiente, como foi argumentado, mas porque há um risco de contaminação da covid-19 entre os manifestantes".

Assim, a contra-argumentação se dá no sentido de concordar com a tese, mas por outros motivos. Na ponderação, o intuito do orador é o de concordar discordando. Concordar com o geral, discordar do particular.

A ponderação geralmente é usada quando uma contra-argumentação é voltada para alguém com quem se estabelece uma relação mais amistosa num debate. Alguém com quem se concorda em geral com as concepções defendidas, mas apresentando diferenças pontuais.

Membros de um mesmo movimento social, pessoas que fazem parte do mesmo partido político ou do mesmo espectro ideológico podem utilizar contra-argumentos mais ponderativos, já que o propósito desse tipo de contra-argumentação geralmente é no sentido de buscar clareza do que se defende ou demarcar pequenas diferenças, e não se opor de forma mais contundente contra a argumentação apresentada.

7.3.2 Contestação

Já a outra forma de contra-argumentar é contestando diretamente a tese, os argumentos ou as premissas.

A contestação pode ser parcial ou total e absoluta ou relativa.

Contestação parcial

Uma contestação é parcial quando ela é direcionada à tese, mas não necessariamente contra as premissas ou argumentos.

Por exemplo: "Também defendo o fim da guerra fiscal entre os municípios, mas não porque discordo da isenção dada às empresas, mas porque essa isenção deve ser estabelecida por lei federal".

Nesse caso, há um acordo em se acabar com a guerra fiscal dos municípios, mas por teses opostas: uma para que não exista mais isenções para as empresas, e outra no sentido de defendê-las, mas atribuindo a competência para isso à Câmara Federal, e não aos municípios.

A contestação parcial difere da ponderação porque nesta concorda-se com a tese e discorda-se de algum argumento, enquanto naquela ocorre o oposto: pode-se até concordar com algum argumento, mas se discorda da tese central.

Na ponderação, o propósito é concordar discordando, enquanto na contestação o propósito é apenas discordar, ainda que parcialmente, de algum aspecto particular ou isolado.

Contestação total

Na contestação total, a contra-argumentação é oposta pelo vértice ao argumento defendido. Busca-se discordar de tudo o que foi dito, seja a tese, sejam os argumentos ou as premissas usadas para fundamentá-los.

Exemplo: Acerca do voto impresso, argumentou Guilherme de Salles Gonçalves (2018): "Com todo o respeito a quem pensa diferente, é como se abríssemos mão da tecnologia da eletricidade para voltar a usar força animal, baseado no risco da [sic] energia elétrica dar choque nas pessoas".

Nesse caso, a contra-argumentação é total (tese, argumentos e premissas) contra o voto impresso.

Contestação absoluta

Uma contestação é absoluta quando ela refuta o argumento de forma total ou parcial, sem deixar margens para novos argumentos. É muito difícil que isso ocorra, porque sempre haverá um novo argumento a ser apresentado ou defendido, mas há contestações que colocam um ponto final na discussão, sendo reconhecidas até mesmo por quem foi contestado.

Inobstante serem reconhecidas, vale destacar que uma contestação absoluta não necessariamente é contrária a uma tese, podendo se limitar apenas a algum argumento ou alguma premissa.

Os exemplos são vários. Vejamos alguns.

Se o argumento invoca uma conta que não bate – como dizer que 2 mais 2 são 5 –, a contestação de que o resultado da conta na verdade é 4 é um tipo de contra-argumentação absoluta.

Se alguém se refere a algo ou a alguém inexistente, também a contra-argumentação é absoluta. Por exemplo, uma apresentadora argentina, certa vez, anunciou a vacinação de um homem chamado William Bill Shakesperare como se fosse o escritor inglês, acrescentando que "o certo é que ele é um dos escritores mais importantes para mim [...]" (Apresentadora..., 2021), como se ambos fossem mesma pessoa.

Num debate, esclarecer que o Shakesperare que a influenciou não é o da vacina seria um tipo de contra-argumentação absoluta, que não permite mais discussão.

A contestação absoluta também valeria se alguém invocasse uma lei que não existe mais, um dado já obsoleto, enfim, algo que não permite mais discussão, simplesmente porque a fonte, o dado ou a premissa é inexistente.

Portanto, quando alguém se apoia numa informação que já foi superada por outra inexistente ou que simplesmente desapareceu, a contestação é absoluta.

Contestação relativa

Praticamente toda contestação é relativa. Como dizia Leonardo Boff (1988, p. 9): "Todo ponto de vista é a vista de um ponto". Assim, onde existem duas cabeças, prevalecem quatro dissensos. Se existisse uma opinião uníssona sobre as coisas, não haveria lugar para o debate.

Portanto, tal como a argumentação, a contestação é relativa porque está relacionada ao ponto de vista da pessoa, à sua perspectiva.

Assim, não sendo a contestação absoluta, ou seja, voltada para argumentos com informações ultrapassadas, inexistentes ou desaparecidas, toda contestação será relativa, seja ela parcial, seja ela total.

7.4
COMO CONTRA-ARGUMENTAR

A primeira questão é saber por onde começar a contra-argumentação.

Já citamos, no capítulo anterior, algumas formas de se combater o argumento apresentado. Penteado (2021, p. 348) sugere ao menos dez maneiras de refutar argumentos.

> *1º – Procure refutar o argumento que lhe pareça mais forte. Comece por ele.*
> *2º – Procure atacar os pontos fracos da argumentação contrária.*
> *3º – Utilize a técnica de "redução às últimas consequências", levando os argumentos contrários ao máximo de sua extensão.*
> *4º – Veja se o opositor apresentou uma evidência adequada ao argumento empregado.*

5º – Escolha uma autoridade que tenha dito exatamente o contrário do que afirma o seu opositor.

6º – Aceite os fatos, mas demonstre que foram mal-empregados.

7º – Ataque a fonte na qual se basearam os argumentos do seu opositor".

8º – Cite outros exemplos semelhantes, que provem exatamente o contrário dos argumentos que lhe são apresentados pelo opositor.

9º – Demonstre que a citação feita pelo opositor foi deturpada, com a omissão de palavras ou de toda a sentença que diria o contrário do que quis dizer o opositor".

10º – Analise cuidadosamente os argumentos contrários, dissecando-os para revelar as falsidades que contêm.

7.5
AS FIGURAS DE RETÓRICA

Conforme afirmamos no Capítulo 2, por *retórica* compreendemos uma forma de falar bem, de modo lógico, persuasivo e eloquente, buscando o convencimento de quem recepciona a mensagem.

A retórica, em perspectiva aristotélica, é guiada pela argumentação, pelo objetivo de persuadir o público. Como definiu Aristóteles (2019, p. 33), retórica é "a faculdade de descobrir especulativamente sobre todo dado o persuasivo".

Já a figura de retórica busca realçar, destacar, enfatizar, contornar, intensificar e embelezar a oratória. É como um veículo. Imagine um carro saído de fábrica sem pintura, só com os bancos duros e um motor 1.0. Quase uma carcaça sobre quatro rodas. Agora, imagine esse carro pintado, com bancos estofados, motor mais potente e acabamento no painel e nas portas.

Os dois carros podem te levar ao mesmo destino, mas o segundo te levará com mais velocidade e de forma mais confortável. O primeiro é uma oratória sem retórica; o segundo, com retórica.

Imagine ainda o segundo carro com sua cor favorita, bancos combinando com o veículo, acabamento interno com detalhes no painel, nas laterais das portas, nas rodas, ar-condicionado para o calor, ar quente para o frio e repleto de lindos adereços. O carro é o mesmo, mas muito mais bonito, mais adequado ao seu gosto e bem mais agradável.

Todos os carros levarão ao mesmo destino. Mas, pergunta-se: Em qual veículo o passageiro preferiria viajar?

As figuras de retórica ajudam a oratória a fazer com que o público embarque em um veículo muito mais bonito e confortável. Duas mensagens podem dizer a mesma coisa de uma forma muito diferente. As figuras de retórica permitem que técnicas sejam empregadas no sentido de melhorar a retórica e persuadir melhor o público.

A figura de retórica é o acabamento da oratória. É, enfim, a construção estética, a lapidação da oratória e seu aspecto criativo.

Por isso, concordamos com a definição de Reboul (2004, p. 114) de que a figura retórica consiste numa "fruição a mais, uma licença estilística para facilitar a aceitação do argumento".

As figuras de retórica, portanto, não são qualquer tipo de figura. Elas só são de retórica na medida em que se prestam a persuadir, a melhorar e fortalecer a argumentação (Reboul, 2004).

Existem inúmeras figuras de retórica. Fiorin (2014) enumera vários tipos de figuras, das quais podemos destacar as figuras de diminuição, de repetição de sons, de repetição de palavras ou sintagmas, de transposição, de acumulação etc.

Reboul (2004) também apresenta outros tipos de figuras, das quais podemos assinalar as figuras de palavras, de significação, construção e pensamento, cada qual relacionada a uma dimensão do discurso.

Já Perelman e Olbrechts-Tyteca (2005) resumem as figuras de retórica em figuras de escolha, de presença e de comunhão.

Não há uma perspectiva melhor do que a outra, mas perspectivas distintas do que sejam figuras de retórica. Depende de cada autor.

Entendemos as figuras de retórica como se fossem uma caixa de ferramenta à disposição do orador. Nesse sentido, não vamos priorizar nenhum autor em particular – até para não causar ciúmes em ninguém –, mas apresentar algumas figuras de retórica para serem usadas segundo as circunstâncias.

Claro que são muitas e não iremos expor todas elas, buscando enumerar algumas que consideramos mais importantes.

7.5.1 Figura de escolha ou caracterização

Perelman e Olbrechts-Tyteca (2005) entendem esse tipo de figura de retórica como aquele no qual se busca sugerir uma caracterização ao público, sem necessariamente oferecer uma definição. Trata-se de uma escolha porque toda argumentação pressupõe uma escolha do que será dito e de como será dito (Perelman; Olbrechts-Tyteca, 2005).

Prestigia-se, nesse caso, o conteúdo do que será dito em detrimento de definições mais conceituais.

Baron, citado por Guimarães (2001), ilustra essa ideia de figura retórica com um uma definição do que é um exército:

> O que é um exército? É um corpo animado de uma infinidade de paixões diferentes que um homem hábil faz mover para a defesa da pátria; é uma tropa de homens armados que seguem cegamente as ordens de um chefe cujas intenções desconhecem; é uma multidão de espíritos em sua maioria

abjetos e mercenários, os quais, sem pensar em sua própria reputação, trabalham pela dos reis e conquistadores; é um conjunto confuso de libertinos.
(Guimarães, 2001, p. 153)

Em vez de definir conceitualmente o que é um exército, o autor buscou dar um conteúdo para essa definição, descrevendo os desafios em se liderar uma tropa heterogênea e unida por um objetivo único.

Para uma liderança política, esse tipo de figura de retorica é muito útil, porque o público a quem será endereçada a fala nem sempre domina o que o orador quer transmitir, sendo necessário fornecer informações acerca do que se quer dizer.

Esse recurso é muito utilizado em programas de esquetes, cujas elaborações adentram em temas mais espinhosos, sem necessariamente defini-los. Nesse tipo de programas, são tratados temas como corrupção, sexualidade, homofobia e outras questões polêmicas, sem que esses conceitos precisem ser mencionados.

É uma forma interessante de o orador utilizar para discutir uma questão, prescindindo de definições mais diretas do objeto debatido.

Nesse tipo de figura retórica podem ser usados recursos linguísticos como os vários tipos de metonímias, por exemplo. Uma metonímia é uma figura de linguagem que consiste na substituição de um termo por outro com o qual guarda alguma relação lógica.

São vários os tipos de metonímia, que incluem a perífrase, a sinédoque, a prolepse, analepse etc. Para mencionar dois exemplos, vejamos o que é perífrase e sinédoque.

A perífrase é a substituição de uma expressão mais direta e óbvia por outra mais elaborada, mais sofisticada ou simbólica. Usa-se esse tipo de recurso quando se quer atenuar um adjetivo ou expressão (eufemismo), enaltecer uma qualidade ou mesmo dizer a mesma coisa de formas diferentes.

Por exemplo:

a) "O pai dos pobres" – denominação para enaltecer supostas qualidades do ex-presidente Getúlio Vargas.
b) "Passar desta para melhor" – eufemismo que busca atenuar a expressão "morreu".

Já a sinédoque é uma espécie de metonímia que consiste na atribuição da parte pelo todo ou do todo pela parte.

Por exemplo:

a) "Os desalojados na reintegração de posse tornar-se-ão sem teto" – a expressão "sem teto" representa a casa toda (substituição da parte pelo todo).
b) "Só me barbeio com Gilette" – substituição da marca (Gilette) pelo produto (lâmina de barbear).
c) "Adoro ouvir um Led" – na verdade, ouve-se a música do Led Zeppelin, e não a própria banda (substituição do autor pela obra).

Claro que existem muitos outros tipos de uso de metonímias. O orador pode, em seu discurso ou fala, burilar diversas formas de substituir uma coisa pela outra. Por exemplo:

- Substituir símbolo pela coisa simbolizada – "O Planalto está envolvido em corrupção", substituindo Planalto pelo governo em questão.
- Substituir o instrumento por quem o utiliza – "Aquele é um guitarra de respeito", substituindo a guitarra pelo nome do guitarrista.
- Substituir país por seu governante – "Bush dizimou o Iraque", substituindo o então presidente norte-americano pelos Estados Unidos.
- Substituir consequência pela causa – "Respeitem a decisão das urnas", substituindo urnas (consequência) pelos votos (causa).

Esses recursos podem ser utilizados segundo as circunstâncias, permitindo que se crie uma fala mais elaborada, sofisticada e bela, potencializando a persuasão.

7.5.2 Figura de presença

A figura de presença é um meio de despertar determinado sentimento de presença do objeto do discurso nos corações e nas mentes do público.

Dentre tantos, apresentamos a seguir alguns meios de se empregar essa estratégia.

Repetição

É uma das figuras de retórica mais simples e usuais, consistindo na repetição de algum fato, detalhe ou argumento a fim de acentuar a importância de determinado argumento.

Por exemplo, em debate entre o Deputado Kim Kataguiri e o comentarista Caio Copolla, o primeiro faz a seguinte afirmação: "Lamentar as 450 mil mortes que nós já tivemos em nosso país e dizer que muitas destas mortes poderiam ter sido evitadas caso, primeiro, a gente não tivesse uma negligência, Copolla, criminosa com a vacinação" (Coppolla; Kataguiri, 2021, transcrição nossa).

Na contra-argumentação, o debatedor, Copolla, sustenta, dentre outras questões, que não houve "negligência criminosa". Na resposta, Kataguiri afirma: "Nós temos hoje a melhor infraestrutura de vacinação do mundo e já mostramos isso na vacinação do H1N1. Bolsonaro fez com que a gente caísse de 1º lugar na vacinação para 55º em relação as outras epidemias pelas quais a gente passou. Então, existe negligência criminosa, sim" (Coppolla; Kataguiri, 2021, transcrição nossa).

Noutro momento, invertendo a ordem, após o debatedor Copolla apresentar sua tese sobre investimentos, o Deputado Kim Kataguiri contra-argumenta: "Caso o governo Bolsonaro queira cumprir a sua meta até 2022 ele vai demorar só até 2044. Então, estamos muito atrasados" (Coppolla; Kataguiri, 2021, transcrição nossa).

E, após a contra-argumentação de Copolla, o Deputado Kim repete: "Como eu disse, pra cumprir essa meta irreal do Governo, de 250 bi até 2022, no atual ritmo de investimentos, o Governo teria que esperar até 2044" (Coppolla; Kataguiri, 2021, transcrição nossa).

Assim, o debatedor em questão emprega a figura de repetição, tanto na defesa de sua tese quanto na contra-argumentação, colimando persuadir o público com reiteradas menções a determinadas afirmações.

Acumulação

A acumulação consiste em um ordenamento progressivo, crescente e acentuado de importância e intensidade do discurso.

Por exemplo: "Se o país não começar a taxar as grandes fortunas para distribuir melhor as riquezas, terá de sacrificar mais ainda os pobres, diminuindo primeiro o salário, depois, suprimindo seus direitos até que finalmente lhes seja arrancado o próprio o pão".

Observe que há uma escala de gravidade que passa por, primeiro, reduzir salário, depois, os direitos, até que seja sacrificada a própria comida ou pão.

Outro exemplo. Na campanha de 1989, o então candidato Luiz Inácio Lula da Silva, em debate contra o então candidato a presidente Fernando Collor, no encerramento de sua participação, afirma:

> *Eu jamais imaginei chegar onde cheguei. Eu jamais sonhei poder disputar as eleições para presidente da república porque, nós, que pertencemos à*

classe trabalhadora sabemos perfeitamente bem que a nossa luta titânica é pra escapar da fome, é pra escapar do desemprego, é pra escapar da favela ou de debaixo de uma ponte". (Debate..., 2018, transcrição nossa)

No exemplo dado, o debatedor vai encadeando em escala de importância a luta dos trabalhadores em fugir de determinadas mazelas, passando pela fome, desemprego, favela ou até debaixo de uma ponte.

As figuras de acumulação, portanto, permitem que o orador possa criar numa fala ou expressão um encadeamento de fatos, situações etc. que ampliam a intensidade do que será dito, conduzindo o público junto de si para uma ordem crescente ou decrescente de importância.

Figuras de comunhão

Perelman e Olbrechts-Tyteca (2005) também discorrem sobre a importância de o orador criar uma comunhão com o público a fim de estabelecer uma relação de proximidade adaptada e até afetiva com o espectador por meio do uso de certas figuras de retórica.

Vejamos algumas delas.

A **alusão** permite ao orador mencionar alguém ou algo que o faça se identificar com o público e este com aquele.

Como observado por Guimarães (2001, p. 156, grifo do original): "Pela **alusão** cria-se ou confirma-se a comunhão com o auditório por força da referência a uma cultura, a uma tradição, a um passado comuns entre o emissor do discurso e o ouvinte ou leitor".

Já tivemos o ensejo de mencionar sobre a importância da alusão no Capítulo 3 deste livro. Queremos apenas apresentar um exemplo de alusão para ilustrar o uso que pode ser feito desse recurso.

Ao falar sobre os riscos da democracia no Brasil, o então deputado pelo Partido Socialismo e Liberdade (PSOL), Marcelo Freixo, assim se manifestou:

> *Esta Casa tem que responder a isso! Esta Casa tem uma homenagem, logo ali em cima, a Rubens Paiva! Esta Casa não tem homenagem a torturador! (Palmas.)*
>
> *Esta Casa homenageia Rubens Paiva para que nós tenhamos memória, para que nós não esqueçamos que, em qualquer regime autoritário, o primeiro lugar a ser fechado é o Parlamento. Por isso, o Parlamento não pode deixar de ser independente. O Parlamento não pode ficar agachado ante um Governo autoritário, porque o Parlamento é o primeiro a ser fechado, diante das medidas que este Governo pode vir a tomar.* (Freixo, 2019, p. 6)

No exemplo dado, o deputado busca unir o público presente, composto por outros membros da casa, pela tradição em defesa da democracia contra o autoritarismo, luta esta simbolizada pela homenagem ao escritor Rubens Paiva, perseguido pela Ditadura Militar.

Trata-se de um senso de ocasião, no qual o orador utilizou uma alusão de tradição, histórica e simbólica, para criar uma relação de comunhão com o público, supostamente unidos pelo mesmo interesse, ainda que pontual.

A **citação** é um recurso usado para abrir, ilustrar ou encerrar uma oratória. É um típico meio usado no argumento de autoridade, já discutido no Capítulo 6.

Mas é importante lembrar que uma citação também serve para contra-argumentar.

No Capítulo 4, apresentamos algumas possibilidades de encerramento do discurso, como uma frase de efeito ou uma "lacração", como se tem dito atualmente. A citação também pode se prestar ao mesmo fim.

A citação pode ser, ainda, de uma letra de música, de uma poesia, de um artigo científico, de um dispositivo legal, constitucional ou até de uma matéria de jornal.

Vamos a um exemplo.

Às vésperas do *impeachment* do então presidente Fernando Collor de Mello, o então deputado do Partido Movimento Democrático Brasileiro do Rio Grande do Sul (PMDB/RS), assim se manifestou:

> *Hoje, Sr. Presidente, como há 15 anos, uma sentença permanece verdadeira. Já citei Unamuno, permita-me agora citar o Presidente da Câmara dos Deputados de então, o orador que neste momento ocupa a tribuna: O que o povo quer, esta Casa acaba querendo". Era é verdade. Quem sabe, sabe, quem não sabe, não aprende. Ou, talvez, melhor dito, um verso de Camões: "Quem não sabe da arte, não a estima".* (Pinheiro, 2007, p. 11454)

No discurso, o orador cita Miguel de Unamuno, Camões e a si próprio.

Duas observações com respeito ao uso das citações. Primeiro, não se deve abusar da quantidade de citações, pois isso pode sugerir empáfia ou incapacidade de o orador elaborar as próprias ideias. Segundo, não se deve citar a si próprio, salvo se indispensável, pois a ideia da citação é trazer uma autoridade "externa" ao orador e que confirme o que ele disse, podendo soar arrogante se essa autoridade que confirme o que está sendo dito seja a própria pessoa que fala.

Em todo caso, a citação permite estabelecer uma relação de comunhão maior com o público, demonstrando riqueza no discurso, formando uma estética mais apurada e contribuindo para a persuasão do público.

Por fim, também chamada de *interrogação retórica*, o recurso da **pergunta retórica** permite que o orador elabore uma pergunta cuja resposta já seja do seu conhecimento.

Vamos exemplificar.

Em discurso proferido em homenagem aos 15 anos das Diretas Já, o então Deputado Franco Montoro, do Partido da Social Democracia Brasileira de São Paulo (PSDB/SP), assim externou suas lembranças:

> *Para sintetizar, ao terminar o comício eu devia falar como Governador. Um popular mandou-me, por intermédio de meu filho, um recado que usei ao encerrar o comício: "quantas pessoas estão aqui? Cem mil? Duzentas mil? Quinhentas mil? Aqui estão 150 milhões de brasileiros a dizer: chega de ditadura. O povo brasileiro quer democracia".* (Montoro, 1999, p. 22372)

Na falta de uma, o orador fez quatro perguntas, cuja resposta ele já sabia. Outro detalhe é que a pergunta não foi realizada no início ou no meio do discurso, mas ao final dele, como um fechamento.

Não há uma ordem preestabelecida para a pergunta retórica. Não há, também, uma quantidade.

Convém sugerir, no entanto, que as perguntas não sejam feitas em demasia e sejam usadas para questões relevantes, para não parecer que o orador é alguém com dupla personalidade, questionando e respondendo a si próprio.

Em todo caso, a pergunta retórica é um bom meio de levantar questões que podem estar presentes nas mentes do público e só o orador poderá suscitá-las e respondê-las.

Para saber mais

Para que o leitor tenha a oportunidade de retomar, consolidar e aprofundar o tema, sugerimos a leitura da seguinte obra:

PERELMAN, C.; OLBRECHTS-TYTECA, L. **Tratado da argumentação**: a Nova Retórica. 2. ed. Tradução de Maria Ermantina de Almeida Prado Galvão. São Paulo: M. Fontes, 2005.

> **Mãos à obra**
>
> Leia o artigo indicado ao final do Capítulo 6[1] e, em seguida, monte seu esquema de contra-argumentação (ponderando ou contestando a tese e os argumentos do artigo). Caso prefira, leia um outro artigo com alguma tese da qual discorde e faça o mesmo exercício de contra-argumentação. A seguir, apresentamos um modelo de roteiro de contra-argumentação que pode ser seguido:
>
> - tese contrária;
> - contra-argumento 1;
> - contra-argumento 2;
> - fechamento.
>
> Após elaborar seu roteiro, filme sua intervenção, que não deve ultrapassar 5 minutos de fala.

Síntese

A exemplo do capítulo anterior, neste capítulo também são fornecidos subsídios para que se possa construir e apresentar uma boa contra-argumentação.

A fim de dar um panorama dos prováveis cenários de contra-argumentação, forjamos os conceitos de contra-argumento imediato e remoto, a fim de preparar o orador para situações diferenciadas em sua vida.

Tratamos também do conceito de falácias, apresentando dez delas que são muito presentes na vida de quem participa ou participará de algum debate ou outra atividade que se presume haver uma querela de ideias.

---
1 Consulte na seção Referências: Meirelles (2013).

Aprofundando temas já mencionados no capítulo anterior, também discutimos novas formas de se contra-argumentar.

Por fim, ressaltamos algumas figuras de retórica e sua importância no campo tanto da argumentação quanto da contra-argumentação.

Questões para revisão

1. Leia o texto indicado a seguir:

   > Beth agrediu fisicamente seu marido no final de semana, a ponto de causar várias escoriações pelo corpo dele, o que demonstra claramente a necessidade de se aplicar a Lei Maria da Penha também em defesa dos homens.

   O argumento apresentado é um tipo de falácia:

   a) do falso dilema.
   b) da petição de princípio.
   c) do holofote.
   d) da inversão do acidente.
   e) Nenhuma das alternativas anteriore está correta

2. Em seu voto na Câmara, a relatora e Deputada Estadual Vanessa Pagu[2], apoiadora do então governo, assim consignou sua posição: "Acolho a proposta da oposição de que não devemos aprovar a redução da maioridade penal neste momento. Não pelos fundamentos pela oposição suscitados, de que isso seria um retrocesso em matéria de direitos humanos e um ataque ao Estatuto da Criança e do Adolescente. A esses fundamentos, aliás, me oponho veementemente.

---

2   *Exemplo fictício.*

Mas sou contra, neste momento, porque estamos às vésperas de novas eleições e não devemos votar leis polêmicas nessas circunstâncias".

No exemplo apresentado, a deputada apresentou que tipo de contra-argumentação diante da oposição?

a) Contestou parcialmente a oposição.
b) Contestou totalmente a oposição.
c) Contestou absolutamente a oposição.
d) Concordou com a oposição.
e) Houve apenas uma ponderação com a oposição.

3. Associe os conceitos a seguir a suas respectivas figuras de retórica.

I) Consiste em uma frase ou expressão usada para abrir, ilustrar ou encerrar uma oratória.
II) Consiste em um ordenamento progressivo, crescente e acentuado de importância e intensidade do discurso.
III) Consiste na elaboração de uma pergunta, cuja resposta já se sabe qual é.
IV) Consiste na repetição de algum fato ou argumento com o intuito de reafirmar a importância da ideia defendida.
V) Consiste na menção de alguma coisa ou pessoa a fim de criar um sentido de identificação com o público.

( ) Figura de repetição
( ) Figura de citação
( ) Figura de alusão
( ) Figura de acumulação
( ) Figura de interrogação retórica

Agora, assinale a alternativa que apresenta a sequência correta:

a) IV – I – V – II – III.
b) IV – V – I – II – III.
c) III – IV – II – I – V.
d) V – III – IV – I – II.
e) II – III – I – IV – V.

4. Penteado (2021) sugere dez maneiras de refutar argumentos. Descreva ao menos duas que você considera importantes.

5. O que é uma perífrase e qual sua utilidade? Dê um exemplo.

Questão para reflexão

1. No debate presidencial de 2018, houve plena divulgação dos meios de comunicação, que transmitiram para todo o país as ideias defendidas por cada candidato. Assim, os telespectadores puderam conhecer, mesmo remotamente, de suas casas, as melhores propostas apresentadas. A propósito dessa modalidade de debates, pode-se dizer que um candidato teve a oportunidade de responder às questões de outro candidato de forma remota ou imediata? Por quê?

Capítulo 8

As quatro estações
da oratória

Conteúdos do capítulo:

- As quatro estações da oratória.
- Primeira estação – o que falar.
- Segunda estação – para quem falar.
- Terceira estação – como falar.
- Quarta estação – onde falar.

Após o estudo deste capítulo, você será capaz de:

1. reconhecer algumas situações nas quais é preciso improvisar e quais os melhores meios de se fazer isso;
2. identificar o público para o qual vai falar e as melhores formas de se comunicar com ele;
3. dominar algumas formas de como falar com o público;
4. refletir acerca dos melhores meios de oratória diante das circunstâncias nas quais o público está presente ou ausente.

Toda fala tem um contexto. Ninguém fala ao mesmo tempo em todos os lugares, para todas as pessoas, do mesmo modo e com o mesmo conteúdo. Onipresença, onisciência e onipotência não são qualidades humanas! Tentar isso é "oni-inocência"!

O contexto da fala é aquele que depende do que será dito, de como será falado, de quem está vendo e ouvindo e de onde será transmitido.

A esses quatro elementos do contexto da oratória chamaremos de *quatro estações da oratória*. Vejamos cada um deles na sequência.

8.1
Primeira estação: o que falar

Já pudemos discorrer sobre este item ao longo deste livro. O que falar está relacionado diretamente ao conteúdo do que será dito e da ordem em que será falado.

A fala é uma. É um conteúdo consubstanciado numa determinada forma de dizer. Até aqui, já explanamos sobre conteúdo e a forma de apresentação do discurso. Mas vamos rememorar.

No Capítulo 3, discorremos sobre como organizar o pensamento. No Capítulo 4, vimos como construir a mensagem que será dita. No Capítulo 5, apresentamos algumas formas de textos que poderão ser empregadas na oratória. No Capítulo 6, mostramos como construir a argumentação e algumas formas de combatê-las. No Capítulo 7, explanamos um pouco mais sobre a contra-argumentação e tratamos do uso das falácias, finalizando com o emprego das figuras de retórica.

Claro que há inúmeras formas e técnicas diferentes de se organizar "o que" será dito, mas já temos aqui uma referência que poderá ser usada, podendo-se suprimir coisas eventualmente desinteressantes para o orador ou acrescentar o que mais apetece a ele.

Toda oratória tem um encadeamento daquilo que será falado. Assim, quanto melhor preparado estiver o orador, mais chances de sucesso. Ocorre que nem sempre isso é possível.

Existe o discurso preparado, do qual tratamos até aqui. Mas também existe o discurso de improviso.

Como já discorremos sobre a preparação da fala até aqui, passaremos ao discurso de improviso.

8.1.1 O IMPROVISO

Existem oradores que só falam de improviso e há aqueles que só falam de forma preparada.

O ideal é que o orador, ainda que predomine um perfil mais de improviso ou mais de preparação, desenvolva ambas as formas de se comunicar.

Mesmo para quem preparou o discurso, é importante estar preparado para improvisar.

Pense, por exemplo, que você está no meio de um discurso ou uma fala e irrompa uma saraivada de vaias do público; ou o debatedor com quem você está querelando passe mal; ou mesmo alguém interrompa sua fala para fazer um protesto. Enfim, imagine que surja uma situação inesperada e você precise improvisar.

O orador não pode ser aquele belo leão que passa fome se o cervo mudar de cor. De jeito nenhum! Se precisar fazer algumas inflexões, mudar um pouco a rota do que estava dizendo, o orador deve estar preparado para isso. Enfim, deve improvisar.

Repisamos: a regra deve ser a preparação. O improviso deve ser deixado para as situações excepcionais, das quais trataremos em seguida.

Improviso objetivo e subjetivo

O improviso pode decorrer de várias situações diferentes. Falamos improvisadamente quando somos questionados sobre algum assunto inesperado, quando opinamos sobre algum tema diferente do que preparamos, quando somos entrevistados, quando somos sumariamente convidados a falar em algum lugar, evento ou situação episódica, mas também falamos de improviso, quando simplesmente não nos organizamos para falar.

Via de regra, há dois tipos de improviso: o subjetivo e o objetivo.

O **improviso subjetivo** é aquele no qual o próprio orador decide improvisar. Essa improvisação pode ser total ou parcial.

A improvisação é total quando a pessoa fará toda sua fala de forma improvisada. Ela sabe o que será dito, mas não organizou nada. Não fez um roteiro, não anotou tese ou fez qualquer ordenamento da fala. Simplesmente foi lá e disse. Oradores mais experientes acabam utilizando muito essa forma de improviso, porque possuem autoconfiança suficiente para dizer sem precisar estruturar uma fala.

É parcial o improviso quando a pessoa ao menos anota algum roteiro ou pontos importantes para lembrar do conteúdo, deixando o restante a cargo da improvisação.

Nas duas hipóteses, é o orador quem decide improvisar.

O **improviso objetivo** é aquele no qual o orador, independentemente de sua vontade, precisa improvisar. Nesse caso, não é decisão da pessoa que irá falar, mas as circunstâncias a obrigam a assim proceder.

Esse tipo de improviso é o mais complicado, porque o orador é instigado a falar, mas não sabe exatamente sobre o que.

O improviso objetivo também pode ser dividido em dois tipos: o esperado e o inesperado.

É inesperado quando ocorre de forma abrupta, casual e de forma totalmente imprevisível. Ninguém imaginou ou planejou a situação. Algum fator completamente alheio às circunstâncias surge e a pessoa pode ou não se manifestar. Como exemplo, você se prepara para apresentar um tema e no local te informam que, na verdade, o tema era outro.

Assim, o improviso inesperado é aquele em que a pessoa não sabia que precisaria improvisar. Foi compelida a fazer isso, seja antes de falar, seja durante a fala.

Já o improviso esperado é aquele em que a pessoa sabe que terá de improvisar, não por sua escolha, mas porque as circunstâncias assim o determinam. Por exemplo, uma entrevista para a TV ou rádio. Não sabendo antes dos temas tratados, o entrevistado terá de improvisar. A diferença é que esse improviso objetivo não é inesperado; ele é aguardado. É improviso porque o orador não planejou exatamente o que irá dizer. É esperado porque ele sabe que terá de improvisar.

Os dois improvisos, inesperado e esperado, são objetivos, mas no primeiro a pessoa é pega totalmente de surpresa, enquanto no segundo essa surpresa já é previsível.

Qual a importância disso? A principal importância está relacionada à reação que o público pode manifestar em cada hipótese de improviso.

Na hipótese de o improviso ser objetivo e inesperado, o orador não precisa se manifestar sobre o ocorrido e a tendência é que o público aceite seu eventual silêncio. O público assim costuma reagir porque sabe que a situação não dependeu da vontade do orador e era totalmente inesperada, pegando-o de total surpresa.

Ninguém espera que alguém fale sobre um assunto que desconhece e sobre o qual não foi comunicado anteriormente. É aceitável a escusa se a situação foi totalmente inesperada.

O silêncio, nesse caso, é uma faculdade, não uma obrigação. Caso a pessoa domine o assunto, mesmo este sendo completamente inesperado, ela pode se manifestar a respeito.

Por outro lado, o improviso esperado não permite a mesma justificativa diante do público. Se alguém foi a um debate ou participou de uma entrevista, espera-se que as questões lá arguidas sejam respondidas.

Nesse caso, o silêncio também é uma faculdade, mas a interpretação dele por parte do público é de reprovação, e não de aceitação.

Formas de improviso

Quais são as possíveis formas que o orador pode adotar numa situação de improviso? Veremos algumas delas.

a) improviso objetivo e inesperado
Quando for instigada a falar sobre determinado assunto, tema ou conteúdo, a pessoa precisa primeiro ter consciência de que conhece ou desconhece o assunto. Se conhece, está tudo certo. Deve falar o que sabe, e pronto. Se desconhece, vai depender de como surgiu o assunto: se de forma inesperada ou esperada.

Se o improviso é objetivo e inesperado, a pessoa pode tranquilamente dizer ao público que não se preparou para aquilo e não responder.

Por exemplo, alguém foi convidado para falar sobre drogas em uma universidade, tema para o qual se preparou. Chegando lá, disseram que o assunto foi equivocadamente enviado e seria outro o tema. Sobre moradia, por exemplo.

Se o convidado tem alguma noção sobre o outro assunto, pode até arriscar. Caso desconheça totalmente o assunto, o melhor é evitá-lo. O público entenderá perfeitamente se ele foi pego de surpresa para discorrer sobre um assunto completamente estranho àquele para o qual foi convidado.

Outra situação de improviso objetivo inesperado é a ocorrência de algum fato incerto. A pessoa pode simplesmente manter-se em silêncio até que o *status quo* (o estado da coisa) se restabeleça ou utilizar o fato ocorrido para introduzir um conteúdo relacionado à sua pauta de orador.

Por exemplo, caiu a energia e o microfone desligou: associe a situação à questão energética do país, da cidade ou do local. Alguém passou mal: discuta a questão da saúde pública. Houve um acidente de veículo: associe-o à questão do trânsito.

Claro, o orador nunca deve deixar de externar empatia a quem eventualmente tenha sofrido com o incidente. Mas, não tendo o orador dado causa, e ante a possibilidade de tratar do assunto, deve incorporá-lo para divulgar suas ideias. Enfim, "fazer do limão uma limonada".

b) *improviso objetivo e esperado*

Se o conteúdo é objetivo e esperado, mas o orador não o conhece ou não o conhece o suficiente, ele tem, em geral, três alternativas:

- a primeira é ser honesto e dizer logo que não está apto a responder;
- a segunda é dar respostas reticentes, genéricas ou reflexivas;
- a terceira é utilizar o tema inesperado de pretexto e trazer outro sobre o qual possui mais domínio.

As três hipóteses não são ideais. São formas de redução de impacto. Imagine que você está num debate ou foi convidado para falar de tudo em uma entrevista e, assim, precisará falar. O assunto é desconhecido, mas presume-se que o orador esteja preparado para essa circunstância adversa. Então, não há desculpas. Algo precisará ser dito. A questão é: O que dizer?

Na primeira alternativa, ganha-se pontos pela honestidade, mas perde-se pela ignorância, desinformação ou insciência.

Na segunda alternativa, o orador pode dizer que se trata de um assunto complexo, que merece reflexão, que é importante se aprofundar mais etc. O orador ganha pontos por não deixar o assunto totalmente sem resposta e por demonstrar humildade em não ser taxativo na resposta, mas perde pela superficialidade e por não responder de forma mais assertiva.

Na terceira hipótese, o orador perde pontos por não responder a questão, mas ganha por trazer a lume outro assunto igual ou mais importante.

Nos inclinamos mais à terceira hipótese, qual seja, a de o orador utilizar o tema desconhecido para introduzir outro que ele domine mais. A pessoa perde pontos por desprestigiar a pergunta feita, mas ganha por introduzir um assunto sobre o qual exerce domínio.

Uma liderança política tem sua pauta. Nem sempre ela será tratada em uma entrevista, um debate ou, ainda, em algum questionamento de ouvinte, telespectador etc. Então, para não permanecer em silêncio, o orador pode pedir licença para aproveitar a pergunta feita e introduzir o assunto que pretende abordar. Essa "artimanha" é mais justificada quando a pergunta ou o conteúdo apresentado é impertinente, incompreensível ou específico demais.

Exemplo disso foi o debate entre os então candidatos Cabo Daciolo e Ciro Gomes, que já tivemos a oportunidade de comentar no Capítulo 6.

O debatedor Ciro não respondeu à pergunta de Daciolo sobre Ursal (União das Repúblicas Socialistas da América Latina) ou Foro de São Paulo e não houve rechaço do público porque o assunto debatido era incompreensível, muito específico e, quiçá, impertinente, não merecendo resposta.

Como dissemos, nenhuma das três alternativas de improviso são ideais. Mas, entre ficar em silêncio, dar respostas evasivas ou substituir o tema questionado por outro de maior domínio, parece-nos que prejuízo menor terá o orador aplicando essa última técnica de improvisação. Mais vale falar de algo que se conhece, ainda que não tenha sido interpelado sobre o assunto, do que se manter em silêncio sobre o que não compreende. É melhor uma boa resposta sobre o que não foi perguntado do que uma resposta imprecisa sobre o que foi perguntado.

Mas isso fica a critério de quem irá falar, já que não se trata de uma regra, mas de um recurso *"ad desesperandium"*[1], aplicando um falso latinismo.

8.2
Segunda estação: para quem falar

Depois de definir "o que" falar, deve-se ter em conta o "para quem" falar.

Não é recomendado falar da mesma forma para pessoas distintas. Saber quem é o púbico com quem irá se conectar ajuda muito o orador a definir sua estratégia de oratória.

8.2.1 Os três tipos de público

É possível esquematizar o público em três gêneros distintos: o homogêneo, o heterogêneo e o incerto. Vejamos resumidamente do que se trata cada um.

---

[1] Trata-se de um neologismo aqui empregado em sentido cômico, significando *"no desespero"*

Público homogêneo

Por público homogêneo entende-se aquele que possui uma certa unidade entre si, que pode ser uma unidade social, geracional, de ideias ou qualquer outra.

A homogeneidade do público pode ter uma ou várias unidades.

Se a pessoa falará em uma assembleia de trabalhadores, tem-se uma unidade social entre eles, qual seja, todos são trabalhadores. Mas há, entre eles, trabalhadores evangélicos, ateus, jovens, idosos etc.

Se a pessoa for convidada a falar em uma reunião de kardecistas, a homogeneidade entre eles é religiosa, e não necessariamente social ou geracional.

Se a pessoa vai a um colégio, entre os alunos existem pobres, ricos, filhos de pais separados, filhos adotivos, católicos, esportistas, com espinhas, sem espinhas e uma série de discrepâncias. A unidade é puramente geracional.

Enfim, uma homogeneidade é uma característica em comum entre aquele público, e ter ciência desse fator pode beneficiar muito quem vai falar ou discursar.

Por exemplo, o então Senador Eduardo Suplicy, em aula inaugural para alunos da Universidade Federal Fluminense (UFF), encerrou sua fala cantando a canção *Blowin' in the Wind*, de Bob Dylan, e foi acompanhado pelos estudantes (Suplicy, 2014).

No exemplo em apreço, o orador definiu "o que falar" (no caso, sobre a renda básica da cidadania e instrumentos de justiça social), assim como "para quem falar". Ciente de que se tratava de um público homogêneo (estudantes), introduziu um fator de comunhão com quem o prestigiava por meio de uma canção de *rock*.

Sob esse prisma, convém ao orador citar uma passagem bíblica, se irá falar para um púbico religioso; abordar temas salariais, se será um público com trabalhadores; temas previdenciários para aposentados;

e assim por diante. A ideia é incorporar à fala elementos que possam identificá-lo com o público homogêneo, seja qual for a unidade de ligação entre as pessoas.

O público homogêneo, em geral, é o mais fácil com o qual se pode dialogar, já que o orador ao menos sabe com quem está falando e o tipo de público com o qual irá interagir.

Mais fácil não quer dizer melhor, porque, às vezes, um público homogêneo também é numericamente mais limitado e a ideia é que o maior número de pessoas prestigie o discurso, tornando-se cada vez mais heterogêneo na medida em que o aumento no número de pessoas tende a tornar o público mais diferenciado.

No entanto, há dois tipos de público homogêneo. Chamaremos aqui de *homogeneidade própria* e *imprópria*.

a) homogeneidade própria
É aquele tipo de público homogêneo com o qual o orador possui algum tipo de relação, por pertencer à mesma organização política ou ao mesmo movimento social, ou seja, pessoas que comungam do mesmo programa e das mesmas ideias.

Há, entre quem vai falar e quem vai ouvir, um elo, uma familiaridade ou uma relação. Assim, a homogeneidade é própria porque é do próprio meio do orador.

b) homogeneidade imprópria
Tipo de público homogêneo, mas com o qual o orador não possui nenhuma relação. O público mantém uma unidade, mas não com quem irá falar ou discursar.

O orador é corinthiano, mas o público palmeirense. O orador do pagode, o público do *rock*. O orador liberal, o público comunista.

Enfim, há uma homogeneidade, mas apenas entre o público, sendo o orador um estranho falando.

Essa diferenciação tem alguma importância pelo seguinte motivo: enquanto em relação ao público homogêneo impróprio o orador precisa ganhar a confiança, utilizar mais recursos de persuasão, convencer e criar algum laço com o público até então inexistente, na homogeneidade própria essa etapa é economizada.

Quando o público é homogêneo próprio, o orador não precisa exatamente convencer ninguém, porque todos já comungam da mesma posição. Ele não quer só convencer de suas ideias, mas, sobretudo, colocar as pessoas em movimento, em ação.

Um candidato, por exemplo, que fala para um público homogêneo impróprio, pretende primeiro convencer da justeza de seu programa e política para, depois, buscar os votos daquelas pessoas.

Em relação ao público homogêneo próprio, o orador não quer só o voto, que, aliás, é presumido. Ele quer que os ouvintes passem dessa fase de simplesmente votar para se colocarem em movimento, deixando de ser apenas votantes para se tornarem apoiadores ativos. Quer que as pessoas se organizem em comitês de eleição, que distribuam panfletos do candidato, que doem dinheiro, enfim, que militem a seu favor.

Essa diferenciação reflete na organização da fala, do tempo e dos tópicos que serão expostos. Para o público homogêneo impróprio, o tempo maior é dedicado aos argumentos, às provas e ao convencimento. Para o público homogêneo próprio, o tempo maior pode ser dedicado às tarefas, às funções, à execução e ao encaminhamento do que se pretende fazer.

A exceção fica por conta do contexto do público homogêneo impróprio. Caso esteja o público em período de dissonância de ideias ou debates de posições, o exercício da argumentação será como ocorre para o público homogêneo impróprio.

Em épocas de congressos partidários, convenções ou outros contextos de disputas de posições, mesmo quando se trata de um público homogêneo próprio, é necessário diminuir a força dos encaminhamentos para fortalecer a parte argumentativa. Unificados novamente em torno do que foi votado, o discurso volta a ser mais para a ação do que para a reflexão.

Público heterogêneo

Compreende-se por público heterogêneo aquele em que o orador tem consciência de que não possui unidade aparente entre si. É um público misturado, desigual e muito distinto para ser delimitado. Há ricos, pobres, negros, brancos, homossexuais, religiosos, descrentes, gente que gosta de forró e cabeludos do *heavy metal*.

O público homogêneo é um "balaio de gato". Tem gato de todo tipo, mas é tudo gato. Já o público heterogêneo é uma arca de Noé. O reino animal inteiro está lá, com o perdão da analogia.

Para o público heterogêneo, o orador precisa ser mais versátil. Não tem o "conforto" de saber com quem está falando. Nesse caso, os recursos que o orador pode utilizar para ganhar a atenção, a simpatia e a confiança do público são menores do que em relação ao público homogêneo, mas nem por isso não se pode presumir o que se passa na cabeça desse público mais diversificado.

Normalmente, o público expressa a mesma opinião que o restante da sociedade. Um orador preparado e precavido precisa ter algum conhecimento do que ocorre na sociedade em que vive, pois isso vai refletir no público para o qual irá falar. Se a sociedade está polarizada entre duas visões, o público provavelmente também irá refletir essa polarização.

Se a maioria da sociedade é contrária à reforma da previdência, por exemplo, é muito provável que a maioria do público também nutra a mesma opinião.

Então, o orador, para organizar melhor sua fala, precisa voltar os olhos para fora, para a sociedade na qual vive, a fim de elaborar um bom discurso.

Leitura de jornais, televisão, pesquisas de opinião e outras fontes podem indicar a opinião social sobre os temas que o orador irá abordar. À luz dessa constatação, ele pode preparar melhor os argumentos que irá aplicar à oratória para o público heterogêneo.

Público incerto

Situação mais sensível ao orador é aquela na qual ele não faz nem ideia de quem seja o público. Não tem consciência de quem o ouvirá.

A diferença do público heterogêneo é que o orador sabe que é bem plural. No público incerto, ele não faz ideia de quem são seus expectadores.

O que fazer? Depende! Se o público está presente, é uma situação. Se está remoto, é outra.

Se o público estiver remoto, é importante falar normalmente, como se fosse falar para um público heterogêneo. Público remoto é aquele que segue os parâmetros do que expusemos no Capítulo 7 sobre contra-argumentação remota. É aquele público que não está presente, seja no tempo, seja no espaço. Sua principal característica é a incomunicabilidade.

Em uma *live* (transmissão ao vivo pela internet), um vídeo para uma rede social ou uma entrevista na TV, não dá para o orador saber quem é o público que o assiste. Dificilmente saberá qual a reação do público para sua fala. Então, presume-se que seja como qualquer público heterogêneo.

Agora, se o público está presente, há algumas ferramentas que se pode utilizar para "mensurar" a reação do público.

Quando o público é incerto, mas está ali, presente, o melhor é ir "tateando" com o discurso para sentir a reação à fala. Trazer temas do cotidiano para o início ajuda a "verificar" a reação. Usar exemplos de novelas, jogos de futebol, notícias de jornais e "atirar" essas informações para ver como o público vai reagindo até estabelecer alguma relação com ele.

Não se deve emitir opinião, mas lançar primeiro a notícia, para, depois, ver o que fazer.

O orador pode fazer, por exemplo, perguntas retóricas: "E a Lava Jato, hein!?". Pronto, é o suficiente para ver se há uma maioria a favor ou contrária. Reações de reprovação ou aprovação nos olhares, comentários com a pessoa ao lado e até mesmo vaias ou aplausos podem dar informações sobre o que o público pensa acerca desse fato da realidade.

Há também quem lance mão de alguma piada ou anedota para ver a reação do público e se há animosidade, aversão ou indiferença ao orador.

É possível, por exemplo, pedir para que todos os presentes se levantem e, em seguida, pedir para que se sentem, explicando ao público que isso foi feito para impedir que alguém durma durante a fala. É uma maneira brincalhona de se comunicar com o público e "quebrar o gelo" entre o orador e a plateia.

Claro que isso nem sempre dará certo, mas é uma técnica interessante.

Uma outra técnica é fazer perguntas. Por exemplo, o tema é previdência. O orador pode perguntar: "Levanta a mão quem aqui já se aposentou! Quem acha que a idade deveria aumentar? Quem acha que deveria diminuir ou ficar como está?".

Assim, pelas "votações", vai-se descortinando a percepção do público sobre o tema que será discutido.

Enfim, ante um público incerto presente, não se vai direto ao pote. O orador precisa saber primeiro como o público vai reagir às suas posições. Nesse sentido, técnicas como perguntas retóricas, comentários sobre fatos da realidade e do cotidiano, certos recursos lúdicos ou mesmo consultas podem proporcionar informações relevantes ao orador para uma maior eficiência de sua fala.

Nenhum bom orador fala do mesmo jeito em todos os lugares. É preciso, antes de tudo, contextualizar seu lugar de fala para que fale cada vez melhor e evite deslizes.

Particularmente no país onde vivemos, de dimensões continentais, as variações da linguagem são grandes, devendo o orador ater-se a esse fenômeno para melhorar sua fala e evitar deslizes.

8.2.2 O QUE É VARIAÇÃO LINGUÍSTICA

São variantes, ou variações linguísticas, "as diversas maneiras de se dizer a mesma coisa em um mesmo contexto e com o mesmo valor de verdade" (Tarallo, 1986, p. 8).

As variações linguísticas existem em decorrência de certas combinações entre fatores socioculturais e sociocognitivos, ou seja, são variações resultantes das relações que determinadas sociedades ou comunidades estabelecem entre si, bem como de fatores cerebrais do público suscitados pelo orador quando exerce a oratória.

É um elemento importante a considerar, porque falamos em geral para públicos heterogêneos, que vivem ou vieram de lugares diferentes, de condições de vida discrepantes, com experiências existenciais distintas e, consequentemente, podem reagir de maneira diferenciada ao que é falado. Por isso, é importante ater-se a essas variações, para que a fala ou o discurso possa ecoar sobre essas pessoas, respeitando sua heterogeneidade.

Tipos de variações linguísticas

Há vários tipos de variantes linguísticas. Vamos aqui tratar de quatro delas, que consideramos mais importantes para o orador ter em conta.

a) variação geográfica ou diatópica

Também chamada de *variação regional*, está relacionada à dimensão geográfica na qual a oratória está inserida, diferenciando-se a linguagem conforme o local físico no qual está inserida, podendo ser uma cidade, uma zona rural, uma metrópole, um estado, uma região, um país ou até um continente.

Romano e Seabra (2014), por exemplo, fazem menção a diversas formas diatópicas de se chamar um menino, que também pode levar o nome de *guri*, *piá* ou *moleque*, a depender do local ou da região.

O idioma é o mesmo. A linguagem, completamente diferente.

A atenção a esse respeito deve-se, fundamentalmente, a dois motivos: primeiro, buscar não empregar termos muito regionais em outra região distinta; segundo, utilizar termos locais para demonstrar familiaridade com a cultura do local onde se fala.

b) variação social ou diastrática

Esse é um tipo de variação de linguagem proveniente da condição de determinado grupo social.

Exemplo: em um vídeo circulado pela internet, o humorista Rafael Aragão faz uma diferenciação entre um "peão" de verdade e um engenheiro que acreditava pertencer ao mesmo grupo social daquele:

> *Quem faz engenharia da produção não é peão, cara! É encarregado, gerente ou supervisor. Ele falou bem assim: "Não, eu sou encarregado". "Então tu não é peão". Ele falou: "tudo é a mesma coisa". Falei: "mesma coisa, oh cacete!". Ele falou assim: "não tem nada a ver uma coisa com a outra. Oh, quer ver como não tem nada a ver? Quando tu vai cumprimentar um amigo, como é que você fala?". "Eu falo: 'oi tudo bem? Bom dia!' Eu faço isso". Falou assim: "Não, então tá errado. Peão não fala 'oi'. Peão não cumprimenta assim. Peão que é peão vai dar oi 'oooohhh, bichão! Hei! Hó!'. É assim que a gente cumprimenta os outros".* (Aragão, 2019, transcrição nossa)

Assim, mesmo vivendo no mesmo local, na mesma cidade e trabalhando na mesma empresa, um faz parte de um estrato socialmente mais privilegiado do que outro, diferenciando-se, por isso, também na linguagem. Não só por empregarem expressões distintas um do outro, mas também porque expressões idênticas possuem para ambos significados diferentes.

Sob essa perspectiva, o orador deve estar atento para não utilizar expressões que possam transmitir a impressão de empáfia, arrogância ou imprimir um tom professoral quando for conversar com pessoas mais humildes.

c) variação histórica ou diacrônica

São variações de linguagem que se alteram segundo determinados períodos históricos. Expressões antigas que não são mais usadas ou são usadas com sentido diferente em épocas posteriores.

Em *Orações aos moços*, Ruy Barbosa (1920, p. 12) assim pronuncia seu discurso:

> *O genio das anexins, ahi, vae longe de andar certo. Esse se prolóquio tem mais malicia que sciencia, mais epigrama que justiça, mais engenho que*

philosophia. Vezes sem conto, quando se está mais fóra da vista dos olhos, então (e por isso mesmo) é que mais á vista do coração estamos; não só bem á sua vista, senão bem dentro nelle.

Somos, de certo modo, filhos de nosso tempo. Carregamos as marcas de nossa época também na linguagem. Por isso, um orador deve estar atento para não utilizar uma linguagem em desuso, sob risco de o público mais jovem não entendê-la.

Nas ideias defendidas por lideranças políticas, se estas querem que suas convicções tenham sobrevida, é indispensável que a linguagem esteja minimamente ajustada ao momento histórico em que se está falando.

No entanto, não basta apenas evitar reproduzir linguagem fora de época, mas também buscar, na medida do possível, absorver as novas linguagens, que acompanham o desenvolvimento social.

Nesse aspecto, deve-se ter muita atenção aos meios de comunicação social, como páginas sociais, neologismos de *"influencers"* (influenciadores) ou mesmo expressões que buscam empoderar determinados setores sociais.

Incorporando novas expressões, o discurso *supimpa* dará lugar a um discurso *top*[2].

d) *variação situacional ou diafásica*

É aquela variação chamada de *depende*. Ela depende de cada situação comunicativa, de cada contexto do diálogo. Em algumas situações a comunicação é mais formal, em outras, mais informal.

---

2   *A palavra top, no nosso entender, quer exprimir a ideia de estar acima, em nível elevado ou superior.*

Uma sustentação oral diante de um tribunal, por exemplo, requer uma linguagem formal. Já em uma conversa entre amigos predomina a informalidade.

Ao orador, o ideal é o que se chama *linguagem padrão*, que é o uso comum da linguagem, um conjunto de regras estabelecidas para a comunicação em determinado idioma. Mas esse conjunto de linguagem padrão não é o único, facultando-se ao orador a utilização de outras variações de linguagem para construir sua fala ou discurso.

Atenção! Existem outras variações de linguagem, muitas delas de natureza técnica ou relacionada a algum ramo do conhecimento. Existe o "juridiquês", o "economês", o "psicologismo", o "religiosismo" e outras variações linguísticas que podem ser compreensíveis pra quem irá falar, mas não necessariamente para quem irá ouvir.

A fim de evitar confusões, mal-entendidos e incompreensões, deve o orador empregar essas variações específicas com muito cuidado e ponderação, para que o público não escute sua fala como se precisasse de um intérprete.

A regra básica da comunicação é a emissão de uma mensagem e sua recepção. Entre ambas, existe um universo de coisas, e a variação linguística é uma delas. A regra para o uso da variação linguística é a seguinte: se melhora a persuasão, utilize. Se atrapalha, abandone!

8.3
Terceira estação: como falar

Existem muitas formas de se dizer a mesma coisa.

O âmbito da fala consubstancia uma porção de dimensões que podem ser empregadas: a gramatical, a emocional, a argumentativa, a corporal etc. Pode-se utilizar uma palavra ou um sinônimo. Pode-se falar de forma mais serena ou mais agressiva. Em uma linguagem mais coloquial ou mais preciosista. Com uma pitada de humor ou de dramaticidade. Enfim, a arte de falar é muito rica e comporta mil modos de se expressar.

Não há uma receita e os elementos são muitos. Aqui, queremos assinalar dez formas de como se comunicar. Não são as únicas nem sequer defendemos ser as mais importantes, porque tudo depende de onde se fala, para quem se fala e o contexto da fala.

As melhores formas de "como" se comunicar dependem também da perspectiva de cada autor. Aqui, vamos utilizar uma parcela significativa dessas técnicas de "como" encontradas na obra *A força da palavra* (Corvacho et al., 2015), com alguns acréscimos de nossa parte.

Comecemos pelos três *autos*: autoconfiança, autocontrole e autenticidade.

8.3.1 Autoconfiança

Por *autoconfiança* entendemos a convicção que se tem de si próprio de que é capaz de fazer alguma coisa (Corvacho et al., 2015).

Esse elemento é fundamental, porque quem não acredita ser capaz de se expressar, já encontra uma primeira barreira contra si, que é sua falta de confiança nas suas próprias qualidades.

Não somos bons em tudo, mas podemos ser bons em algumas coisas e, em relação àquelas em que ainda não somos tão bons, podemos treinar.

A oratória é um caso de treinamento. Ser um bom orador ou uma boa oradora requer persistência, treino e prática.

Um orador pode duvidar de si em várias dimensões da vida, mas, na arte de se expressar, não pode haver dúvidas.

A autoconfiança pode ficar abalada por questões internas da pessoa, como excesso de autocrítica, timidez, baixa autoestima etc., mas também por questões externas, como reprovação do público, vaias, indiferença etc.

O fortalecimento da autoconfiança, por sua vez, também pode decorrer de questões internas e externas. As questões internas são mais complexas e, em alguns casos, não podem ser resolvidas sozinhas. Ajuda profissional, como terapias ou acompanhamentos, pode ser fundamental para a recuperação da autoconfiança em casos mais graves. Em outros, existem técnicas simples que podem ajudar a quebrar a timidez e resgatar a autoconfiança. Vamos enumerar três a seguir.

Criar um alter ego *(outro eu)*[3]

Um paliativo que pode ser usado para fortalecer a autoconfiança, é criar, mental e intencionalmente, um personagem, um outro eu, que o orador utiliza para falar em seu nome.

O orador pode pensar, por exemplo, que é um professor dando aulas. Essa imagem mental é a que irá driblar a timidez, como se não fosse o orador diretamente falando, mas um representante seu, que é ele próprio ou o seu outro.

O filósofo Cícero, por exemplo, criou o personagem Cipião, que era seu *alter ego*, por meio do qual o autor transmitia suas ideias (Martins, 2017).

Na música, temos o exemplo de Ney Matogrosso, o qual, em entrevista a um programa de televisão, confidenciou que, tímido, passou a ter mais coragem de subir aos palcos após pintar seu rosto, criando com isso seu próprio *alter ego* (Matogrosso, 2016).Não estamos

---

3   *Aqui o termo é entendido como sendo um "outro eu" criado mentalmente pelo próprio orador para transmitir suas ideias.*

sugerindo que o orador pinte seu rosto. Não ficaria bem a um orador aparecer mascarado. A oratória é uma arte. O orador político, não.

O que sugerimos é que o orador incorpore em sua mente alguma representação de si próprio que fale por ele. Às vezes, isso funciona bem.

Exercitar-se

A oratória é uma prática que envolve exercício muscular. Como um bíceps, as coxas ou os glúteos, o cérebro, a boca, a língua e até a face precisam se exercitar.

Então, deve-se praticar diariamente a oratória. É possível discursar para um familiar, um amigo, uma amiga, sozinho, em frente ao espelho e, o que ajuda muito, gravando os discursos e depois assistindo novamente para observar detalhes que podem ser melhorados, corrigidos etc.

O exercício regular, o treino e o preparo, como em outros âmbitos da vida, melhoram nosso desempenho, e é dessa melhora que a autoconfiança se tonifica.

Relaxar

Uma das grandes dificuldades de quem vai falar em público é a ansiedade. É um elemento comum em todos que enfrentarão o olhar e o julgamento alheios, mesmo para quem já tem anos de "palanque". Não há outra saída. É necessário relaxar.

São várias as formas de tentativa de relaxamento no momento da oratória. Respirar fundo e pausadamente é uma delas. Fixar o olhar em alguém conhecido ou em quem se confia também ajuda a diminuir a ansiedade. Fazer anotações em uma folha de papel também pode ajudar a organizar o pensamento e mitigar os efeitos da tensão.

Pensar numa canção, numa poesia, num familiar ou em alguém que se gosta também pode arrefecer o nervosismo.

Concentrar-se

Não há como desenvolver a autoconfiança sem se concentrar naquilo que se está fazendo.

A concentração não é só com relação ao que irá dizer. A concentração também é voltada ao público e suas possíveis reações, bem como a outras pessoas, quando a oratória ocorrer no âmbito de um debate, uma entrevista etc.

Mergulhado na sua tarefa de expressar suas posições, é natural que o orador confie mais em suas próprias qualidades.

Outra coisa importante no combate à ansiedade é a alimentação. Vitaminas do Complexo B são importantes reguladores do sistema nervoso e ricas em serotonina. Vitamina C, triptofano, flavonoides e fibras também são aliados no combate à ansiedade (Freitas et al., 2020).

A ideia é que a ansiedade não tome conta do orador no momento de falar, permitindo que sua autoconfiança reine absoluta.

Vale dizer que, na oratória, a autoconfiança não é uma qualidade puramente "interna". Ela também pode decorrer da "química" com o público, que responde bem à fala.

São inúmeros os casos de pessoas tímidas, por exemplo, que se reinventam quando falam em público, adquirindo uma autoconfiança em si que resulta da crença de que são totalmente capazes de fazer um bom trabalho ao usar a palavra. E se nutrem, muitas vezes, da reação do público, dos olhares atentos, da aprovação com a cabeça, dos risos e choros provocados pelo que está sendo dito.

Por isso, a autoconfiança também brota das questões exteriores. Você pode até ter uma opinião duvidosa sobre si, mas o público pode ter uma opinião diferente. E, na oratória, o que importa fundamentalmente é a opinião do público, e não a sua, já que é para "fora" e não para "dentro" que se fala.

Por isso, lembre-se de que, por mais severa que seja a opinião do orador sobre si, existe um terceiro interessado, que é o público para quem ele está falando, e pode ser que a opinião desse público seja diametralmente oposta à opinião do orador.

8.3.2 Autocontrole

O autocontrole é a capacidade que alguém tem de gerir os próprios sentimentos e emoções em meio a uma situação estimulante, seja positiva, seja negativa.

É uma espécie de dispositivo interno que regula a reação da pessoa diante de determinadas circunstâncias, permitindo que ela controle a própria reação diante de estímulos exteriores.

Um orador vai lidar com um estímulo vivo e dinâmico: o público. O púbico não é só espectador, é também sujeito. Emite sons, silêncio, olhares, comportamentos e reações que podem fortalecer ou minar a autoconfiança de quem fala.

Saber lidar com essas reações é uma das tarefas mais importantes de um orador. Isso porque uma carga tanto de aplausos quanto de vaias pode ajudar ou comprometer a fala.

Os aplausos, por exemplo, podem provocar reações de soberba, arrogância ou mesmo de relaxamento em quem está falando, porque o orador acredita que está tudo dominado. As vaias, por sua vez, podem atirar um orador em desgraça, caso ele não saiba lidar com elas. O mesmo pode ocorrer em situações inesperadas, como risos que o orador não quis provocar ou expressões de reprovação por coisas que foram ditas indevidamente, sem que aquele que fala tenha consciência disso.

As reações do público são inúmeras. Pode-se aproveitar essas reações para melhorar o discurso, mas não para se desestabilizar.

E o autocontrole é indispensável para isso.

Vaias e aplausos são comuns do público. Assim, quem gosta muito de aplausos ou teme demais as vaias não está preparado para falar em público.

Nem sempre arrancaremos aplausos e nem sempre os aplausos são melhores termômetros de nossa fala.

Se a intervenção é alertar o público ou deixá-lo apreensivo, naturalmente que sair ovacionado é sinal de que o orador não se fez entender ou criou um sentimento oposto ao que pretendia.

As vaias são uma das maneiras que o público possui para se expressar. Às vezes, elas vão ocorrer não porque a pessoa não é boa oradora, mas porque as ideias que procurou defender – e o fez da melhor forma possível – não agradaram. E quem quer defender ideias precisa saber que nem sempre elas serão aceitas e nem em todos os lugares.

Saber que o orador não é senhor das reações do público é o princípio sobre o qual repousa o autocontrole. Ele estar ciente de que não pode controlar o público, mas a si próprio, é o início do autocontrole.

Não deixar se levar pelas emoções é a base de uma boa oratória, porque, passe o que passe com o púbico, o orador está lá para mandar um recado e este será dado.

8.3.3 Autenticidade

Autenticidade é a veracidade, a sinceridade e a honestidade de quem fala e do que é falado. Uma pessoa autêntica é uma pessoa genuína. Ser autêntico é ser você mesmo.

Tudo o que é autêntico inspira mais legitimidade, mais fé e confiança. Por isso se diz "autenticar um documento", porque presume-se que aquele documento não sofreu adulterações e goza de certeza. Isso vale para um orador autêntico, pois se sabe perfeitamente que ele não só acredita no que diz, mas também transmite confiança no que está dizendo.

Como sustentam Corvacho et al. (2015, p. 52):

> *O orador não deve vender uma imagem superior ao que ele é, mas também não deve simular uma imagem inferior ao que ele é. O orador tenta apresentar-se coerente consigo próprio. Essa atitude, essa postura é, sobretudo, uma prova, uma demonstração de honradez, portanto, do caráter do orador.*

Todos nós temos qualidades e defeitos, mas nem sempre esses defeitos são vistos como tais por quem nos ouve ou assiste. Se assumimos certas características nossas com honestidade, elas podem transmitir a impressão ao público de que somos verdadeiros e merecemos, por isso, a confiança de quem nos ouve ou assiste.

Um dos maiores "pecados" de um orador é o de querer se passar por quem não é. Fica artificial, superficial e, muitas vezes, caricatural. Ademais, uma pessoa pode fingir ser outra por algum tempo, mas em algum momento a "máscara" cai.

Naturalmente que certas imperfeições na oratória podem e até devem ser reparadas, dentro das possibilidades de cada pessoa. Mas, enquanto elas habitam nossa existência, não podemos deixar de ser espontâneos e naturais.

Há vários oradores que não possuem mais do que uma boa dose de autenticidade e terminam por se destacar quase que exclusivamente por isso. Nesse sentido, tem mais chances de prosperar ante o público um orador mais frágil e mais autêntico do que um orador melhor e mais fingido.

Portanto, em qualquer situação, o orador deve buscar ser sempre aquilo que ele é.

8.3.4 Lealdade

Se a autenticidade é a honestidade do orador consigo próprio, a lealdade é a honestidade com relação às ideias que ele defende, às regras da discussão e ao público.

Hobbes teria dito, certa vez, que "os retóricos só estão interessados na vitória, e não na verdade" (Nakayama, 2009, p. 14).

Realmente, ganhar uma discussão não é sinônimo de dizer a verdade. Aliás, o que mais ocorre em debates de ideias é o uso deliberado de artimanhas com o objetivo de ganhar uma discussão, independentemente do compromisso com a verdade.

Claro que o conceito de verdade é bastante relativo, mas isso não quer dizer que as coisas não possuem sua verdade.

Via de regra, a verdade é aquela demonstrada pela realidade, pela vida, pela prática. As pessoas podem até divergir se o mais importante é o "copo cheio" ou o "copo vazio", mas ninguém pode negar que exista um copo e que metade dele está de um jeito e a outra metade, de outro.

Portanto, ainda que existam quatro dissensos em que existem duas cabeças, não podemos nos somar aos que defendem que, numa querela de ideias, deve predominar o vale-tudo. Não, não vale tudo!

Existem limites para uma defesa de ideias. Além dos limites que a própria lei impõe ao livre pensamento, o bom argumento, no nosso entender, é aquele que ajuda o público a elevar seu nível de consciência sobre o mundo que vive e seu lugar nele.

Há uma dimensão ética do orador, que deve entender seu papel como um formador de opinião, como influenciador de outras pessoas, e, sendo assim, não pode sair defendendo qualquer coisa.

É preciso se somar à tarefa suprema de ajudar outros seres humanos a terem uma vida melhor neste mundo que nos toca viver.

No caso do orador político, essa verdade é a que está delineada em seu programa, no conjunto de ideias que formam suas convicções sobre o mundo e a melhor forma de solucionar os problemas colocados.

Se esse programa é o melhor ou não, quem vai avaliar é o público. Mas é dentro dessa perspectiva que deve se portar o orador, qual seja, a de defesa de seu programa.

Um líder de movimento social é o porta-voz de convicções que pertencem ao grupo pelo qual está falando ou pretende falar. Com um diretor sindical, ocorre a mesma coisa. Uma liderança política fala em nome de sua organização política. Todos possuem um conjunto de convicções acerca da realidade, e é em nome dessas convicções, que chamamos de *programa*, que a oratória está a serviço.

Um orador deve ser fiel a essas convicções, ser leal a elas, pois sua razão de falar descansa sobre essas ideias. Não são as ideias que estão a serviço de um orador, mas o contrário.

O público tem o direito de saber quais são essas ideias. Omiti-las, negá-las ou adulterá-las é uma afronta às ideias que orientam a fala de um orador. É um gesto de deslealdade para com ele próprio, com as convicções que defende e com o público.

Claro que ninguém conseguirá externar todas as suas ideias ou convicções em uma fala, uma entrevista, um debate ou uma palestra, mas, sempre que possível, deve-se honrar as posições que defende.

Ademais, é impossível ao orador saber as consequências de suas convicções sem exará-las ao público. E pode ser que nem todas as ideias defendidas terão adesão. No entanto, não há como experimentar a reação do público omitindo, desvirtuando ou fugindo do que acredita, mesmo que muitas vezes essa defesa de posições seja indigesta para uma parte de quem ouve.

Se a situação circunstancial é pantanosa para as posições do orador, ele deve adotar a parábola do semeador como horizonte e buscar plantar sua sementinha.

Vale mencionar que a lealdade também deve ser endereçada aos adversários. Ninguém está obrigado a aceitar, concordar ou mesmo respeitar a opinião alheia, mas distorcê-la para ganhar um debate não é justo ou correto.

A regra do "vale tudo" em um debate pode até possibilitar uma vitória pontual de quem altera ou falsifica o que o outro diz, mas é uma vitória pírrica[4], porque ganha-se a um preço que mais tarde trará consequências desastrosas – especialmente se o público notar que o orador empregou meios ardilosos para vencer o oponente.

A lealdade, nesse sentido, é o farol ético do orador, que deve manter-se fiel às ideias que defende, submetendo-as ao exame crítico do público e combatendo as ideias opostas com a mesma lealdade com que defende as próprias ideias.

O importante não é somente ganhar a discussão, mas lançar luz sobre as ideias que defende. Mais do que ganhar ou perder uma discussão, deve-se dar a oportunidade de o público conhecer suas posições.

Imagine que, na condição de orador, se você estiver encarregado de levar ao público as ideias que defende e este sair sem entender que ideias são essas porque você as omitiu ou desvirtuou, você pode ter feito qualquer coisa, menos realizar uma boa oratória política.

---

4 Vitória pírrica ou de Pirro quer dizer que o preço pago pela vitória foi tão grande que os prejuízos foram iguais ou maiores do que a própria vitória obtida.

8.3.5 Persuasão

Já tivemos a oportunidade de discorrer sobre esse conceito no Capítulo 2, de modo que não vamos repeti-lo. Como dito, a persuasão encontra-se no âmbito da argumentação. Ninguém persuade ninguém sem bons argumentos, motivo pelo qual explanamos uma série de técnicas argumentativas ao longo deste trabalho.

Uma boa fundamentação, com argumentos sólidos e convincentes, é indispensável para uma boa oratória e o fator mais importante dela.

Falar bonito é uma coisa. Convencer é outra. Para uma liderança política, é muito mais útil convencer alguém do que encantar pela beleza do discurso.

Seguramente, as duas coisas devem ser almejadas pelo orador, quais sejam, beleza e argumentação. No entanto, mais vale ouvir do público uma expressão do tipo "concordo" do que outra dizendo "que lindo".

A persuasão é a arma do convencimento. Técnica indispensável para um orador.

8.3.6 Eloquência

Outra técnica sobre a qual pudemos discutir no Capítulo 2 é a eloquência.

Conforme expusemos anteriormente, a eloquência está relacionada à desenvoltura, à habilidade em articular ideias, expondo-as de modo claro, convincente e qualificado. Em suma, é a capacidade de falar bem.

Essa característica está relacionada à veemência, à vibração e à emoção que o orador consegue transmitir e provocar no público.

Corvacho et al. (2015, p. 51) fazem a seguinte advertência:

No discurso, o segredo da eloquência é o tom emocional. A ausência de vivacidade faz o discurso ficar desinteressante. Ninguém gosta de ouvir um robô, como se fosse uma gravação. O excesso de emoção, por outro lado, o excesso da teatralidade, a dramaticidade exagerada desperta desconfiança da plateia. Pode até diverti-la, mas desperta desconfiança, porque é artificial, é falso. Se o mensageiro não parece honesto diminui a credibilidade da mensagem.

A eloquência é, por excelência, a dimensão estética do orador. É a determinação, o empenho e a força do orador em transmitir suas ideias.

Já mencionamos que mais vale uma boa argumentação do que uma fala bonita. Entretanto, entre duas falas igualmente boas do ponto de vista da argumentação, a fala mais bonita, mais entusiasmada e intensa se sobressai.

8.3.7 Empatia

Colocar-se no lugar do outro é o que melhor define a empatia. É uma característica importante do orador, mormente porque dificilmente ele conseguirá expressar os interesses do público sem se colocar no lugar dele.

Conforme observam Corvacho et al. (2015, p. 54): "É muito mais fácil nos identificarmos com aquele orador ou oradora que, claramente, procura se identificar conosco, e é capaz de traduzir em palavras o que estamos sentindo, mas não as encontrávamos". Assinalam, ademais, que existe uma armadilha para a empatia, que é o risco de manipular as pessoas ao identificar-se com seus anseios (Corvacho et al., 2015).

Riscos à parte, um discurso que procura percorrer as dores, os sentimentos, as necessidades e as aspirações das pessoas possui muito mais chances de ser mais bem acolhido pelo público.

8.3.8 Objetividade

"O que foi que ele disse?"; "Qual foi o tema ou assunto que ele tratou?"; "Não entendi nada!"; "Fiquei confuso!". Se expressões como essas fizerem parte da percepção do público após ouvirem o orador, significa que a missão não foi bem cumprida.

Um discurso pode ter vários elementos, como a beleza, a argumentação, a criatividade etc., mas tudo isso deve estar a serviço de transmitir uma ideia ou uma tese. Se o público saiu sem entender qual tese era essa, de nada adiantou o restante.

Assim, sejam quais forem os elementos que o orador irá incorporar em sua fala, eles devem estar a serviço de defender uma posição, que deve estar clara e ser a mais objetiva possível para que o público a compreenda.

Um discurso objetivo deve compreender todos os elementos até aqui vistos. Deve-se organizar o pensamento, construir a mensagem, definir bem o tipo de texto que será usado, delimitar adequadamente os argumentos que serão utilizados e externá-los ao público.

Uma liderança política é aquela que irá dialogar com um público vasto e diferenciado. As pessoas não têm a vida toda para ouvir uma fala. Assim, quanto mais enxuto e objetivo o discurso, mais fácil será a compreensão.

8.3.9 Cadência

A cadência é a articulação e o encadeamento de palavras e frases durante a oratória. É o ritmo, o compasso e a sequência da fala. É, por assim dizer, a melodia da oratória.

Uma fala não pode ser rápida ao ponto de o público não entender ou entender parcialmente o que foi dito. A intervenção precisa combinar momentos de altos e baixos, velocidade em algumas partes, pausas estratégicas em outras, levando o público a ouvir o orador como quem ouve uma canção.

Uma oratória deve ter um andamento como se fosse um texto escrito. Todo texto possui pontuações, que são utilizadas precisamente para demarcar cada momento da frase.

Um texto sem vírgulas ou pontos é um texto cansativo, de difícil leitura. Na oratória ocorre a mesma coisa. Ideias são transmitidas com algumas vírgulas entre um argumento e outro. Já nos momentos em que se pretende que o público reflita, convém dar pequenas pausas de silêncio para que ele possa pensar no que foi dito. Pausas de silêncio, no entanto, não são longos intervalos, mas apenas pequenas interrupções para respirar e continuar.

Já a velocidade deve seguir uma sequência como a de uma canção. Essa sequência rítmica deve seguir a estrutura da mensagem, com começo, meio e fim.

Vamos pegar de exemplo a canção *Stairway to Heaven*, da banda inglesa Led Zeppelin (1971).

Nessa canção, há uma introdução em flauta e dedilhado. Em seguida vem a voz. Depois o ritmo vai aumentando com entrada de bateria e demais instrumentos. No momento mais alto da música, há uma pausa, que irá marcar a entrada do solo de guitarra, que continua em um ritmo mais veloz e intenso, pausando novamente ao final para um desfecho que quase repete o ritmo inicial.

Roda viva, canção de Chico Buarque (1968), é outro exemplo de canção que possui interessante cadência, que se inicia em ritmo mais lento, ganhando velocidade e intensidade até terminar em um ritmo muito mais acelerado, que encerra a música.

Em uma oratória podem ser combinados começos mais lentos, com aumento de intensidade no meio e diminuição ao final, ou com começos mais lentos, maiores intensidades no meio e mais intensidade ainda ao final. Tudo vai depender do contexto da fala.

Em uma oratória, este seria mais ou menos o esquema do compasso: uma introdução de ideias que vai chamando a atenção do público; no meio da fala, um pouco mais de velocidade e intensidade, com certas doses de veemência nos argumentos mais importantes; ao final, uma leve diminuição do ritmo para que o público possa assimilar o que foi dito.

Aqui cabe uma observação: a ênfase deve ser dada naqueles argumentos que comprovam mais fortemente a tese. No entanto, recomenda-se apresentar a tese ao final das frases, e não no início, para dar uma impressão de crescente importância.

Santos (1964, p. 66-67) nos sugere o seguinte exemplo:

> *Quando desejamos chamar a atenção para o que vamos dizer, a ideia principal não deve vir na frente. Digamos que alguém quer expressar o seguinte: "É um desrespeito à personalidade alheia ofender-lhe os direitos, abusar da boa vontade dos outros". Se essa ideia for expressa assim: "Abusar da boa vontade dos outros, ofender-lhe os direitos, é um desrespeito à personalidade alheia", a atenção é aumentada, por ficar suspensa a ideia principal.*

Claro que essas ideias são apenas referências. Nem sempre serão as melhores e nem sempre será possível colocá-las em prática.

Às vezes, o tempo é curto demais. Outras vezes, as condições de fala impedem um melhor desempenho. Mas sempre é bom dar movimento, contorno, ritmo e compasso diferenciados a cada momento da fala, para ela não se tornar uma coisa monótona e cansativa.

8.3.10 Criatividade

A criatividade é a invenção de algo novo, a produção de alguma novidade ou de algo único, original e genuíno.

É evidente que nenhum orador precisa criar uma invenção para se credenciar ante o público. Não é esse tipo de inventividade de que falamos.

A criatividade ocorre na prática da oratória. É o uso criativo de uma mensagem que será dita e depende da engenhosidade de quem vai falar para atrair ao máximo que puder o público, convencendo-o de que as ideias expostas são justas.

Quem vai falar não pode adotar a oratória como rotina, como uma tarefa burocrática que precisa ser feita. Uma oratória deve ser pensada, planejada, e sobre ela merece ser depositada toda a criatividade do orador.

Humoristas passam horas pensando em uma boa piada, no *time* em que ela será dita, nas possíveis reações do público. Uma canção também é pensada com toda criatividade, na concatenação da letra com a harmonia, no ritmo, nas notas etc.

A oratória também precisa ser pensada como uma arte criativa, que ajude o orador a se destacar pela originalidade de sua manifestação. Nesse sentido:

> *É preciso unir conteúdo e forma. Mensageiro e mensagem têm que ter coerência. Tem que haver unidade entre o mensageiro e a mensagem, conteúdo e a forma. Se, além disso, o orador consegue introduzir uma imagem inusitada que ilumine o discurso, uma figura de retórica que mobiliza as emoções, o discurso, sem dúvida entra para a história.* (Corvacho et al., 2015, p. 107)

Assim, a fala não pode cair na mesmice. Precisa ser algo que realmente desperte o interesse, as emoções e, sobretudo, o convencimento do público.

Quando o orador se sentir pouco criativo, um recurso interessante é assistir a um filme sobre temas que farão parte de sua exposição. Pode ser também a leitura de um livro, um artigo ou uma publicação sobre o tema. Uma outra fonte que pode ajudar é a conversa com amigos ou pessoas interessadas no assunto que será abordado.

Um bom *brainstorming*[5] pode ajudar muito no processo criativo, porque várias opiniões vão surgindo e o orador poder ter "sacadas" interessantes acerca dos temas que irá expressar.

Portanto, a criatividade deve ser pensada também como um processo coletivo de criação, de modo que o orador, contando com outras pessoas e experiências, pode fazer uma melhor "armação" do seu discurso.

8.4
Quarta estação: onde falar

Os ambientes da oratória são inúmeros. Impossível esgotar todas as possibilidades e os âmbitos nos quais dar-se-á a oratória.

Para fins de delimitação, vamos reduzir os possíveis ambientes da oratória em dois gêneros: com público presente e com público ausente.

Nos marcos desses dois gêneros, simularemos alguns "ambientes" nos quais a oratória poderá se desenvolver e quais das técnicas anteriormente mencionadas ganham mais relevância e quais delas ganham menos relevância no momento da fala.

---

5 *Expressão entendida como "tempestade de ideais", decorrente de conversas em grupo das quais estas surgem espontaneamente.*

Quando falamos *mais ou menos relevância*, não estamos dizendo relevância nenhuma. Só estamos hierarquizando um ou outro dos dez elementos que mais se destacam em determinado ambiente e quais se destacam menos.

Repetimos. Todos os elementos podem e devem ser usados. Inclusive, existem muitos outros que aqui não citamos. Mas, em cada situação, um tipo deles deve estar mais presente, independentemente dos demais. É essa relevância em determinadas circunstâncias que queremos enfatizar.

8.4.1 Público presente

Na vida de um orador, ele invariavelmente enfrentará duas situações: uma na qual o público está ausente, distante de seus olhos, e outra, mais desafiadora, quando o público está ali, à sua frente, de modo presencial.

A seguir, vamos tratar de algumas hipóteses em situações nas quais o público está presente.

Assembleia

Uma assembleia é uma reunião de pessoas com a finalidade de discutir determinados temas de seus interesses.

Existem assembleias de condomínio, de categorias profissionais, assembleias legislativas e até mesmo a Assembleia Constituinte, com a finalidade de criar um novo Estado ou uma Constituição.

Nesse tipo de situação, há uma relação direta entre o orador e o público.

Sem prejuízo do uso de todas as técnicas anteriormente mencionadas, esse tipo de atividade exige mais eloquência do orador por conta da quantidade de pessoas em geral que participam.

É preciso eloquência porque são necessários muito vigor, determinação, veemência e vivacidade, indispensáveis para convencer grandes públicos.

Já a questão da lealdade com o suposto adversário fica mitigada, já que a fala não segue o rito de um debate, por exemplo. Não necessariamente será rebatida uma outra posição e, muitas vezes, o orador é o primeiro a falar na assembleia, de sorte que sequer sabe quem falará e o que será defendido depois dele. Isso não significa ser desleal. De modo algum. Mas é uma questão pormenorizada nesse tipo de situação.

A questão da objetividade também pode ser fator fundamental, a depender do tempo de fala. Quanto menos tempo, mais objetivo o orador deve ser. Com mais tempo para falar, a objetividade é mantida, mas permitindo-se algumas digressões durante a fala para acrescentar alguns adereços retóricos no discurso.

Tribuna

Uma tribuna é um local mais elevado de onde se pode falar. Uma espécie de palco ou púlpito reservado aos oradores.

Há vários tipos de tribuna: da igreja, de cerimônias, de conferências, parlamentares etc.

Aqui nos interessa a tribuna parlamentar, porque é dela que se ocupa parte das lideranças políticas, especialmente as eleitas.

Nesse tipo de ambiente, a eloquência também cumpre papel destacado, porque não somente há um público presente, como a fala pode estar sendo televisionada.

Além disso, a questão da objetividade dependerá do tempo que se tem para falar, a exemplo da assembleia.

Em situações como essas, a empatia é o fator pormenorizado. Não com respeito ao público externo, mas em relação ao próprio público parlamentar.

Um orador deve se colocar, antes de tudo, no lugar da população, do povo, e não de parlamentares que, via de regra, vivem uma realidade distinta de seus eleitores.

Como geralmente o público não está presente, a empatia deve irromper na mensagem falada, e não necessariamente com os presentes no parlamento.

Congresso

O congresso ao qual nos referimos aqui não é aquele relacionado ao Poder Legislativo, formado pela Câmara dos Deputados e o Senado Federal. O congresso em questão é aquela reunião de pessoas, representantes ou pessoas eleitas para debater os destinos de determinadas instituições sindicais, de movimentos sociais, partidários etc. São os espaços criados para se votarem as novas diretrizes dessas instituições ou organizações.

Por exemplo, o Partido X chama um congresso para definir quem serão seus futuros candidatos. Um congresso da Federal Sindical Y reúne seus delegados para definirem os eixos de luta dos próximos anos. Ou, ainda, um congresso do Movimento Z convoca seus eleitos para definirem seu programa.

O que determina geralmente esse tipo de atividade é a natureza de debates de ideias, ainda de pertencentes à mesma instituição ou organização.

Nesses ambientes, a persuasão é fundamental, porque o que mais importará é o esforço do orador de convencer os demais sobre suas posições.

A lealdade também é fundamental, porque as ideias serão confrontadas entre pessoas que buscam os mesmos objetivos, ainda que pontualmente conflitantes.

O autocontrole é importante em qualquer ocasião, mas não é esperado que seja demandado quando um debate de ideias ocorre entre pares. Portanto, não se espera que haja vaias nem aplausos, porque são manifestações, em geral, oriundas de grupos opostos.

Não que não ocorram, mas, estando entre "conhecidos" (correligionários, camaradas, companheiros, partidários etc.), o orador pode se preocupar com outros fatores mais do que com o autocontrole diante de eventual situação de animosidade.

Festas/eventos

Eventualmente, lideranças políticas são convidadas para se apresentarem em eventos, festas ou outras ocasiões similares.

Nesses casos, a criatividade é muito importante, porque cada ocasião deverá ser conduzida de uma maneira que não desagrade o público, o qual, às vezes, não está lá para ouvir a liderança política.

Pense, por exemplo, em uma feira de exposição na qual a maioria das pessoas está presente para ver ou assistir a outra coisa. De repente, lá está você no palco falando.

O uso de recursos mais bem-humorados sempre é uma saída. Observações acerca da própria festa, por exemplo, também são pertinentes. Citar lugares conhecidos das pessoas ou mesmo personalidades queridas por elas também são meios de ganhar a atenção.

Enfim, é preciso muita criatividade, demonstrando respeito ao público e sendo o mais objetivo possível.

Palestras

Por fim, para ficarmos nestes cinco exemplos, existem também as palestras como formas de o orador se comunicar com o público.

Nesse tipo de situação, os argumentos são muito importantes, destacando-se, por isso, a persuasão.

A cadência e a criatividade também são muito bem-vindas, já que é preciso uma linguagem bastante "musicalizada" para segurar o público, que deve estar aliada a meios inventivos de se manter a atenção.

Uma questão importante para esse tipo de oratória é que, via de regra, as palestras são auxiliadas por outros recursos, como uso de projetores, PowerPoint, vídeos etc.

Uma outra questão que pode ser utilizada é a interação com o público por meio de perguntas, consultas e outras formas de envolvimento com quem está assistindo à apresentação.

8.4.2 Público ausente

Tratamos anteriormente das situações nas quais o orador irá falar para um público presente. No entanto, com igual importância, há situações nas quais o público não se encontra presente. Iremos discorrer na sequência sobre algumas dessas situações.

Entrevista: continuada e pontual

Existe uma variedade de tipos de entrevistas. Há entrevistas técnicas ou de pesquisa, entrevistas em grupo por vídeo, radiofônicas e até por telefone. Há entrevistas exclusivas, entrevistas de rotina e entrevista caracterizada.

As entrevistas também podem ser feitas por pessoas responsáveis pela seleção e recrutamento de candidatos a um emprego. Existem entrevistas feitas por estudantes e outras direcionadas ao público em geral. Há entrevistas médicas, psicológicas, feitas por juízes e advogados numa oitiva de testemunhas, e assim por diante.

Caputo (2010) enumera vários tipos de entrevistas, além de teorias sobre estas, e relata algumas experiências práticas que ajudam o orador a entender melhor o assunto.

No presente trabalho, queremos focar em dois tipos de entrevistas, normalmente mais comuns na vida de uma liderança política: as entrevistas continuadas e as entrevistas pontuais.

Vejamos brevemente as principais características de cada tipo de entrevistas.

Entrevistas continuadas são aquelas em que a pessoa é chamada para falar sobre um ou vários temas, sendo interpelada por uma ou mais pessoas, podendo ser exclusiva ou concorrente.

Exclusiva é aquela quando só uma pessoa é entrevistada, independentemente do número de entrevistadores. Já a concorrente é a entrevista na qual há mais pessoas entrevistadas.

A entrevista continuada pode, ainda, ser ao vivo ou editada.

Vejamos alguns exemplos a seguir.

O programa Roda Viva (2022)[6] faz um tipo de entrevista exclusiva, com apenas um entrevistado e vários entrevistadores. No programa televisivo Altas Horas (2022)[7] predomina o tipo concorrente, com mais de um entrevistado, embora o entrevistador seja o apresentador e o público.

---

6   Trata-se de um programa de televisão transmitido pela TV Cultura cujo formato é de entrevista, com o entrevistado sentado em uma cadeira giratória ao centro de um círculo formado por entrevistadores.
7   Trata-se de programa de TV transmitido pela TV Globo cujo formato consiste em levar convidados para serem entrevistados pelo apresentador e pelo público presente, formado majoritariamente de jovens.

Ambas as entrevistas são continuadas, porque quem será entrevistado está lá para responder mais de uma pergunta, independentemente da quantidade de temas.

Nesse tipo de entrevista, o centro das atenções é o entrevistado. O tempo geralmente é maior e os temas costumam ser mais variados, dado o tempo para se falar. Assim, o ideal é que o entrevistado dirija seus olhos ao entrevistador, seja o público, seja o apresentador, ou quem quer que faça a pergunta.

É como um bate-papo, sendo interessante que o público veja o orador como alguém que está familiarizado com o ambiente e o entrevistador, criando por parte de quem vai falar um clima mais intimista.

Olho no olho, respostas mais simples, assertivas, em tom de voz mais equilibrado e com muita objetividade.

A questão do autocontrole é fundamental, porque podem surgir perguntas impertinentes, capciosas ou mesmo indesejadas. Por pior que seja o entrevistador, o público espera do entrevistado equilíbrio, segurança e paciência.

No caso de a pergunta ser mais desrespeitosa ou constrangedora, é legítimo que se corrija o entrevistador, demonstrando a impertinência da questão levantada. Afinal, um orador pode se sujeitar a qualquer pergunta, mas não a ofensas ou questões que possam macular sua imagem, personalidade ou dignidade.

Em todo caso, deve-se lembrar que o orador fala para o público. A entrevista é com um ou mais entrevistadores, mas a mensagem é sempre ao público, que espera serenidade, confiança e objetividade nas respostas.

Se estiver empenhado em treinar esse tipo de oratória, um exercício interessante é colocar um programa de entrevistas e, após ouvir a pergunta feita ao entrevistado, pausar o vídeo e responder à pergunta você mesmo. Logo após, é possível cotejar sua resposta com a do entrevistado. É possível ainda fazer isso filmando (com um celular, câmera etc.) sua resposta e ver como ela ficaria em um vídeo.

Por sua vez, a **entrevista pontual** é aquela na qual uma pessoa é chamada para dar sua opinião sobre apenas um tema, findando a entrevista tão logo seja respondida a questão. Também pode ser ao vivo ou editável.

Esse é o tipo de entrevista cuja objetividade é o fator mais importante. Nela predomina o tempo curto e o entrevistado não possui tempo para divagações.

As perguntas geralmente são sobre um único tema e quase sempre é o tema o centro das atenções, e não necessariamente o entrevistado.

A pergunta pode ser feita sobre algum acontecimento contemporâneo, algum dado de pesquisa, algum fato histórico, alguma comemoração etc.

Vejamos um exemplo.

Em matéria publicada na TV Senado acerca do Decreto que flexibilizou o uso de armas no Brasil, a Senadora Eliziane Gama (Partido Cidadania-MA) assim sintetizou seu entendimento: "Veja, é absolutamente irresponsável promover o derrame de armas como proposto pelo governo na sociedade brasileira. O resultado disso infelizmente será um país mais violento e com mais inocentes morrendo. O cidadão comum não sabe usar arma. O bandido, sabe" (TV Senado, 2021).

Concorde-se ou não com a posição, a Senadora conseguiu, em cerca de 16 segundos, sintetizar sua convicção política sobre um assunto, com expressões fortes (irresponsável, derrame de armas, mais violento etc.), fechando com uma frase de efeito que contrasta a inabilidade do cidadão comum com a habilidade do bandido no uso de armas.

Então, na entrevista pontual, usando uma expressão popular em outro sentido, o entrevistado deve ser "curto e educado". Grosserias raramente são bem-vistas pelo público, mesmo que a pergunta mereça uma resposta mais áspera.

É a brevidade da fala o fator mais importante desse tipo de oratória. No exemplo anterior, a entrevista foi editada. O risco da edição é que ela depende do jornalista ou da equipe editorial, que pode suprimir coisas importantes que foram ditas, deixar apenas as falas mais residuais e desinteressantes, quando não forem descontextualizadas.

Às vezes, o entrevistador quer apenas uma declaração – e é só o que vai sair no vídeo. Geralmente é o que ele quer ouvir, e não necessariamente o que o entrevistado quer dizer. Por isso, quanto mais breve e objetivo, menos chances de cortes impertinentes da fala.

Na hipótese de entrevista ao vivo, o que foi dito, foi dito. Diferentemente da entrevista editada, na qual o entrevistador ou o editor tem o condão de definir o que vai ou não sair no vídeo, na entrevista ao vivo a armadilha é dupla: pode surgir uma resposta dissonante da que o entrevistador gostaria de ouvir, mas também há o risco de o entrevistado dar um "tiro pela culatra", fornecendo uma resposta inadequada, incorreta ou indesejada.

É um tipo de entrevista na qual deve predominar o autocontrole, a máxima objetividade e a criatividade por parte do orador.

Um exercício que ajuda a sintetizar o raciocínio é o de pedir para que amigos, colegas ou familiares depositem em uma urna vários temas. Sorteia-se aleatoriamente um deles, sendo respondido em, no máximo, 15 segundos. Esse exercício vai ajudando o orador a resumir suas respostas e a criar um raciocínio mais rápido diante de uma série de temas. Também nesse caso pode ser gravada a resposta para posterior avaliação.

Mídias sociais

Veículos cada vez mais usados e muito eficientes para o exercício da oratória são as chamadas *mídias sociais*. São os meios virtuais em torno dos quais são reunidas pessoas que interagem entre si a fim de compartilharem interesses, curiosidades, ideias etc.

São exemplos de mídias sociais: Youtube, Facebook, Instagram, Twitter, TikTok, Kawaii, *podcasts*[8], entre tantos outros. Verdadeiras personalidades surgiram desses meios digitais, produzindo toda sorte de conteúdos.

Um orador precisa explorar esses meios se pretende que suas palavras ecoem pelos ouvidos do público.

As mídias sociais também permitem que o orador se comunique em tempo real ou por meio de edição.

Durante o contexto da pandemia, um dos tipos de compartilhamentos de informações com o público foram as *lives*, usadas fartamente para transmitirem conteúdos. Outro recurso que ganhou relevância foram os *podcasts*, espécie de conteúdo em áudio também transmitido virtualmente.

Há mídias que são editadas, podendo ser intercaladas com outros recursos, como painéis, dados estatísticos, trechos de outros vídeos e uma série de recursos que podem ser aplicados com o auxílio de quem conhece as ferramentas de edição.

Via de regra, os conteúdos das mídias são bastante rápidos e objetivos. Nesse sentido, as frases devem ser bem curtas, objetivas e simples, para que a atenção do público seja mantida.

---

8   *Tipo de material em forma de áudio disponível na internet para ser acessado pelo público a qualquer tempo, podendo ser compartilhado pelas pessoas.*

Quando se trata de vídeo editado e o orador fizer isso com habitualidade, é interessante planejar um cenário no qual fará seus vídeos, para que se tornem também uma marca.

Nesse tipo de oratória, a fala é transmitida de uma forma muito pessoal, como se o público estivesse dentro da casa da pessoa que fala ou fizesse parte do cenário montado.

Deve-se olhar bem para a câmera, como se estivesse olhando nos olhos do público. A voz é mais amena, não muito alta, como se fosse um bate-papo mesmo.

Vídeos longos não são bem-vistos por quem acompanha esse tipo de comunicação, embora seja possível também discursos maiores, como ocorre nas *lives*.

Cada mídia social possui um padrão ou formato, com tipos de linguagens, conteúdos e referenciais específicos. Cabe ao orador eleger um ou mais meios, buscando explorar o que cada ferramenta pode oferecer.

No rádio

Um primeiro elemento da oratória no rádio é que ninguém verá o orador, salvo se o programa for concomitantemente transmitido por vídeo (TV, canais na internet etc.). Então, as expressões corporais para essa modalidade são um dos fatores menos importantes, o que já tira um peso do corpo do orador, que é o de precisar fiscalizar a parte corporal.

Pessoas que não se sentem ainda à vontade para falar em frente às câmeras ou ao público podem começar a falar em rádios ou programas exclusivamente auditivos, a fim de adquirir mais autoconfiança.

Inclusive, é possível que alguns oradores se destaquem mais nos rádios do que pessoalmente, tendo esse veículo a vantagem para alguns de que não precisam ser vistos diretamente pelo público.

No rádio, a concentração fica quase que exclusivamente no que será perguntado (se for o caso) e nas respostas. Ninguém vai examinar a imagem de quem fala.

Via de regra, programas de rádios possuem apresentadores. Eles podem formular as perguntas ou abrir o programa para algum terceiro.

Uma primeira orientação acerca disso é a de o orador conhecer o programa radiofônico no qual vai participar. Vale verificar se o programa coaduna com as ideias que serão defendidas ou diverge delas. Também é interessante conhecer o público que geralmente escuta o programa para se localizar melhor.

Como as pessoas não podem ver as expressões faciais, deve-se evitar ironias ou frases de duplo sentido, que poderiam facilmente ser entendidas se alguém estivesse olhando para quem fala, mas apenas com o áudio é impossível de serem compreendidas.

Nas aberturas, deve-se evitar longas apresentações e intermináveis cumprimentos ou agradecimentos. Objetividade é uma boa matriz a ser seguida.

Polito (2008, p. 200) faz uma interessante sugestão acerca dos rádios:

> Fale no rádio como se estivesse conversando com apenas uma pessoa. Um programa pode ter audiência de milhares ou até de milhões de pessoas, mas cada um dos ouvintes recebe a mensagem como se fosse dirigida apenas para ele. Por isso, quanto mais natural, espontânea e viva for a comunicação no rádio, mais eficiente ela será.

Uma outra questão a ser mencionada é o orador saber o horário no qual irá falar, porque muitas pessoas estarão em casa, no trabalho ou em seus veículos ouvindo, e mencionar questões do cotidiano relacionados às possíveis atividades que os ouvintes estão executando naquele momento permite uma maior integração com o público.

Debates

Os debates são as grandes provas de fogo de um orador. Isso porque ele enfrentará todas as situações de um discurso, com o agravante de que também enfrentará um ou mais oponentes.

A chave de um debate é a boa argumentação. Dominar as linhas de argumentos, contra-argumentos, as falácias eventualmente utilizadas pelo oponente e fazer bom uso das técnicas de oratória são ações que permitem um resultado promissor na querela.

Os debates podem ocorrer com o público presente, ausente e misto. Os debates entre candidatos transmitidos pela TV em geral seguem a mesma composição, tendo pessoas presentes e outras assistindo pela TV ou ouvindo pelo rádio.

Via de regra, os debates televisivos são transmitidos em tempo real. Poucos são editados.

Em um debate, sai-se melhor quem consegue manter o autocontrole, a autoconfiança, a assertividade e uma certa urbanidade, tenha criatividade e, principalmente, apresente bons argumentos que sustentem as teses defendidas (persuasão).

Um detalhe importante é o fato de que, salvo no momento da pergunta, o debatedor não deve dirigir sua atenção ao opositor, mas ao público.

Uma vez feita a pergunta, os olhos devem se dirigir ao público, a quem será respondida a pergunta, a contra-argumentação, a réplica ou a tréplica.

Os debates são tão importantes que existem até concursos de debatedores, como o British Parliamentary, o World Universities Debating Championship (WUDC) (IBD, 2022) e o European Universities Debating Championships (EUDC) (GDO, 2021), para ficarmos nestes exemplos.

Existem várias formas de se treinar para um debate. A melhor delas é a coletiva. Elegem-se duas ou mais pessoas de um lado, com a mesma quantidade do outro. Um "time" pode representar o governo, por exemplo, e o outro, a oposição.

Coloca-se uma série de temas a serem debatidos. Os temas podem ser matérias de jornais (sobre saúde, segurança, cultura etc.). Sorteia-se o tema e, depois, sorteia-se quem será o governo e quem será a oposição.

Logo após, define-se um tempo para cada um falar (3, 5, 10, 15 minutos ou mais) e quem irá começar a defender sua posição. Estabelece-se um tempo para preparar as posições (5, 10, 15 minutos ou mais) e inicia-se o debate na sequência.

Elege-se uma banca para avaliar o debate e atribuir notas ou letras aos debatedores, podendo ser atribuídas notas por cada "time" ou individualmente.

Os pontos podem ser classificados segundo os melhores argumentos usados, o respeito ao tempo (se alguém ultrapassar o tempo, perde pontos, se não usar o tempo todo, ganha menos pontos, ou outra regra a combinar), maior desenvoltura do debatedor e outras regras que sejam convencionadas entre todos os participantes.

Ao final, a banca avaliadora retorna ao orador, pontuando os fatores mais relevantes e os mais frágeis dos debatedores.

Não é necessário que haja ganhadores ou perdedores. Pode-se simplesmente utilizar a dinâmica para treinar a oratória.

Para saber mais

Para quem tiver interesse em se aprofundar sobre os debates, indicamos o *link* com o vídeo do 5º Campeonato Brasileiro de Debates de Brasília, realizado em 2018.

Ademais, indicamos material teórico no qual se discutem questões atinentes à linguagem, variações linguísticas e outros assuntos debatidos neste capítulo.

GDO – Grupo de Debates e Oratória. **British Parliamentary:** modelo de debates. Disponível em: <https://www.ufrgs.br/gdo/british-parliamentary>. Acesso em: 13 jan. 2021.

TARALLO, F. **A pesquisa sociolinguística**. 2. ed. São Paulo: Ática, 1986.

Mãos à obra

Objetivo: Com base em uma frase pronta, a pessoa desenvolverá ideais coerentes, buscando exercitar a oratória por meio da manifestação de sua opinião.

Para quantas pessoas: Para 8 ou mais pessoas (se houver 8 pessoas ou mais, deve-se subdividir em grupos de 4, 5, e assim por diante).

Material necessário: Uma frase para cada participante.

Sugestões de frases:

- Todo povo tem o governo que merece.
- O circo vale mais do que o pão.
- Um por todos, todos por um.
- A causa verde dá dinheiro.
- O inferno é os outros.

> **Descrição da dinâmica:** Cada participante recebe uma frase (ou a escolhe). O coordenador da dinâmica fornece 15 minutos para que cada um, em silêncio, organize as ideias para, em 5 minutos, explicar o significado da frase e elaborar um discurso que convença o grupo de que a afirmação é verdadeira. O discurso pode ser favorável ou contrário à frase usada. O grupo deve ter um cronometrista e todos os participantes devem anotar o que pensam sobre discurso de cada um dos companheiros do grupo. O coordenador deve estar atento para que não se trate de um debate de ideias, mas de análise da lógica e da capacidade de convencimento de quem está falando. Portanto, não está em análise se o orador é a favor ou contrário à ideia defendida, mas se ele conseguiu expressá-la bem.

Síntese

Neste penúltimo capítulo, vimos quatro dimensões da oratória, às quais chamamos de *quatro estações da oratória*. São os quatro caminhos pelos quais a oratória deve percorrer, quais sejam, o que falar, para quem falar, como falar e onde falar.

O tópico "o que falar" está relacionado ao conteúdo e à forma de apresentação do que será dito, tema abordado em capítulos pretéritos.

Outrossim, acrescentamos a questão do improviso, tema recorrente na vida de um orador.

O aspecto "para quem falar" tratou das questões relacionadas ao possível público para quem será dirigida a oratória, apresentando-se as três possíveis variações de públicos: homogêneo, heterogêneo e incerto.

No tocante a "como falar", foram articuladas dez técnicas importantes que podem ser utilizadas pelo orador em sua fala.

Por fim, no que tange a "onde falar" debatemos alguns possíveis ambientes nos quais a oratória é praticada, destacando os geralmente mais comuns, bem como as situações nas quais há um público presente e outras em que o público está ausente.

Questões para revisão

1. Doutor Wesley foi convidado para dar uma palestra sobre pensão alimentícia para a Universidade de Jacareí, em São Paulo. Chegando lá, a palestra foi cancelada por conta de uma forte chuva que tomou conta do local, impedindo muitos dos convidados de comparecerem. No entanto, a fim de aproveitar a presença do ilustre especialista, decidiram fazer uma *live* sobre o assunto, transmitindo o conteúdo para as pessoas que não puderam comparecer e outras mais interessadas no assunto. Sem levar qualquer anotação acerca do assunto, Dr. Wesley discorreu sobre o tema, sendo interrompido algumas vezes para perguntas relacionadas ao assunto.

    No caso apresentado, ocorreu que tipo de improvisação?

    a) Uma improvisação subjetiva total.
    b) Uma improvisação subjetiva parcial.
    c) Uma improvisação objetiva inesperada.
    d) Uma improvisação objetiva esperada.
    e) Não houve nenhuma improvisação.

2. Utilizando o mesmo exemplo apresentado na primeira questão, podemos afirmar que, durante a *live*, Dr. Wesley falou para qual tipo de público?
   a) Homogêneo próprio.
   b) Homogêneo impróprio.
   c) Heterogêneo.
   d) Incerto.
   e) Nenhuma das alterativas anteriores está correta.

3. Associe os conceitos às suas respectivas variações linguísticas.
   I) Variação linguística que depende das circunstâncias.
   II) Variação de linguagem relacionada à condição social.
   III) Variação de linguagem relacionada ao tempo histórico.
   IV) Variação linguística relacionada à dimensão geográfica.

   ( ) Variação diafásica
   ( ) Variação diatópica
   ( ) Variação diastrática
   ( ) Variação diacrônica

   Agora, assinale a alternativa que apresenta a sequência correta:
   a) I – III – II – IV.
   b) III – IV – II – I.
   c) IV – III – II – I.
   d) III – I – II – IV.
   e) I – IV – II – III.

4. Lucas foi convidado por um programa de TV para dar uma entrevista sobre a descriminalização das drogas no país. Após o entrevistado ter feito sua exposição, a apresentadora abriu para perguntas aos presentes. Em sua opinião, pode-se considerar esse tipo de entrevista como continuada ou pontual? Por quê?

5. A autoconfiança é aquela convicção que temos de nós mesmos de que somos capazes de fazer algo (Corvacho et al., 2015). Vimos neste capítulo algumas técnicas que podem ajudar a fortalecer nossa autoconfiança. Cite duas técnicas que você considera importantes nesse sentido.

Questão para reflexão

1. Não raro, os debates são realizados com o uso indiscriminado de artimanhas, manobras e recursos ardilosos utilizados no sentido de manipular a opinião do público. Torna-se um verdadeiro "vale-tudo", no qual debatedores chegam ao cúmulo de desvirtuar as próprias ideias que defendem para ganhar a discussão. Nesse sentido, reflita: O que é a lealdade no debate para você e por que ela é importante nos dias atuais?

Capítulo 9

A fala do corpo

Conteúdos do capítulo:

- A fala do corpo.
- O cérebro.
- A memória.
- Os olhos.
- O nariz.
- A boca.
- A voz.
- As mãos.
- A postura corporal.
- As extensões corporais.
- A indumentária.
- O microfone.
- A câmera.

Após o estudo deste capítulo, você será capaz de:

1. distinguir algumas partes internas e externas do corpo que participam de algum modo no exercício da oratória;
2. indicar alguns exercícios corporais e alguns cuidados indispensáveis para uma boa comunicação corporal;
3. saber quais equipamentos podem ser entendidos como extensões corporais e quais são as melhores formas de utilizá-los.

Na oratória, não é só a voz que fala. O corpo também possui sua linguagem. Ele também se comunica com o público. São os movimentos oculares, os braços, as mãos, a boca, as pernas, os quadris e tudo o mais que compõe nosso ser.

    Somos uma unidade. Únicos em nossas identidades e unidos por uma mesma massa, chamada *corpo*.

    Um movimento, seja de que parte do corpo for, pode potencializar os efeitos da oratória. Mas vale lembrar que o mesmo corpo que pode ajudar também pode criar embaraços e até situações desagradáveis se não tivermos sobre ele um mínimo de controle e atenção.

    Não são poucas as pessoas que já foram objeto de chacota por fazerem movimentos inapropriados com seus corpos enquanto falam. Mãos sobre genitálias, coçar os ouvidos, cutucar o nariz, piscar demais, bocejar, eis alguns dos exemplos que, não raro, acometem quem faz o uso da palavra.

    O corpo não é só a parte externa. Ele também possui sua dimensão interna, que precisa estar bem e preparada para o exercício da oratória.

    A memória, por exemplo, indispensável para uma boa oratória, depende exclusivamente do funcionamento do cérebro, um órgão que trabalha constantemente enquanto falamos.

    Por fim, existe uma parte que não é necessariamente nosso corpo, mas é uma extensão dele e muito importante na oratória. São os objetos ou acessórios que utilizamos durante a oratória: nossa indumentária, microfone, câmeras de celular etc.

    O objetivo deste capítulo, portanto, é o de trabalhar as questões corporais, internas e externas, bem como a extensão do nosso corpo.

    Além de trazer algumas orientações de como utilizar os acessórios na oratória, o escopo desta parte do livro é o de recomendar alguns exercícios para o corpo a fim de melhorar a oratória.

9.1
O CÉREBRO

Principal órgão do corpo humano, o cérebro é responsável por praticamente todas as funções corporais, muitas das quais usadas no exercício de oratória.

Das funções do cérebro, podemos mencionar: controlar funções vitais (respiração, fome, controle cardíaco, etc.), processar as informações que recebemos pelos sentidos (ver, ouvir etc.), controlar nossos movimentos (postura, correr, parar etc.), pensar, raciocinar e controlar outras funções superiores (memória, aprendizagem etc.) (Trucom, 2020).

O cérebro não é necessariamente um músculo, já que não é composto por miócitos. Ele é formado por neurônios que se interligam por axônios e dendritos (Trucom, 2020).

No entanto, a exemplo de um músculo, o cérebro precisa também ser estimulado e exercitado, porque pode se enfraquecer, diminuir ou perder algumas funções em decorrência do desuso ou da inércia.

Para evitar a "atrofia" do cérebro e estimulá-lo, existem vários exercícios ("ginásticas") que podem ajudar a desenvolvê-lo.

Mencionaremos dez deles que podem ser praticados pelo orador, melhorando suas funções cerebrais e, por consequência, potencializando sua capacidade de falar em público.

9.1.1 PRATICAR JOGOS PARA O CÉREBRO

Uma forma lúdica de exercitar o cérebro é praticando alguns jogos que ajudam precisamente a fortalecê-lo.

Palavras cruzadas são muito usadas para essa finalidade. Outro jogo importante é o xadrez, que trabalha com elementos como concentração, memória, planejamento e estratégia, além de exigir sistematicamente tomadas de posições, fatores também presentes na oratória.

Há, ainda, uma série de aplicativos para celular ou computador que podem estimular o cérebro, bastando uma procura pela internet para averiguar algum que interesse.

9.1.2 Usar a mão inversa para atividades

Sabe aquelas atividades do cotidiano para as quais utilizamos habitualmente uma das mãos para realizar? Buscar fazê-las com a outra mão ajuda a estimular o cérebro. Se destro, buscar fazer quase tudo com a mão esquerda. Se canhoto, com a direita.

Por exemplo, escovar os dentes com a outra mão. Usar o *mouse* no trabalho com a mão esquerda se for destro. Escrever com a mão direita se for canhoto, e assim por diante.

Existem estudos que indicam que, ao utilizar a mão não dominante (Freire, 2011), a pessoa passa a utilizar áreas do cérebro que estão mais ociosas, despertando faculdades novas, até então em desuso

9.1.3 Fazer coisas ao contrário

No mesmo sentido, passar a fazer coisas ao contrário para exercitar áreas inexploradas do cérebro. Por exemplo, ver o relógio pelo espelho. Andar para trás de quando em quando. Ler palavras de trás para a frente, brincando de soletrar ao inverso.

9.1.4 Aprender um novo idioma

Aprender um novo idioma ajuda o orador a ampliar seu conhecimento, seu vocabulário e a respeito de novas culturas.

Ademais, hodiernamente, com o processo que ficou conhecido como *globalização*, muitos conceitos e expressões estrangeiras são utilizadas e até incorporadas no nosso vocabulário, permitindo que a oratória se enriqueça.

9.1.5 Aprender algum instrumento

A música desperta no cérebro sentidos e sensações únicas, fazendo com que uma parte dele se movimente de forma mais agradável e saudável.

Muszkat (2019) menciona como a música atua como um estímulo cerebral, ampliando a flexibilidade mental, melhorando a coesão social e potencializando-se com técnicas de restabelecimento físico e cognitivo.

A própria existência de áreas como a musicoterapia demonstra a importância da música no desenvolvimento cerebral.

Nesse sentido, aprender um (novo) instrumento pode ajudar a despertar áreas do cérebro inexploradas ou pouco ativadas.

9.1.6 Substituir máquinas pelo cérebro

Atualmente, com o avanço tecnológico, temos cada vez mais substituído o uso do cérebro pelas máquinas. Nesse sentido, usamos cada vez menos nossas faculdades mentais para raciocinar.

Evidentemente, não se está sugerindo daqui por diante que o orador passe a fazer só contas de cabeça.

Imagine alguém que trabalha em um banco, com vendas, no comércio ou com alguma coisa que dependa de cálculos trocar a calculadora por papel e caneta. Não é isso! É, na medida do possível, voltar a fazer contas de cabeça, baixar algum aplicativo que promova esse modo de fazer contas, fazer testes de raciocínio lógico ou de lógica, apenas para exercitar o cérebro.

No começo é meio cansativo, mas, tal como em uma academia de ginástica, depois que a pessoa se acostuma, a necessidade de fazer mais exercícios vai crescendo.

9.1.7 Fazer algo novo

Coisas novas são interessantes para nos tirar daquilo que chamamos de *zona de conforto*.

Novos desafios obrigam nosso cérebro a se adaptar a novas experiências, ser mais flexível e responder a situações distintas.

Fazer uma viagem a um lugar desconhecido, praticar um esporte totalmente novo, experimentar comidas diferentes, enfim, submeter-se a situações novas, diferentes e desafiadoras obriga-nos a criar formas de pensar e de dar respostas novas.

A oratória, dentre outras coisas, é também uma arte que compele o orador a dar respostas para questões novas.

9.1.8 Fazer coisas de olhos fechados

Somos muito visuais. Tudo o que fazemos, queremos ver. É como se as coisas só tenham sentido se estiverem ao alcance dos olhos. É como São Tomé, ver para crer.

No entanto, a fim de buscar desafiar o cérebro a fazer as mesmas coisas sem o uso dos olhos, um exercício interessante é fazer coisas de olhos fechados ou vendados.

Exercícios simples como vestir-se, escovar os dentes, banhar-se, entre outras tarefas do dia a dia, podem nos ajudar a melhorar nosso desempenho cerebral.

9.1.9 Praticar esportes

Os exercícios físicos são fundamentais para o desenvolvimento cerebral. Via de regra, os exercícios aumentam a frequência cardíaca, levando mais oxigênio ao cérebro e melhorando regiões cerebrais como o hipocampo, responsável por regular funções importantes como a memória, a motivação, a emoção etc.

Além disso, os exercícios físicos aumentam a produção de hormônios como a endorfina e a serotonina, responsáveis pela sensação de bem-estar, prazer e bom humor, fundamentais para um cérebro saudável (Trucom, 2020).

9.1.10 Relaxar

Por fim, não só exercícios, mas também estados de relaxamento podem ajudar o cérebro (Trucom, 2020).

Deixar o cérebro de "molho" ajuda a melhorar nossa concentração, nosso autoconhecimento e nosso autocontrole, o que permite que tenhamos um tempo para nós mesmos.

Fazer um pouco de meditação, ioga ou mesmo passar algum tempo no mais puro ócio, permite que o cérebro recomponha suas energias e se renove para as novas batalhas da vida.

9.2
A memória

A memória é uma capacidade que temos de receber, armazenar e disponibilizar informações que chegam até nós. Em termos técnicos, a memória divide-se em subprocessos denominados *aquisição, consolidação* e *evocação* (Mourão Júnior; Faria, 2015).

É muito controverso o debate sobre a existência de um lugar específico da memória no cérebro, de modo que o entendimento predominante é o de que o armazenamento de informações no cérebro ocorre de forma difusa, por meio de uma complexa rede de comunicações neuronais (Mourão Júnior; Faria, 2015).

A memória é ferramenta indispensável ao orador. É a ela que ele recorre quando precisa de algum dado, argumento, contra-argumento, enfim, as diversas informações que serão usadas na oratória.

Da mesma forma que o cérebro, a memória também precisa ser exercitada.

São vários os exercícios que podem estimular a memória, alguns dos quais são parecidos com os exercícios para o cérebro.

Assim, para além dos já mencionados anteriormente, vamos acrescentar os cinco exercícios apresentados na sequência.

9.2.1 Resumos de histórias

Devemos buscar ler algum livro e depois resumi-lo, contando a história para alguém. Pode ser também um filme ou mesmo um gibi. O importante é que a atividade exercite a capacidade de rememorar histórias e sintetizá-las.

Para um orador, esse exercício é importante porque tanto a leitura quanto a capacidade de sintetizar histórias são importantes. O fato de contá-las a alguém também colabora para o desenvolvimento da linguagem, outro instrumento importante na oratória.

9.2.2 Técnicas mnemônicas

Técnicas mnemônicas são métodos que consistem na criação de auxílios visuais associados a determinados temas ou assuntos que precisam ser memorizados.

Esses suportes visuais podem ser desenhos, gráficos, músicas, frases, símbolos ou outras imagens que são identificadas com as ideias que se pretende lembrar.

São muito usadas por pessoas que pretendem prestar concursos ou exames. Bastante usadas por professores ou preparadores, as técnicas mnemônicas tornam a memorização mais simples e fácil, associando sequências de imagens aos dados que pretende memorizar.

Por exemplo, o artigo da Constituição Federal (Brasil, 1988) que trata do direito ao contraditório e à ampla defesa está no inciso LV, que pode ser associado à marca Louis Vuitton (LV) para facilitar a lembrança.

9.2.3 Jogos de memória

Trata-se de jogos simples, mas muito eficientes para estimular a memória.

Em geral são compostos por cartões de associações, os quais são mostrados para as pessoas e depois virados para baixo, ocultando-se as figuras. O objetivo é descobrir a posição de cada figura do cartão, localizando seu par.

É muito usado para crianças, mas também serve para adultos, que podem adicionar muito mais figuras ao jogo para aumentar o desafio da memória.

9.2.4 Recordações cotidianas

Um outro exercício simples e interessante de se fazer é recordar das coisas cotidianas, como de uma compra no supermercado – escrever uma lista do que comprou e comparar com a nota fiscal, por exemplo.

Realizar diários ao final do dia também é um bom estimulante de memória. Fazer um resumo das coisas que aconteceram ao final do dia, como lugares por onde passou, detalhando o máximo esses lugares, também é um meio de manter a memória ativa.

9.2.5 Descansar

Da mesma forma que o cérebro precisa relaxar, a memória também precisa de descanso. Boas noites de sono permitem que a memória seja renovada.

Além disso, durante o sono, a memória poderá chegar a regiões que não são ativadas durante o estado de vigília, buscando informações esquecidas ou inexploradas.

São várias as histórias de descobertas ou *insights* (intuições) durante o sono. E até a memória precisa de uma boa noite de descanso (Trucom, 2020).

9.3
Os olhos

Os olhos têm importância enorme para a oratória. É por meio deles que o orador estabelece uma conexão com o público ou com quem está interagindo durante a fala.

É por meio dos olhos que o público consegue extrair parte das informações sobre o comportamento do orador. Nesse sentido, os olhos não são apenas as "janelas da alma", mas também as janelas da oratória. É pelos olhos que se pode ver o que se passa com o público e é também por eles que o público busca saber o que se passa com quem está falando.

Os olhos podem demonstrar tanto a coerência de quem está falando como a incompatibilidade entre o que se diz e o que efetivamente se pensa.

Mas não se olha de qualquer maneira em todas as ocasiões. Cada momento tem uma forma distinta de olhar.

Quando a oratória é em campo aberto, o olhar é mais amplo. O olhar é particularizado em alguém quando se pretende tonificar a moral, buscando encontrar com os olhos aqueles que estão aprovando o discurso. Quando a reação é de reprovação ou indiferença, o olhar deve passar apenas rapidamente, para que não contamine a oratória com energias negativas. Em todo caso, na hipótese de grandes públicos, o ideal é que o olhar seja mais amplo, varrendo o auditório da esquerda para a direita, da direita para a esquerda, de frente para trás e de trás para frente, sempre movimentando os olhos, como se eles indicassem a quem a fala é endereçada.

Em situação de entrevista, o melhor é olhar para o entrevistador. A resposta, no entanto, pode ser direcionada ao público ou à câmera, se o discurso for filmado.

Quando se trata de uma entrevista mais intimista, o melhor é manter o contato visual apenas com quem está entrevistando. Se for uma entrevista eleitoral, por exemplo, vale a pena focar os olhos em quem entrevista durante as perguntas e no público ou na câmera durante as respostas.

Em debates, segue-se praticamente o mesmo padrão. Olho no olho de quem está perguntando. Como se fosse aquelas encaradas de boxe ou MMA (*Mixed Martial Arts*, ou Artes Marciais Mistas), mas sem fazer cara feia. Simplesmente olhar de forma fixa e firme. Já as respostas devem ser dadas ao público com um olhar mais suavizado e fraterno. Se o debate for filmado, as respostas serão para a câmera.

É bom evitar olhar muito para cima, porque isso pode transmitir a imagem de arrogância, de dúvida, de insegurança ou mesmo de que se está "viajando na maionese".

Também deve-se evitar olhar pra baixo, porque pode passar a ideia de falsidade, falsa humildade ou derrota.

Por fim, é importante evitar também olhar para os lados, porque pode passar a ideia de pouca confiança, de que se está um pouco perdido ou buscando auxílio de alguém.

Vejamos a seguir alguns exercícios para a visão.

9.3.1 Melhorar o foco

Para melhorar o foco, pode-se sentar em um banco ou uma cadeira e focar num objeto qualquer por uns 15 segundos a uma distância de aproximadamente 2 metros. Depois, esticar os braços com o polegar para cima e fixar os olhos nele por uns 15 segundos.

É importante repetir a mesma sequência por umas 5 ou 10 vezes, permitindo que os olhos foquem tanto perto como em locais mais distantes.

9.3.2 Flexibilizando o olhar

Para melhorar a flexibilidade ocular, é interessante colocar um número 8 (oito) ou símbolo do infinito na parede e percorrer com os olhos os contornos do símbolo num sentido e, depois, no sentido inverso, por umas 10 vezes.

Em seguida, olhar para o lado esquerdo durante uns 5 segundos. Voltar ao normal e piscar umas 5 vezes. Depois, fazer a mesma coisa com os olhos para o lado direito.

Na sequência, fazer um movimento para cima e para baixo umas 5 vezes e, depois, para as diagonais, também umas 5 vezes.

9.4
O NARIZ

O nariz é o responsável por nossa respiração. O ato de respirar é muito importante para a oratória, pois uma fala ofegante pode prejudicar a mensagem. Falas com respirações pela boca alteram a voz, causam incômodo no ouvido do público e podem poluir o som do microfone. Além disso, a respiração é uma das ferramentas mais importantes para auxiliar no controle da ansiedade durante uma fala.

Uma respiração mais lenta e profunda ajuda a melhorar a musculatura do abdômen e da região costodiafragmática, melhorando o controle da ansiedade e ampliando nossa flexibilidade respiratória.

Isso faz com que aumentemos nosso tempo fonatório, logrando falar mais com menos esforço respiratório. Assim, a oratória consegue ser realizada com mais tranquilidade, permitindo uma boa respiração e tornando a fala mais clara, precisa e natural.

Assim, para que a voz não seja adulterada ou contaminada, é essencial uma boa respiração.

Podemos dividir os exercícios para a respiração em duas situações diferentes: antes de falar e durante a fala. Vejamos a seguir os exercícios para cada uma das etapas.

Antes de falar:

1. puxar o ar pelo nariz, segurá-lo no pulmão por 5 ou 6 segundos e soltá-lo paulatinamente, aliviando a tensão;
2. repetir o ato duas ou três vezes antes de iniciar a fala;
3. fazer o mesmo procedimento, mas soltando o ar pelo próprio nariz ao final;
4. fazer o mesmo procedimento, mas soltando o ar novamente pela boca, emitindo um sonoro "aaaaaaaaa".

Durante a fala:

1. buscar sempre respirar pelo nariz e soltar o ar silenciosamente junto com as frases;
2. inspirar em intervalos mais curtos, para não precisar inspirar grandes quantidades de ar;
3. inspirar sempre silenciosamente;
4. não emitir frases muito longas;
5. emitir frases em que, no intervalo entre elas, seja possível fazer pequenas pausas;
6. portanto, não acelerar muito o ritmo da fala, evitando não se fadigar ou sentir falta de ar.

9.5
A BOCA

A boca é responsável por apresentar os contornos do que se está falando. Diz-se que uma boca funciona bem na oratória quando desligamos o som de quem está falando e, mesmo assim, é possível compreender o que se está dizendo.

A boca, a rigor, é denominada *cavidade oral* e compreende os dentes, a gengiva, a língua, o palato e a região das tonsilas palatinas (Sobotta, 2000).

A boca está associada às questões de dicção, entendida como a maneira de articular ou pronunciar as palavras. Claro que a pronúncia não depende só da boca, mas também de outros fatores, como a respiração, a voz etc. Mas é pela boca que visualizamos a pronúncia de uma palavra ou frase.

Vejamos uma sequência de exercícios para essas funções.

Uma das dificuldades para se falar é a tensão que depositamos nos músculos do rosto. Para relaxar esses músculos e melhorar a dicção, é importante ser adotada a prática de aquecimento facial, com alguns exercícios:

- fazer caretas;
- bocejar;
- abrir e fechar a boca, movimentando a mandíbula para cima e para baixo;
- movimentar a língua para um lado e para o outro ou para cima e para baixo ou, ainda, fazer movimentos circulares com ela dentro da boca, a qual deve ficar fechada durante esses exercícios;
- fazer vibrar os lábios, fechando-os e fazendo um bico de pato, permitindo a vibração com som de "bbbrrrrrr" na ponta;
- fazer vibrar a língua, dobrando-a com a ponta no céu da boca, permitindo a vibração com som de "rrrrr" na ponta;

Seguem alguns exercícios para fortalecer a mandíbula:

- colocar a língua no palato e, sem tirá-la de lá, abrir e fechar a boca (fazer este movimento 10 vezes);
- encher as bochechas de ar e movimentá-lo dentro da boca, para um lado e depois para o outro, por 10 vezes;
- no caso de dores, mal-estar ou tensões, massagear a região da face com as pontas dos dedos, em movimentos circulares.

Seguem alguns exercícios para fortalecer a língua:

- deixar a boca entreaberta e movimentar a língua para um lado e para o outro; depois para cima e para baixo; por fim, arrastá-la até o céu da boca e, lá, movê-la em direção aos dentes e em direção à garganta, repetindo a sequência por 5 vezes;

- pronunciar as sílabas La, Le, Li, Lo, Lu, com a língua sempre tocando o céu da boca na letra L.

Indicamos a seguir alguns exercícios para fortalecer os lábios:

- cerrar os dentes e movimentar apenas os lábios e a língua (esse exercício pode ser realizado enquanto se lê uma matéria de jornal, uma poesia ou mesmo escutando uma canção);
- pronunciar as sílabas Pa, Pe, Pi, Po, Pu, com explosão nos lábios na letra P.

A seguir, apresentamos alguns exercícios para emissão de vogais:

- A – "A fada da mata cantava baladas na clara cascata" (Corvacho et al., 2015, p. 65);
- E – Este bebê esteve de teste se este bebê de teste esteve;
- I – Vi Didi ir e vir e quis o bis do xixi e diz;
- O – "O assombro do colono tonto de sono o longo ribombo do congo" (Corvacho et al., 2015, p. 67);
- U – "O gluglu dos urubus no furrundum do murundo" (Corvacho et al., 2015, p. 67).

Indicamos a seguir alguns exercícios para emissão de encontro consonantal:

- PL – A planta da palma do pé do Pluto é plana;
- TL – O atleta do Atlântico é atlético;
- FL – Flocos não é flor, nem flauta ou floresta;
- BL – O bloco da bicicleta não é blusa nem bíblia;
- CR – O cravo cresceu na crosta da cratera;
- PR – O princípio principal do príncipe principiava principalmente no princípio principesco da princesa.
- BR – Bruno brincou de brechó no Brasil e Bruxelas;

- **DR** – A droga é um drama drástico na madrugada;
- **VR** – A palavra do livro lavrada livremente é livre em Lavras;
- **TR** – Trazei três pratos de trigo para três tigres tristes comerem;
- **GR** – O grito na grota em grupo é grátis;
- **FR** – O frade franzino de fralda esfregou o frasco frágil na fruta frondosa.

9.6
A VOZ

A voz é o som que produzimos por meio de vibrações das pregas vocais, impulsionadas pelo ar que sai dos pulmões, passando pela laringe, provocando um som que é articulado e modificado na boca e amplificado nas cavidades de ressonância (Vale, 2011).

Para um orador, a voz é instrumento imprescindível. Sem ela, nada de oratória.

A maior parte do público geralmente percebe primeiro a forma do que o conteúdo. Isso quer dizer que é a voz o primeiro contato auditivo que o púbico terá com o orador. É, assim, o cartão de visita. É por meio dela que será transmitido o conteúdo. Portanto, a voz é fundamental.

Há quem tenha naturalmente uma voz mais agradável, com timbre, tonalidade e sonoridade melhores. E há aqueles que têm uma voz que podemos chamar de *atípica*, com mais estridência, rouca demais, fina demais etc.

Uma vez saudável, a voz é chamada de *eufônica*. Já uma voz alterada é chamada de *disfônica*. Não é necessariamente uma doença, mas um sintoma de que a voz não está sendo produzida corretamente. Já a *afonia* é a incapacidade de produzir voz.

Nada, absolutamente nada autoriza dizer que uma voz atípica ou disfônica impede alguém de ser um orador. Primeiro, porque uma voz atípica pode ser compensada pelo conteúdo. Se o orador consegue convencer com suas ideias, a voz será só um detalhe. Ademais, uma voz disfônica pode ser tratada com profissionais como fonoaudiólogos, otorrinolaringologistas, professores de canto etc.

A voz é apenas um dos diversos fatores de uma oratória. Muito importante, claro, mas um fator que pode ser compensado por outros.

Para que a voz seja bem "calibrada", primeiramente deve-se conhecê-la. Saber qual é a melhor voz do orador.

Vejamos alguns detalhes.

9.6.1 INTENSIDADE

Por intensidade entende-se a potência emissora e a quantidade de energia que o som é capaz de transportar. Grosso modo, a intensidade vocal é aquilo a que chamamos de *volume da voz*: alto, baixo, médio.

A intensidade é a magnitude da pressão exercida pelo ar dos pulmões e a consequente vibração das cordas vocais que produzem a onda sonora que escutamos (Behlau, 2001). Quanto maior esta magnitude, maior a onda sonora que ouvimos e vice-versa.

Para descobrir a intensidade média de uma voz, basta conversar com alguém a uma distância de aproximadamente 1 metro. Essa será a altura normal da nossa voz.

Um orador não fala sempre na mesma intensidade e com o mesmo volume. Tudo depende das circunstâncias. Em um debate mais acalorado, por exemplo, invariavelmente há uma alteração de voz entre os querelantes. Já quando se fala de coisas agradáveis, costuma-se baixar o volume, e assim por diante.

A intensidade, portanto, oscila, estando em constante movimento. Não há uma regra. Mas vamos criar a seguinte referência:

a) para um público maior, a intensidade é maior;
b) para um público menor, a intensidade é menor;
c) em entrevistas e vídeos nas redes sociais, a intensidade, via de regra, é média;
d) em debates, a intensidade é média, mas é pertinente aumentar um pouco o volume quando a defesa da tese exige mais veemência ou quando a integridade do orador é aviltada.

Por fim, vale observar que por *intensidade maior* não se entende *gritar*. Um orador pode e deve ser firme, intenso e assertivo, mas não deve gritar. O grito é associado à falta de razão, de posições justas e corretas, bem como aparenta fraqueza.

Para exercitar a intensidade, pode-se recitar uma poesia, ler uma mensagem ou uma letra de música para alguém que está próximo (de 1 a 2 metros), depois para quem está distante (de 3 a 5 metros) e, por fim, para quem está bem distante (aproximadamente 10 metros).

Verifique o limite da sua intensidade e peça para quem escuta avaliar se foi compreensível a mensagem proferida.

Na falta de pessoas que possam ajudar, é possível colocar um gravador no local onde gostaria que alguém estivesse escutando. Externe algumas frases e veja como saiu no gravador, tendo uma ideia de como seria ouvido caso lá estivesse alguém.

Faça esse teste com o gravador em distâncias diferentes e terá uma ideia da intensidade que sua voz é capaz de alcançar com maior ou menor esforço.

9.6.2 Frequência

Por *frequência vocal* entende-se a altura da voz. A frequência vocal é o tipo de onda sonora que produzimos ao vibrarmos as cordas vocais, sendo que cada frequência encontra a sua posição na laringe por meio da contração de músculos correspondentes e antagônicos (Vale, 2011).

A altura da voz diz se ela é mais grave ou mais aguda. A voz mais grave é mais grossa. A mais aguda é mais fina.

A altura da voz é, assim, o que determina o tom da voz de uma pessoa. Se possui tom mais grave ou mais fino.

Cada pessoa possui uma frequência natural, mas pode buscar uma altura mais grave ou mais aguda, dependendo da extensão que a voz alcança.

As extensões vocais são, em geral, resumidas em seis tipos:

1. **Soprano** – Um tipo de voz mais aguda, isto é, com maior extensão vocal na região aguda, mais presente nas mulheres.
2. *Mezzo* **soprano** – Notas médias, entre o soprano e o contralto, também mais presente em vozes femininas.
3. **Contralto** – Vozes um pouco mais graves, majoritariamente femininas.
4. **Tenor** – voz mais aguda, mas geralmente masculina.
5. **Barítono** – É a voz média dos homens, com alguma possibilidade de extensão mais aguda e com possibilidades de transitar para o grave.
6. **Baixo** – Vozes mais graves, geralmente masculinas.

Quem escuta uma música sertaneja pode identificar esse tipo de frequência, em geral cantada de forma mais aguda por quem faz a primeira voz e um pouco mais grave por quem faz a segunda.

Homens em geral possuem voz mais grave e mulheres, mais aguda. Isso não quer dizer que um é melhor do que o outro. Essas características estão relacionadas ao fato de que os homens geralmente possuem pregas vocais mais densas e com mais tecido, enquanto nas mulheres o som é mais agudo por conta de as pregas vocais serem menos densas e com menos tecido.

No entanto, é perfeitamente possível que mulheres tenham extensão de vozes bastante graves e também há homens com incrível capacidade de vozes agudas.

Uma forma de descobrir o tom da voz é tapar os ouvidos com as mãos em forma de concha e falar, cantar ou ler alguma coisa.

Pode-se também repetir de forma contínua a vogal "aaaaaaaaaaaaa" e "ooooooooooo", com as mãos tapando os ouvidos, para se ter uma ideia do tipo de voz média que possui.

Uma outra forma de descobrir a frequência vocal é cantando alguma música mais aguda e outra mais grave. O melhor tipo de frequência é aquele que requer menos esforço na hora de cantar. Logo, a pessoa saberá se sua frequência está mais pra Tim Maia, Tetê Espíndola ou Pabllo Vittar.

É importante sabermos nossa frequência para não cansarmos a voz buscando atingir uma altura que ela não corresponde.

9.6.3 Timbre

O timbre está relacionado ao formato das oscilações sonoras. É a característica dos sons que nos permite diferenciar, por exemplo, uma nota musical emanada de um instrumento ou de outro.

Cada voz possui um formato de onda sonora, produzindo um som característico. É o timbre, pois, que ajuda a diferenciar uma voz da outra.

Nas palavras de Jacobs (2017, p. 369), compreende-se por timbre "o foco de ressonância da voz, visto que este é o aspecto estético vocal sobre o qual a sua modulação atua mais notadamente".

Duas pessoas podem falar na mesma intensidade e com a mesma frequência, mas é o timbre de cada uma que permitirá identificar qual voz pertence a quem.

Quando, numa roda de conversa, várias pessoas falam ao mesmo tempo e identificamos a voz de alguém que conhecemos, é pelo timbre que fazemos essa associação. Isso porque o timbre da pessoa é sua identidade vocal.

Todos temos uma identidade vocal, e essa particularidade é extremamente importante para um orador, porque é o timbre que vai criando a identidade de quem fala.

Saber o próprio timbre é fácil. Basta mandar um "áudio" para algum colega, gravar uma conversa com alguém; fazer uma declaração poética para a pessoa amada ou simplesmente fechar os olhos e escutar a própria voz.

Manter sua voz tal como ela é significa que não haverá esforços adicionais para falar e haverá pouca chance de falhas na emissão do som, conseguindo-se maior durabilidade e conservação da oratória.

9.6.4 Ritmo

O ritmo é a fluidez, a velocidade, o movimento da fala.

Como sugerem Moroz e Barreiros (2020, p. 29), "é preciso dosar a velocidade da fala".

No nosso entendimento, uma oratória deve respeitar três regras: 1) tempo da fala; 2) condições do orador; 3) nível de entendimento do público.

Veja a seguir sobre cada uma dessas regras:

- **Tempo da fala** – Quanto mais tempo para falar, mais compassada deve ser a fala; quanto menos tempo houver, deve-se falar um pouco mais rápido e com objetividade.
- **Condições do orador** – Refere-se à capacidade de respiração, condições pulmonares, da laringe etc.
- **Nível de entendimento do público** – Quanto mais familiarizado com o tema estiver o público, mais ideias podem ser transmitidas. Quanto menos familiarizado com o tema estiver o público, mais pausada deve ser a fala, permitindo que sejam "digeridas" as ideias aos poucos, com pequenos intervalos de pausa para a reflexão.

Uma referência de ritmo pode ser associada à velocidade de um carro. Começa mais lento, ganha velocidade em cada marcha, aumenta a velocidade até chegar nas ideias mais relevantes, que devem também ser conjugadas com o aumento da intensidade, a fim de destacar as teses mais importantes. Depois, pode-se perder um pouco a velocidade na conclusão.

Falar rápido demais transmite a sensação de nervosismo. Devagar demais, o discurso fica monótono e enfadonho.

Um orador não precisa ser um Eduardo Suplicy[1] ou um Enéas[2]. Pode-se perfeitamente trabalhar com um ritmo que combine momentos de maior e menor velocidade.

Ritmo, frequência e intensidade devem respeitar também os tipos de falas.

---

1   *Político conhecido por falar pausadamente.*
2   *Político conhecido por suas falas de campanha extremamente rápidas.*

Discursos de ordem, por exemplo, devem ser mais graves e intensos, falados imperativamente. Já discursos mais reflexivos são menos intensos, com extensão vocal mediana, e mais pausados.

Indicamos a seguir alguns cuidados para manter uma boa oratória em público:

- beber muita água (em temperatura ambiente) ao longo do dia para manter as cordas vocais bem hidratadas;
- alimentar-se bem – evitar alimentos que "poluam" as cordas vocais (derivados de leite, bebidas gasosas, alimentos gordurosos etc.) e buscar alimentos mais saudáveis para as cordas vocais (maçãs, mel, própolis, frutas cítricas etc.);
- evitar gritar e cochichar demais para não sobrecarregar a voz;
- buscar inspirar pelo nariz e expirar pela boca;
- inspirar fundo e reter o ar o máximo que puder, soltando-o lentamente com o som de "ssss" até esvaziá-lo (marcar o tempo para ver se está retendo o ar durante um período maior ao longo dos treinos).

9.7
AS MÃOS

O movimento das mãos constitui acessório importante na oratória. O objetivo dos gestos é o de ilustrar e reforçar o que dizemos.

Como recorda Pombo (2002, p. 62), "Nossa tendência é o uso de gestos para indicar alguma coisa. Usamos, por exemplo, os dedos das mãos e os braços para indicar número, forma, tamanho, movimento, velocidade, direção, paisagens etc.".

Os gestos, portanto, são reforços de ideias e devem ser utilizados nas circunstâncias corretas.

Se o público é mais popular, estiver menos familiarizado com o que será defendido e é composto por pessoas com menor formação educacional, os gestos podem ser mais delineados e ratificadores, para que as mãos, em certo sentido, ajudem a desenhar o que é dito.

Para públicos com formação educacional mais elevada, pode-se moderar mais os gestos.

É importante que os gestos pareçam naturais ao público. Há pessoas que gesticulam espontaneamente. Há outras que precisam treinar alguns gestos. Se for este o caso, os movimentos precisam ser interiorizados para que não transmitam a impressão de que são artificiais.

Os gestos manuais devem ser moderados, mas firmes. Uma mensagem forte combina com gestos fortes. O movimento das mãos deve ser compatível com a mensagem. Alguém que termina o discurso dizendo "agora vamos à luta!" não pode fazer um sinal de "joinha" com os dedos ou dar um "tchauzinho" com as mãos. O punho deve estar fechado, apontando para cima, como o que se espera de quem vai lutar.

Assim, os gestos são também ferramentas importantes para um orador.

Há que se ter cuidado, entretanto, com o que chamaremos aqui de *efeito "bonecão de posto"*[3]. O excesso de gestos pode fazer parecer que o orador está meio destrambelhado, ou ser percebido como nervosismo, descontrole ou mesmo teatralidade.

Assim como a linguagem possui certos vícios, as mãos também podem abrigar certos cacoetes, manias ou tiques. Alguns são imperceptíveis, outros, jocosos, e um outro tanto pode parecer agressivo, desleixado ou mesmo desagradável.

---

3   *"Bonecão de posto" refere-se àqueles bonecos infláveis que ficam à frente de lojas, postos de gasolina, lojas de conveniência, mexendo-se de um lado para outro com os braços e o corpo, de modo desengonçado.*

Um exemplo desse tipo de maneirismo com as mãos é o do ex-presidente Michel Temer. Ele faz um movimento com as mãos muito particular, como se estivesse varrendo com as mãos, transmitindo a impressão de que está desprezando o que diz, como se o que afirmasse fosse desimportante. Isso porque é um tipo de gesto muito utilizado em conjunto com expressões como "deixa pra lá", "esquece" ou, mesmo, "não estou nem aí". Assim, a mensagem emitida é contraditória com o que, voluntária ou involuntariamente, as mãos querem dizer.

Nesse sentido, é importante que o orador conheça suas "manias" para buscar controlá-las.

Outro detalhe importante das mãos é a altura dos gestos. Isso dependerá de cada situação.

Em uma situação de palco (comício, assembleia, convenção etc.), na qual o orador pode ser visto na plenitude, o ideal é que as mãos se movimentem na altura média e alta. Mãos para baixo, nessas situações, pode transmitir desleixo, inércia, desídia ou mesmo cansaço.

Em uma situação de tribuna, cujo corpo só é visto do tórax para cima, é interessante dar meio passo para trás de distância da tribuna, colocando ambas as mãos sobre ela e com o corpo levemente arqueado para frente, porque isso mostra posição de segurança e domínio. Caso seja necessário levantar as mãos, a altura é da tribuna para cima. Mesmo porque, para baixo, ninguém as verá.

Estando sentado, o ideal é que as mãos se movimentem menos e com movimentos mais curtos e suaves. Pode-se apoiar o cotovelo sobre as pernas, caso estejam cruzadas, a fim de movimentar as mãos. A pessoa há que cuidar, nesse caso, para não parecer desinteressada, atirando o corpo para trás como se estivesse relaxada demais. É interessante manter o corpo em linha reta o máximo que puder e projetá-lo levemente para frente quando for interpelado, voltando a coluna reta para responder à pergunta. Isso mostra interesse no que foi perguntado.

Em uma entrevista, é melhor que as mãos gesticulem menos, para não parecer nervosismo, agressividade ou mesmo conflito com o entrevistador. Nesse caso, o uso dos dedos pode ser indicado quando o orador for enumerar situações, teses que irá defender etc.

Por fim, é importante não ficar com as mãos cruzadas atrás do corpo, por sobre as genitálias, nos bolsos ou na cintura. São posturas incompatíveis com quem está no local para convencer um público sobre suas ideias.

Em todo caso, para verificar se o orador faz bom uso da mão, vale gravar vídeos falando para verificar a movimentação delas. Observar se possui manias, se as mãos ficam muito paradas ou muito agitadas e buscar harmonizá-las mais com o corpo, a fala e o ambiente.

O orador deve fazer o teste falando, com as duas mãos livres, em pé, sentado, numa tribuna (pode improvisar uma, se preferir), em pé e sentado com microfones nas mãos, primeiro segurando-o não mão direita e, depois, na esquerda.

Enfim, gravar a si próprio nas mais diversas situações em que poderá falar para examinar o próprio comportamento. Se algum movimento se repete demais, é importante buscar controlá-lo. Se não há movimento algum, deve-se procurar usar um pouco mais as mãos. Mas, entre fazer muitos movimentos e pouco movimentos, é melhor a segunda opção, embora o ideal seja sempre um equilíbrio.

9.8
A POSTURA CORPORAL

A postura corporal também contribui para a oratória. Partimos do seguinte princípio: o público está lá mais pelos ideais do que para assistir quem as transmite. Portanto, quanto menos a postura for o foco da atenção, melhor para a oratória.

Mas isso não quer dizer que qualquer postura é interessante.

Em pé, o ideal é uma postura ereta, com o queixo em linha reta (em ângulo de 90° entre a ponta do queixo e o pescoço), olhos voltados ao público, pernas em forma de "v" de ponta cabeça (não muito abertas nem muito fechadas), pés com as plantas fixadas totalmente no chão para que o peso do corpo seja mais bem suportado, deixando os joelhos levemente flexionados (Polito, 2008).

A postura ereta demonstra firmeza, o queixo reto mostra altivez e os olhos em direção ao público, interesse e respeito.

Coluna muito arcada para a frente pode parecer desleixo. Queixo muito levantado, soberba. Olhos para cima, hesitação; para baixo, insegurança e timidez.

Quando a pessoa estiver sentada, os pés devem ficar apoiados no chão, as pernas em ângulo de 90° com relação ao quadril e as costas apoiadas no encosto da cadeira.

Quando se está em pé, no entanto, o corpo não precisa ficar reto o tempo todo. Aliás, não deve. Se uma parte do público estiver demonstrando desatenção ou desinteresse, deve-se girar leve e suavemente o tronco e a cabeça no sentido dessa parte do público (Polito, 2008).

Quando quiser passar mais veemência, energia e firmeza, o orador deve projetar levemente o corpo para frente para reafirmar a ideia. Além disso, deve buscar com os olhos o público o tempo todo, não fixando apenas em um alvo. Ele deve passar a ideia de que todos os presentes são especiais e que suas ideias são direcionadas às pessoas que lá estão, e não no geral.

Vale enfatizar a seguinte ideia: os movimentos corporais têm objetivos. Não se movimenta o corpo por movimentar, mas para buscar a atenção do público, realçar ideias e dar um corpo também para as palavras (Pombo, 2002).

Reforçamos que as mãos, salvo excepcionalmente, não devem se acomodar atrás das costas. Diz-se *excepcionalmente* porque, em alguns casos, colocar as mãos para trás transitoriamente para emitir uma mensagem pode ser útil, porque dá a impressão de que o que se fala deve ser dito com o peito aberto, mostrando coragem.

Deve-se evitar colocar as mãos nos bolsos e, mais ainda, cruzar os braços. Há que se evitar, também, que as mãos fiquem se esfregando uma na outra ou mesmo em alguma região do corpo (nariz, boca, cabelos etc.), pois isso pode passar a ideia de negligência, hesitação, nervosismo ou insegurança.

Por fim, o orador deve buscar relaxar. Um corpo tenso tende a ficar imóvel e incômodo, para quem fala e para quem vê.

Vejamos a seguir cinco exercícios para a expressão corporal.

9.8.1 Mímica

As mímicas são muito importantes para aprendermos a lidar apenas com o corpo, por meio de uma linguagem não verbal.

A seguir, apresentamos um exercício para ser realizado em equipe.

- **Objetivo** – Desenvolver a comunicação não verbal e a criatividade.
- **Número de pessoas** – Entre 10 e 20 pessoas (é possível fazer também com um pouco menos).
- **Material necessário** – Cartões equivalentes ao número de participantes. Nos cartões deve estar escrito algum conceito ou nome de coisas. Por exemplo, um cartão escrito "amor", outro, "paz", outro, "liberdade" etc.

- **Descrição da dinâmica** – É necessário um coordenador, que pedirá para que as pessoas se dividam em grupos. Nos grupos, cada participante receberá um cartão com um conceito ou nome de coisa. Cada um deverá fazer uma mímica, tentando dizer do que se trata o conceito ou nome do cartão. O grupo deve avaliar e eleger quem melhor realizou a mímica sobre o conceito ou nome do cartão.

9.8.2 Relaxando o corpo

Para esse exercício, é necessário colocar uma música bem lenta e agradável de fundo ou mesmo fazer a atividade no silêncio.

Deitar-se no chão de barriga pra cima, fechar os olhos e apenas se concentrar na respiração, inspirando pelo nariz e soltando pela boca, por cerca de 1 minuto.

Em seguida, dobrar as pernas, com o joelho na altura do peito, em posição fetal. Segurar os joelhos por uns 30 segundos e soltar as pernas, refazendo esse procedimento por mais duas vezes.

Levantar-se e caminhar sem destino pelo local onde estiver por cerca de 1 minuto. Parar, esticar-se inteiro, alongando o corpo, com braços levantados e pernas esticadas até as pontas dos pés. Fazer duas vezes esse alongamento e depois voltar a caminhar por mais um minuto, mas levantando os braços lateralmente até o alto, baixando-os até as pernas na sequência, de forma lenta.

Ao final, fechar os olhos e passar as mãos por todo o corpo, começando pela cabeça, descendo pelo rosto, um braço alisando o outro, descendo pelo corpo, pernas e chegando até os pés. Fazer esse procedimento duas vezes.

9.8.3 Treinando os olhares

Esse exercício deve ser feito em grupo.

Caminhar aleatoriamente por uma sala com mais pessoas, olhando-as nos olhos todas as vezes que se encontrarem. Fazer isso por uns 3 minutos.

Em seguida, acrescentar aos olhares também uma saudação, como: "você é especial" ou "obrigado por estar aqui". Fazer isso olhando fixamente nos olhos da outra pessoa, sem risos, apenas olhando e falando. Realizar essa ação durante uns 3 minutos também.

9.8.4 Espelho

Duas pessoas devem ficar frente a frente. Uma delas inicia um movimento e a outra repete, como se estivesse de frente para um espelho. Reserve um minuto para a primeira pessoa fazer os movimentos, que serão imitados pela outra, e depois invertem-se os papéis.

A ideia é que quem faça os movimentos use a criatividade e aprenda a usar o corpo dentro de um espaço limitado. Para quem imita, a ideia é trabalhar a concentração, a observação e a reação aos movimentos. Para ambos os participantes, as questões da desinibição, do trabalho em equipe e do uso do corpo são igualmente trabalhadas.

9.8.5 A expressão corporal em detalhes

Por fim, um exercício simples é o de isolar cada parte do corpo para que o orador tenha uma ideia de como se expressa em cada detalhe durante a oratória.

Para isso, é necessário pegar um texto qualquer, uma história ou mesmo criar algum discurso de duração de 1 a 3 minutos e gravar a si próprio falando. Um celular pode ajudar na gravação. Entretanto, gravar apenas a parte do corpo que quer examinar. Detalhar a gravação em três partes.

Primeiro, gravar somente a boca falando. Basta um *close* (quando se foca mais próximo, em primeiro plano) na boca, com o celular ou a câmera. Depois, gravar apenas os olhos. Por fim, gravar apenas o corpo, sem filmar a parte da cabeça.

Observar se a boca possui boa dicção, se há boa pronúncia das palavras e se possui algum vício físico (exemplo: lamber ou mordiscar demasiado os lábios) ou de linguagem (exemplo: falar "né", "tá", "*ok*", "sabe" ou outro vício que aparece demasiado na sua fala) ou se está respirando pela boca.

Observar, nos olhos, se pisca demais, se está fixo demais, se está como um "limpador de para-brisa", movimentando-se demais para um lado e para o outro, ou mesmo se o olhar está um pouco perdido, sem foco.

Observar, por fim, se o corpo está se movimentando demais, se os braços estão "perdidos" e sem movimento, se o corpo está muito arqueado, se possui algum maneirismo (coçar bocas, olhos, mexer nos cabelos ou outro comportamento repetitivo) e se as expressões corporais são compatíveis com a mensagem.

Essa autoavaliação é muito importante para que o orador se veja, se conheça e se examine mais detalhadamente. Caso queira uma opinião de terceiro, pode pedir a algum amigo, parente etc.

9.9
As extensões corporais

Outros fatores acompanham o orador, como a roupa e, eventualmente, microfones, câmeras e outros acessórios que podem ser usados durante a fala. Esses itens são como extensões do corpo, porque ajudam a melhorar a eficiência e a estética da oratória.

Vejamos a seguir algumas dessas extensões corporais.

9.9.1 A INDUMENTÁRIA

Não existe um uniforme de orador. A indumentária usada depende do lugar onde será realizada a oratória.

A indumentária é um acessório que pode ser bem explorado na oratória, ajudando a estabelecer uma relação com o público.

Então, a primeira pergunta que a pessoa que quer usar uma roupa adequada deve responder é: "Qual público irá me ouvir?".

Um debate na TV geralmente é visto como uma solenidade. O uso de terno e gravata é muito comum entre debatedores e não é visto pelo público como exagero. Mas uma camisa de mangas compridas também é plenamente aceitável. Já uma regata ou bermuda pode parecer negligência ou indiferença com o público.

Por sua vez, uma palestra para um grupo de estudantes de algum centro acadêmico ou diretório estudantil permite uma roupa mais usual e esportiva.

Outra roupa interessante de se vestir são as promocionais das atividades sobre as quais o orador falará. Por exemplo, é interessante uma pessoa convidada a falar sobre os Correios (Empresa Brasileira de Correios e Telégrafos) colocar algum boné ou camiseta da categoria. Para um convidado a falar em homenagem a alguém que se foi, havendo alguma camiseta com o nome ou foto do falecido, é interessante usá-la.

Em situações normais, na dúvida, sugere-se uma roupa que não seja muito justa nem muito larga. O ideal é que o tamanho seja adequado à pessoa e que a roupa seja a mais sóbria possível, porque a indumentária não deve ser mais importante do que as ideias que serão transmitidas.

Assim, recomenda-se não cometer exageros. Cada pessoa tem um estilo, que termina fazendo parte da identidade dela. Mas é sempre interessante adequar o estilo ao público.

Por fim, vale lembrar que, para além da discrição, a roupa deve ser a mais confortável possível, estendendo-se também para os sapatos.

9.9.2 O MICROFONE

O microfone talvez seja a extensão mais importante do corpo. Possui basicamente duas funções essenciais na oratória: ajuda a preservar a voz e projetá-la para onde a "garganta", por si só, não conseguiria lançar.

Muita gente teme esse objeto, como se ele fosse uma cruz a ser carregada por quem vai falar. Mas é preciso tranquilizar-se com respeito a esse aparelho. Salvo o apresentador Silvio Santos, não temos notícia de mais ninguém no planeta que possui um irmão siamês em forma de microfone[4]. Como ninguém nasce com esse aparelho, podemos perfeitamente aprender a utilizá-lo, dominá-lo e colocá-lo a serviço de nossa oratória.

Evidentemente, há locais pequenos que dispensam o uso de microfone. Mas, para públicos maiores, ele é indispensável.

Há basicamente dois tipos de posse do microfone na oratória: o que está sob a posse do próprio orador e o que está sob posse de outra pessoa, como um entrevistador, um apresentador ou um repórter.

---

[4] *O autor se refere ao inseparável microfone acoplado ao pescoço do apresentador, que permite a este ficar com as mãos livres em seu programa televisivo.*

O microfone de mão basicamente fica sob controle do orador. Em uma assembleia ou discurso, alguém pode até desligar o microfone enquanto a pessoa fala – por ultrapassar o tempo, por exemplo –, mas dificilmente irá tirar o aparelho da mão de quem está falando.

Já na Câmara dos Deputados, por exemplo, o microfone na mesa fica sob controle do presidente ou de quem esteja responsável por ele. Isso vale também para uma entrevista, na qual é o repórter quem tem o objeto sob seu poder.

Basicamente, a diferença entre esses dois tipos de posse (sob controle da pessoa que fala ou de terceiros) é que, na segunda hipótese, é o terceiro quem tem o condão de interromper o uso do aparelho.

Há, ainda, independentemente da posse, ao menos cinco tipos de microfones mais usados. Vejamos como usá-los basicamente, além de outras orientações, nos itens a seguir.

Microfone de mão

Para esse tipo de aparelho, a primeira e básica orientação é a de que não se deve movimentar a mão que segura o microfone. A outra fica livre para que o orador possa se movimentar mais.

O microfone deve ser mantido abaixo da boca, para que as pessoas possam ver os lábios do orador se movimentando.

Para evitar ruídos indesejados, o ideal é manter o aparelho a uma distância de 10 a 15 centímetros da boca.

Microfone de mesa

Esse tipo de microfone é fixo em uma mesa. Além de utilizado nas casas legislativas, também é muito aplicado atualmente em *podcasts*.

É importante que a pessoa procure não movimentar muito a cabeça quando for falar para evitar diminuição ou desaparecimento do áudio com sua voz. Também é interessante manter também o aparelho a uma distância de 10 a 15 centímetros da boca.

Microfone de pedestal

A primeira coisa a se fazer nesse caso é ajustar a haste à altura do orador. Evitar ficar segurando a haste.

O ideal também é deixar o microfone um pouco abaixo da boca, para que o público possa ver o rosto do orador. A distância do aparelho em relação à boca também deve ser de 10 a 15 centímetros.

Microfone de lapela

É um tipo de microfone preso à roupa, dando mais liberdade ao movimento das mãos.

O ideal é prendê-lo na parte de cima (superior) do peito, de onde há, geralmente, boa captação de som. Como é um aparelho muito sensível, deve-se evitar o manuseio do fio. Além disso, não se deve tocar no microfone nem bater no peito enquanto fala.

Sugere-se que o microfone de lapela seja retirado tão logo termine a fala, porque são inúmeros os casos de pessoas que o esquecem e saem com ele pendurado na roupa, com o inconveniente de deixá-lo às vezes ligado, a ponto de o público continuar a escutar o que se fala.

Microfone de rosto

O microfone de rosto, também chamado de microfone *headset*, é preso na cabeça ou na orelha, com uma conexão até a boca. Os cantores Michael Jackson e Madonna utilizavam bastante desse tipo de aparelho.

Também é um microfone com captação muito sensível, portanto, deve ficar a uma distância de 5 a 10 centímetros da boca.

O microfone de rosto permite grande movimentação das mãos e mobilidade corporal.

Megafone

O megafone não é exatamente um microfone, mas também é uma extensão da voz.

Por ser um equipamento portátil, independe de caixas e mesas de sons, permitindo ampla mobilidade de uso, sendo frequentemente utilizado em manifestações.

Considerando que seu amplificador, alimentado por pilhas ou baterias, é pequeno e de baixa capacidade, o som emitido tem alcance limitado, exigindo, muitas vezes, um esforço maior de quem vai falar. Com captação de som mais reduzida, a distância entre a boca e o microfone é menor, entre 5 e 10 centímetros.

Orientações gerais de uso

Para todos os tipos de aparelhos, servem algumas orientações gerais ao orador no momento do uso:

- sempre que possível, falar antes com o técnico ou engenheiro de som para verificar se está tudo funcionando corretamente;
- observar se há retornos de som (que permitem que a pessoa ouça o som que está sendo emitido) e se estão funcionando;
- inexistindo retorno de som, pode-se perguntar se o público o ouve bem;
- sempre que o microfone permitir regulagem, coloque-o em altura adequada, mantendo-o a distância suficiente (geralmente entre 10 e 15 centímetros) para evitar explosões, ruídos e outras interferências;
- verificar a sensibilidade do microfone, emitindo algum som antes de iniciar a fala.

9.9.3 A câmera

Por fim, uma das extensões do corpo é a própria câmera de filmagem, que permite ao orador chegar onde presencialmente não consegue ou não poderia estar.

As câmeras podem ser um poderoso instrumento a serviço da oratória. Fazer vídeos é hoje um dos meios mais usados de divulgação de ideias. Blogueiros e influenciadores digitais estão aí para não nos deixar mentir.

No que pese as inúmeras possibilidades de edição, efeitos e outros meios de produção de vídeos, continua a oratória sendo indispensável para o sucesso de qualquer mensagem.

A câmera utilizada pode ser um equipamento com a finalidade exclusiva para filmagens, mas pode ser a câmera do computador ou mesmo do celular.

Via de regra, os vídeos possuem como diferença o fato de serem filmados com câmeras fixas ou portáteis. Vejamos cada uma delas na sequência.

Câmeras móveis

Um dos melhores meios de se fazer vídeos portáteis é com o uso do celular. Mas o ideal é não movimentar muito o aparelho para não comprometer a imagem.

A câmera de celular tem a vantagem de permitir que o orador faça um vídeo no próprio local, no momento exato em que o acontecimento que será objeto da exposição esteja ocorrendo. Pode-se fazer um vídeo no meio de uma manifestação, de uma eleição, de um plenário, ou seja, faz-se uma transmissão de qualquer lugar e, se a pessoa quiser, em tempo real.

Como ninguém costuma andar por aí com uma câmera profissional de filmagem, salvo profissionais da área, o celular é uma ferramenta portátil muito útil para situações como essas.

Em semelhantes vídeos, a pessoa que estiver falando deve ser objetiva, ir direto ao ponto e sempre contextualizar o que está acontecendo antes, para que o público saiba o motivo de ela estar ali. É importante também segurar o celular com o braço esticado, resultando em uma distância adequada para que apareçam na imagem o rosto e parte do busto do orador.

O orador deve sempre olhar para a câmera do aparelho e, também, falar em direção ao microfone, que fica em algum local do aparelho.

Câmeras fixas

Já no tipo de filmagem com câmeras fixas, geralmente, as possibilidades são maiores em razão do melhor enquadramento, do melhor foco ou *zoom*[5]. Também é possível criar cenários nos quais o orador esteja imerso.

Existem vários tipos de câmeras fixas, que vão desde os aparelhos utilizados em programas de TV, passando por câmeras amadoras e, até mesmo, câmeras fotográficas, que também possuem a função de filmagem. Isso sem falar dos próprios celulares, já abordados no item anterior.

As câmeras podem ser usadas pelo próprio orador, por terceiros ou sem ninguém, sendo, nesse último caso, apenas fixadas num local do qual partirá o registro.

Na hipótese de um terceiro filmar, ficará o orador sujeito ao enquadramento dado pelo profissional, que se presume que irá manejar corretamente o equipamento.

---

5 Zoom *é a capacidade que um aparelho óptico ou digital possui de se aproximar ou distanciar do foco.*

A vantagem no uso desse tipo de câmera é que a pessoa que filma, sendo habilitada para a função, dará mais dinamismo para as filmagens, buscando melhores ângulos, focos etc.

Na hipótese de inexistir alguém operando, o *zoom* deve estar bem ajustado, porque será aplicado durante toda a transmissão. O local deve estar bem iluminado e o orador deve fixar bem os olhos no vídeo.

Se não houver equipamento de iluminação, deve-se escolher ambiente mais iluminado, descortinando, se for o caso, todas as janelas.

Ainda, o ambiente não deve ter interferências de sons exteriores, como de veículos passando ou pessoas conversando.

Caso a câmera esteja longe do orador, sugere-se o uso de microfone, sendo os de lapela mais indicados nesse caso. Estando próximo da câmera, como quando se usa um computador, o orador deve falar sempre direcionado ao captador de voz. O enquadramento deve ser sempre centralizado, com o orador no meio da tela.

Caso o vídeo contenha *flipchart*[6] ou projeção de algum dado na tela, o enquadramento do orador ficará um pouco mais lateralizado, de modo a dividir a tela com a imagem que se quer reproduzir.

Ou seja, o orador, nesse caso, irá dividir a tela com a informação que será inserida nela. Em alguns casos, também pode ser inserida integralmente a informação na tela, sem que o orador apareça, o qual retorna apenas quando a imagem for retirada da tela.

Por fim, caso o vídeo seja transmitido em alguma rede social, o orador deve procurar saber o padrão de filmagens para que possa fazer melhor uso do vídeo.

---

6   Trata-se de um bloco de papéis fixados acima de um cavalete ou tripé, usado geralmente para exposições ou apresentações.

Alguns aplicativos ou plataformas usam vídeos filmados horizontalmente, outros, verticalmente. Alguns possuem limite de vídeos, outros são ilimitados. Enfim, é importante que a pessoa conheça primeiro o ambiente virtual em que pretende postar o vídeo para que a filmagem não reste infrutífera.

> **Para saber mais**
>
> Para conhecer mais sobre o uso do corpo e, especialmente, da voz na oratória, sugerimos a obra indicada a seguir:
>
> BEHLAU, M. (Org.). Voz: o livro do especialista. Rio de Janeiro: Thieme Revinter, 2001. v. 1.

Síntese

Neste nono e último capítulo, discutimos sobre o uso do corpo e suas "extensões" no exercício da oratória.

Além de discorrer sobre a importância de cada aspecto corporal, apresentamos alguns exercícios que podem ajudar no desenvolvimento da parte corporal e, portanto, da prática da oratória.

Mostramos a importância de aspectos internos ao corpo, como cérebro, memória, bem como as partes externas, como olhos, nariz, boca e mãos.

Destacamos o aspecto da fala, um dos meios indispensáveis pelos quais a oratória se apresenta ao público.

Também abordamos a questão da postura corporal, que pode tanto potencializar quanto prejudicar a oratória, se mal-empregada.

Já em relação ao que chamamos de *extensões do corpo*, procuramos apresentar e sublinhar a importância de alguns elementos externos ao corpo, mas que fazem parte da vida de um orador, como a roupa usada, o manuseio do microfone e das câmeras de filmagens, acessórios que podem servir como poderosos aliados no âmbito da oratória.

Questões para revisão

1. O cérebro cumpre papel fundamental na oratória, já que dele decorrem várias funções essenciais para uma fala. Assinale a alternativa que indica corretamente exercícios para o cérebro:
   a) Fazer coisas de olhos fechados, aprender coisas novas e usar a mão não dominante, dentre outras coisas.
   b) Aprender um novo idioma, um novo instrumento e a usar apenas a mão dominante, dentre outras coisas.
   c) Fazer coisas ao contrário, praticar jogos para o cérebro e nunca mudar a rotina, dentre outras coisas.
   d) Nenhuma das alternativas anteriores está correta.
   e) As três primeiras alternativas estão corretas.

2. Mourão Júnior e Faria (2015) dividem a memória em três elementos. Quais são eles?
   a) Aquisição, consolidação e invocação.
   b) Apreensão, consolidação e evocação.
   c) Aquisição, consolidação e evocação.
   d) Apreensão, consolidação e invocação.
   e) Nenhuma das alternativas anteriore está correta

3. Leia atentamente as premissas indicadas a seguir relacionadas ao microfone.
   I) Há basicamente dois tipos de posse do microfone na oratória: o que está sob a posse do próprio orador e o que está sob posse de terceiros.

Sendo que:

II) Os dois tipos de microfones, de mão e pedestal, devem ser mantidos, como regra, a uma distância de 10 a 15 centímetros da boca para evitar ruídos e distorções.

a) As premissas I e II são falsas.
b) Apenas a premissa II é verdadeira.
c) As premissas I e II são verdadeiras, sendo que a II decorre da I.
d) Apenas a premissa I é verdadeira.
e) As premissas I e II são verdadeiras, mas a II não decorre da I.

4. O timbre, o ritmo, a intensidade e a frequência são capacidades relacionadas ao uso da voz na oratória. Com base no exposto, conceitue o que é o ritmo na oratória e em qual hipótese ele deve ser empregado com menor intensidade.

5. Quando se trata do ritmo da fala, recomenda-se ao orador respeitar três regras básicas. Quais são elas? Descreva ao menos uma.

Questão para reflexão

1. Leia o texto a seguir[7]:

> Rafael, importante liderança da torcida Fiel, decidiu se lançar no mundo da política. Aproveitando-se da boa reputação que conquistou ao longo de anos à frente de sua leal torcida, buscou expandir sua imagem por meio das redes sociais. Comprou um equipamento de vídeo, um microfone de mão e baixou pela internet um aplicativo de edições. Criou seu próprio programa, alcunhado por ele de *Fiel Debates*.

---

7   Texto fictício.

> Em sua primeira postagem, Rafael, preocupado em não esquecer nada, deixou um papel abaixo de si com o que precisava dizer, lendo atentamente cada frase proferida. Deixou sua imagem bem centralizada no vídeo, empregou uma intensidade moderada na voz e, como bom descendente de italianos, fez uso à vontade de gestos com as mãos, uma de suas marcas mais emblemáticas.

Com base no texto apresentado, mencione dois erros e dois acertos que, na sua opinião, Rafael cometeu no programa. Justifique sua resposta.

Considerações finais

A arte, de um modo geral, presta-se a várias finalidades: entretenimento, sensibilização, despertar o afeto, a imaginação e uma infinidade de sentidos e sentimentos humanos.

A oratória é um gênero do qual a oratória política é uma espécie que se ocupa da finalidade de influenciar politicamente o público. Portanto, a oratória política tem o condão de mudar, de conservar ou mesmo de retroceder[1] a vida humana, porque pode influenciar convicções que, por sua vez, podem se converter em ações reais, de pessoas de carne e osso.

Sob essa perspectiva, a oratória para lideranças políticas é capaz, em última instância, de influenciar comportamentos e ações humanas. Por isso mesmo é uma arte muito poderosa.

O presente livro não tem o escopo de esgotar o assunto. Também não é o único a tratar da temática.

Não obstante, vários conceitos debatidos ao longo do trabalho são contribuições ainda não encontradas em outros materiais do gênero, como a proposta conceitual do que é oratória, a distinção

---

1 Pense, a título de exemplo, o que significou a oratória nazista para humanidade em termos de retrocesso.

entre a contra-argumentação imediata e a remota, a definição dos conceitos de público homogêneo, heterogêneo e incerto, bem como das formas de contestação. Todos esses conceitos foram sistematizados com a finalidade de desvelar melhor os possíveis cenários em que o orador poderá falar.

Por certo, dentro dos limites aqui estabelecidos, são contribuições modestas e sujeitas a opiniões contraditórias. Mas, até onde se sabe, inéditas e só debatidas no presente trabalho.

A intenção deste livro não é, necessariamente, descortinar teorias da oratória, da retórica ou da eloquência, mas proporcionar o máximo de ferramentas possíveis para que alguém que nunca falou em público comece a ensaiar suas primeiras oratórias e para que aqueles que já a praticam possam encontrar alguma colaboração no sentido de compreender melhor seu fazer e incorporar alguma nova técnica.

Como se sabe, a mãe de todas as lições é a prática, o exercício obstinado, a vontade de aprender e fazer, procurando superar os erros e aperfeiçoar os acertos. Na oratória, essa prática, esse reiterado exercício de falar, é o que fará com que alguém consiga melhorar cada vez mais sua fala em público. Mas fará melhor quem busque sempre nutrir a prática de conhecimento acumulado, do qual os livros são expressões.

O empirismo puro, entendido como simples exercício prático das coisas, é interessante até certo ponto, porque nem sempre somos os melhores vigilantes de nossos limites, e contribuições alheias podem ajudar a lançar luz sobre eventuais equívocos que cometemos ou mesmo a lapidar nossa atuação.

Assim, buscamos, neste livro, apresentar elementos que ajudem tanto quem está iniciando quanto quem alguma experiência já amealhou ao longo dos tempos.

Neste tipo de obra está sempre presente o risco de ser "avançada" demais para quem desconhece o assunto ou superficial demais para quem já está familiarizado com ele. No geral, pareceu-nos que, para um livro desta dimensão, foi possível estender as mãos para o iniciante sem desapegar-se do mais experiente.

Quem poderá sentenciar melhor é você, leitor, que, ao final, com ou sem experiência, tem a palavra. Que a use fartamente, pois outra ambição não há neste livro!

Durval Wanderbroock Junior

Referências

ABBAGNANO, N. **Dicionário de filosofia**. 6. ed. Tradução da 1. ed. brasileira de Alfredo Bosi. Revisão e tradução dos novos textos de Ivone Castilho Benedetti. São Paulo: M. Fontes, 2007.

A COMEMORAÇÃO de 31 de março de 1964 feita por Bolsonaro que despertou a ira dos comunistas. **Folha Política**, 3 mar. 2019. Disponível em: <https://www.youtube.com/watch?v=W09G7w4a9GY>. Acesso em: 15 jan. 2022.

AGOSTINHO, S. **A cidade de Deus**: contra os pagãos – parte II. Tradução de Oscar Paes Leme. Petrópolis: Vozes, 2017.

ALTAS HORAS. Rio de Janeiro; São Paulo: TV Globo. Programa de televisão. Disponível em: <https://gshow.globo.com/programas/altas-horas>. Acesso em: 10 mar. 2022.

ALTHUSSER, L. **Por Marx**. Tradução de Maria Leonor F. R. Loureiro. Campinas: Ed. da Unicamp, 2015.

ANDERSON, C. **TED Talks**: o guia oficial do TED para falar em público. Tradução de Donaldson Garschagen e Renata Guerra. Rio de Janeiro: Intrínseca, 2016.

APRESENTADORA se confunde e anuncia morte do escritor William Shakespeare. **Folha de S.Paulo**, 28 maio 2021. Disponível em: <https://f5.folha.uol.com.br/voceviu/2021/05/apresentadora-pensa-que-william-shakespeare-estava-vivo-e-anuncia-a-morte.shtml>. Acesso em: 13 jan. 2022.

ARAGÃO, R. Você sabe a diferença entre o Pião x Eng.? **LCDAS**, 28 jun. 2019. Disponível em: <https://www.youtube.com/watch?v=ANT4XEj-GYo>. Acesso em: 13 jan. 2022.

ARAÚJO, I. Fábula: A lebre e a tartaruga. **Escola Educação**, 9 ago. 2019. Disponível em: <https://escolaeducacao.com.br/a-lebre-e-a-tartaruga>. Acesso em: 10 mar. 2022.

ARISTÓTELES. **Retórica**. Tradução, textos adicionais e notas Edson Bini. São Paulo: Edipro, 2019. ePub (Publicação eletrônica).

ASSIS, M. **O alienista**: obra completa. Rio de Janeiro: Nova Aguilar, 1994. v. 2.

BARBOSA, R. **Oração aos moços**: discurso aos bacharelandos da Faculdade de Direito de São Paulo em M. CM. XX [1920]. Edição promovida pelo mensário acadêmico Dionysos em 1921. Disponível em: <http://www2.senado.leg.br/bdsf/handle/id/564016>. Acesso em: 13 jan. 2022.

BARROS, R. Em carta, governadores dizem que ICMS não causou aumento nos combustíveis. **Poder 360**, 20 set. 2021. Disponível em: <https://www.poder360.com.br/brasil/em-carta-governadores-dizem-icms-nao-causou-aumento-nos-combustiveis>. Acesso em: 20 fev. 2022.

BECKER, E. Política e linguagem em Rousseau e Condillac. **Kriterion**, Belo Horizonte, n. 123, p. 47-74, jun. 2011. Disponível em: <https://www.scielo.br/j/kr/a/xybPCftnCCSgxqCPcV T6RYv/?format=pdf&lang=pt>. Acesso em: 21 jan. 2022.

BEHLAU, M. (Org.). **Voz**: o livro do especialista. Rio de Janeiro: Thieme Revinter, 2001. v. 1.

BEZERRA, G. F.; ARAUJO, D. A. de C. Sobre a linguagem: considerações sobre a atividade verbal a partir da psicologia histórico-cultural. **Temas em Psicologia**, v. 21, n. 1, p. 83-96, 2013. Disponível em: <http://pepsic.bvsalud.org/pdf/tp/v21n1/v21n1a06.pdf>. Acesso em: 10 mar. 2022.

BOFF, L. **A águia e a galinha**: uma metáfora da condição humana. 22. ed. Rio de Janeiro: Vozes, 1998.

BOLSONARO confere 'cola' na própria mão antes de fazer pergunta à Marina. **O Globo**, 18 ago. 2018. Disponível em: <https://oglobo.globo.com/brasil/bolsonaro-confere-cola-na-propria-mao-antes-de-fazer-pergunta-marina-22990796>. Acesso em: 13 jan. 2022.

BORDIN, T. M. O saber e o poder: a contribuição de Michel Foucault. **Saberes**, Natal, v. 1, n. 10, p. 225-235, nov. 2014. Disponível em: <https://periodicos.ufrn.br/saberes/article/download/5088/4925/>. Acesso em: 8 jun. 2022.

BOSELLI, A. "Reforma trabalhista cria exclusão dentro da inclusão", diz Jorge Luiz Souto Maior. **Conjur**, 27 dez. 2020. Disponível em: <https://www.conjur.com.br/2020-dez-27/entrevista-jorge-luiz-souto-maior-professor-direito-trabalho>. Acesso em: 13 jan. 2022.

BOWDER, D. **Quem foi quem na Grécia Antiga**. São Paulo: Art Editora; Círculo do Livro S/A, [S.d.].

BRASIL. Constituição (1988). **Diário Oficial da União**, Brasília, DF, 5 out. 1988. Disponível em: <http://www.planalto.gov.br/ccivil_03/constituicao/constituicao.htm>. Acesso em: 15 jan. 2022.

BRASIL. Lei n. 13.467, de 13 de julho de 2017. **Diário Oficial da União**, Poder Legislativo, Brasília, DF, 14 jul. 2017. Disponível em: <http://www.planalto.gov.br/ccivil_03/_ato2015-2018/2017/lei/l13467.htm>. Acesso em: 8 jun. 2022.

CABO DACIOLO questiona Ciro Gomes sobre Foro de São Paulo e URSAL. **Band Jornalismo**, 10 ago. 2018. Disponível em: <https://www.youtube.com/watch?v=7ANqSdWvTlo>. Acesso em: 15 jan. 2022.

CALAZANS, M. M. De Ernst Mach e Wittgenstein ao Círculo de Viena: a recusa gnosiológica à ontologia. In: SEMINÁRIO NACIONAL DE HISTÓRIA DA CIÊNCIA E DA TECNOLOGIA, 15., 2016, Florianópolis. **Anais**... Disponível em: <https://www.15snhct.sbhc.org.br/arquivo/download?ID_ARQUIVO=2546>. Acesso em: 13 jun. 2022.

CAPUTO, S. G. **Sobre entrevistas**: teoria, prática e experiências. 2. ed. Petrópolis: Vozes, 2010.

CARNEGIE, D. & A. **Como falar em público e encantar as pessoas**. Tradução de Antonio Carlos Vilela. São Paulo: Companhia Editora Nacional, 2012.

CASTILHO, R. **Filosofia do direito**. São Paulo: Saraiva, 2014.

CASTRO, P. N. de. **A argumentação cartesiana no discurso do método**: uma análise retórica. 94 f. Dissertação (Mestrado em Letras) – Universidade de Santa Cruz do Sul, Santa Cruz do Sul, 2009. Disponível em: <https://repositorio.unisc.br/jspui/handle/11624/624>. Acesso em: 8 jun. 2022.

CAVASSANE, R. P. A crítica de Wittgenstein ao seu "Tractatus" nas "Investigações Filosóficas". RIC – **Revista de Iniciação Científica da FFC**, Marília, v. 10, n. 2, p. 3-10, 2010. Disponível em: <https://revistas.marilia.unesp.br/index.php/ric/article/view/337>. Acesso em: 13 jun. 2022.

CHICO BUARQUE DE HOLLANDA. Roda Viva. In: CHICO BUARQUE DE HOLLANDA. **Volume 3**. São Paulo: RGE, 1968. Faixa 6.

COPPOLLA, C.; KATAGUIRI, K. **Debate completo**: Caio Coppolla e Kim Kataguiri (MBL) – versão oficial. 29 maio 2021. Disponível em: <https://www.youtube.com/watch?v=5D1wWcdVGY0>. Acesso em: 13 jun. 2022.

CORVACHO, S. et al. **Força da palavra**: iniciação à oratória militante. São Paulo: Ilaese, 2015.

COSTA, R. da. A retórica na Antiguidade e na Idade Média. **Trans/Form/Ação**, Marília, v. 42, p. 353-390, 2019. Edição Especial. Disponível em: <https://revistas.marilia.unesp.br/index.php/transformacao/article/view/9605>. Acesso em: 8 jun. 2022.

DANTAS, C. Desmatamento na Amazônia cresce 9,5% em um ano e passa de 11 mil km², aponta Inpe. **G1**, 30 nov. 2020. Disponível em: <https://g1.globo.com/natureza/noticia/2020/11/30/amazonia-teve-11-mil-km-de-desmatamento-entre-agosto-de-2019-e-julho-de-2020-aponta-inpe.ghtml>. Acesso em: 13 jun. 2022.

DEBATE na Band: Presidencial 1989: 2º turno – Lula X Collor – Parte 5 (14/12/89). **Band Jornalismo**, 9 ago. 2018. Disponível em: <https://www.youtube.com/watch?v=5ypqzPNBMsI>. Acesso em: 13 jun. 2022.

DEMGOL – Dicionário Etimológico da Mitologia Grega. **Deuses**, 2020. Disponível em: <https://demgol.units.it/pdf/demgol_pt_deuses.pdf>. Acesso em: 14 jun. 2022.

DESCARTES, R. **Discurso do método**. Tradução de Maria Ermantina Galvão. São Paulo: M. Fontes, 2001.

DIEGO Armando Maradona morre aos 60 anos depois de parada cardiorrespiratória. **Globo Esporte**, 25 nov. 2020. Disponível em: <https://ge.globo.com/futebol/futebol-internacional/noticia/maradona-morte-argentina.ghtml>. Acesso em: 13 jun. 2022.

EIRE, A. L. **Introducción general**: Demóstenes. Discursos políticos I. Biblioteca Clássica Gredos – 35. Introducción e notas Antonio López Eire. Editor digital: Titivillus, 2020. ePub (Publicação eletrônica).

ERSCHING, C. B et al. Jean-Jacques Rousseau: uma sistematização dos artigos sobre sua teoria. **Saberes**, Natal, v. 1, n. 18, p. 53-69, 2018. Disponível em: <https://periodicos.ufrn.br/saberes/article/download/13284/10556>. Acesso em: 10 jun. 2022.

"EU TENHO um sonho": lembre o lendário discurso de Martin Luther King. **O Globo**, 1º abr. 2018. Disponível em: <https://oglobo.globo.com/mundo/eu-tenho-um-sonho-lembre-lendario-discurso-de-martin-luther-king-22543575>. Acesso em: 14 jun. 2022.

FIORETO, T. **Retórica e Argumentatio**: uma disputa entre Men de Sá e Cururupeba. 170 f. Dissertação (Mestrado em Letras) – Universidade Estadual Paulista, Assis, 2005. Disponível em: <https://repositorio.unesp.br/handle/11449/91735>. Acesso em: 8 jun. 2022.

FIORIN, J. L. **Figuras de retórica**. São Paulo: Contexto, 2014.

FRANCHI, A. P. Constantino e a legitimação do poder imperial no século IV d.C.: um estudo do panegírico latino de 310. **Revista Vernáculo**, n. 21-22, p. 184-197, 2008.

FREIRE, L. M. D. B. A utilização da multimídia para reabilitar educandos e despertar talentos. In: INTERNATIONAL COUNCIL FOR EDUCATIONAL MEDIA – ICEM, 61.; INTERNATIONAL SYMPOSIUM ON COMPUTERS IN EDUCATION – SIIE, 13., 2011, Aveiro, Portugal. **Proceedings...** Aveiro: University of Aveiro, 2011. p. 126-137. Disponível em: <http://usuarios.upf.br/~teixeira/livros/icemsiie2011_Proceedings.pdf>. Acesso em: 13 jun. 2022.

FREITAS, F. da F. et al. **Benefícios da alimentação para reduzir a ansiedade em tempos de covid-19**. 2020. Disponível em: <https://wp-sites.info.ufrn.br/admin/facisa/wp-content/uploads/sites/4/2020/04/Cartilha_Beneficios_Alimentacao_Ansiedade.pdf>. Acesso em: 12 jun. 2022.

FREIXO, M. Candidatura do orador para o cargo de Presidente da Câmara dos Deputados. **Detaq – Departamento de Taquigrafia, Revisão e Redação da Câmara dos Deputados**, Brasília, 1º fev. 2019, 18h44min. p. 4-9. Discurso. Disponível em: <https://www2.camara.leg.br/atividade-legislativa/discursos-e-notas-taquigraficas/discursos-em-destaque/pec-6-2019/DiscursosemPlenriocampoIndexaoReformaPrevidenciriaandPEC6_20192019.pdf>. Acesso em: 13 jun. 2022.

GDO – Grupo de Debates e Oratória. **British Parliamentary**: modelo de debates. Disponível em: <https://www.ufrgs.br/gdo/british-parliamentary>. Acesso em: 13 jan. 2021.

GIOVANAZ, D. Gasto com Stella e Heineken em um só pregão bancaria refeições de soldado por 10 anos. **Brasil de Fato**, São Paulo, 1º mar. 2021. Disponível em: <https://www.brasildefato.com.br/2021/03/01/gasto-com-stella-e-heineken-em-um-so-pregao-bancaria-refeicoes-de-soldado-por-10-anos>. Acesso em: 13 jun. 2022.

GONÇALVES, G. de S. Voto impresso, democracia e retrocesso. **Migalhas**, 7 mar. 2018. Disponível em: <https://www.migalhas.com.br/depeso/275697/voto-impresso democracia-e-retrocesso>. Acesso em: 13 jun. 2022.

GUIMARÃES, E. Figuras de retórica e argumentação. In: MOSCA, L. do L. S. (Org.). **Retóricas de ontem e de hoje**. 2. ed. São Paulo: Humanitas FFLCH/USP, 2001. p. 145-160.

IBD – Instituto Brasileiro de Debates. **Campeonatos**. Disponível em: <https://sdd.ufsc.br/debates/campeonatos>. Acesso em: 22 fev. 2022.

JACOBS, D. D. S. Corpo vocal, gênero e performance. **Revista Brasileira de Estudos da Presença**, Porto Alegre, v. 7, n. 2, p. 359-381, maio/ago. 2017. Disponível em: <https://www.scielo.br/j/rbep/a/kNbkVHhjshxMrDSjjRcD8Kd/?format=pdf&lang=pt>. Acesso em: 15 jun. 2022.

JAPIASSÚ, H.; MARCONDES, D. **Dicionário básico de filosofia**. 3. ed. Rio de Janeiro: Jorge Zahar Editor, 2001.

KAFKA, F. **A metamorfose**. Belém: NEAD, [S.d.]. Disponível em: <http://www.dominiopublico.gov.br/download/texto/ua00106a.pdf>. Acesso em: 15 jun. 2021.

KERSHAW, I. **Hitler**. Tradução de Pedro Maia Soares. São Paulo: Companhia das Letras, 2010.

LACERDA, N. Brasil tem 19 milhões de pessoas passando fome em meio à pandemia. **Brasil de Fato**, 5 abr. 2021. Disponível em: <https://www.brasildefato.com.br/2021/04/05/brasil-tem-19-milhoes-de-pessoas-passando-fome-em-meio-a-pandemia#:~:text=Cerca%20de%2019%20milh%C3%B5es%20de,pandemia%20do%20coronav%C3%ADrus%20no%20Brasil.&text=A%20conclus%C3%A3o%20%C3%A9%20de%20que,ritmo%20n%C3%A3o%20passava%20de%208%25>. Acesso em: 15 jun. 2022.

LED ZEPPELIN. Stairway to Heaven. In: LED ZEPPELIN. **Led Zeppelin IV**. New York: Atlantic Records, 1971. Faixa 4.

LEONTIEV, A. N. **O desenvolvimento do psiquismo**. Lisboa: Livros Horizonte, 1978.

LIMA, M. A. de. **A retórica em Aristóteles**: da orientação das paixões ao aprimoramento da eupraxia. Natal: IFRN, 2011.

MARCUSCHI, L. A. Gêneros textuais: definição e funcionalidade. In: DIONÍSIO, A. P.; MACHADO, A. R.; BEZERRA, M. A. (Org.). **Gêneros textuais e ensino**. Rio de Janeiro: Lucerna, 2002. p. 19-36.

MARTINS, L. C. dos P. ***Populus* e *turba* na *De Re Publica* (Cícero)**: limites da democracia na Roma Republicana. 2017. Disponível em: <https://editora.pucrs.br/edipucrs/acessolivre/anais/ephis/assets/edicoes/2017/arquivos/71.pdf>. Acesso em: 10 jun. 2022.

MATOGROSSO, N. **Entrevista ao programa Altas Horas**. São Paulo, 16 jan. 2016. Disponível em: <https://globoplay.globo.com/v/4744005>. Acesso em: 6 ago. 2021.

MATTHIESEN, H. Brizola tinha razão sobre o PT. **PDT 12**, 23 jan. 2017. Disponível em: <https://www.pdt.org.br/index.php/brizola-tinha-razao-sobre-o-pt>. Acesso em: 15 jun. 2022.

MEIRELLES, E. Inclusão de autistas, um direito que agora é lei. **Nova Escola**, 1º jan. 2013. Disponível em: <https://novaescola.org.br/conteudo/57/legislacao-inclusao-autismo>. Acesso em: 13 jun. 2022.

MENDES, E.; ALMEIDA, L.; HENRIQUES, M. P. **Falar bem é fácil**: um superguia para uma comunicação de sucesso. São Paulo: AGWM, 2007.

MONTORO, F. Ata da 77ª Sessão, da Câmara dos Deputados, solene, matutina, da 1ª Sessão Legislativa Ordinária, da 51ª legislatura, em 19 de maio de 1999. **Diário da Câmara dos Deputados**, 20 maio 1999. p. 22369-22372. Disponível em: <https://imagem.camara.gov.br/Imagem/d/pdf/DCD20MAI1999.pdf#page=302>. Acesso em: 13 jun. 2022.

MORI, P. **Oratória, a arte de falar em público**. São Paulo: Clube dos Autores, 2017.

MOROZ, R.; BARREIROS, T. E. **Expressão oral**: um guia para você se comunicar bem em diferentes contextos. Curitiba: Intersaberes, 2020.

MOURA, H. M. de M.; MARQUES, T. F. A linguagem como produto da história: as teorias de Vico e Rousseau. **Working Papers em Linguística**, Florianópolis, v. 12, n. 2, p. 1-14, jul./dez. 2011. Disponível em: <https://periodicos.ufsc.br/index.php/workingpapers/article/view/1984-8420.2011v12n2p1>. Acesso em: 8 jun. 2022.

MOURÃO JÚNIOR, C. A.; FARIA, N. C. Memória. **Psicologia Reflexão e Crítica**, v. 28, n. 4, p. 780-788, 2015. Disponível em: <https://www.scielo.br/j/prc/a/kpHrP364B3x94KcHpCkVkQM/?lang=pt>. Acesso em: 23 jan. 2022.

MUNIZO, R. S. **Encômio e memória em panegíricos ao Marquês de Marialva.** 154 f. Dissertação (Mestrado em Memória: Linguagem e Sociedade) – Universidade Estadual do Sudoeste da Bahia, Vitória da Conquista, 2018. Disponível em: <http://www2.uesb.br/ppg/ppgmls/wp-content/uploads/2019/03/Disserta%C3%A7%C3%A3o-de-Raeltom-Santos-Munizo.pdf>. Acesso em: 10 mar. 2022.

MUSZKAT, M. Música e neurodesenvolvimento: em busca de uma poética musical inclusiva. **Literartes**, São Paulo, v. 1, n. 10, p. 233-243, 2019. Disponível em: <http://www.revistas.usp.br/literartes/article/view/163338>. Acesso em: 13 jan. 2022.

NAKAYAMA, P. **A arte retórica de Thomas Hobbes.** 108 f. Dissertação (Mestrado em Filosofia Política) – Universidade de São Paulo, São Paulo, 2009. Disponível em: <https://www.teses.usp.br/teses/disponiveis/8/8133/tde-08022010-122013/publico/PATRICIA_NAKAYAMA.pdf>. Acesso em: 8 jun. 2022.

'NÃO ESCREVERIA essa canção hoje', diz Luiz Caldas sobre 'Fricote'. **O Estado de S.Paulo**, 18 fev. 2020. Disponível em: <https://emais.estadao.com.br/noticias/gente,nao-escreveria-essa-cancao-hoje-diz-luiz-caldas-sobre-fricote,70003201945>. Acesso em: 20 fev. 2022.

NARDI, A. et al. Fisiologia da fala e odontologia. **Ação Odonto**, v. 3, n. 2, p. 10, 2016. Disponível em: <https://portalperiodicos.unoesc.edu.br/acaodonto/article/view/9279>. Acesso em: 14 jun. 2022.

NEVES, D. **Neil Armstrong**. Disponível em: <https://brasilescola.uol.com.br/biografia/neil-armstrong.htm>. Acesso em: 14 jun. 2022.

O GRANDE desafio (The Great Debaters). Direção: Denzel Washington. EUA: California Filmes, 2007. 126 min.

OLIVEIRA, J. B. **Falar bem é bem fácil**. São Paulo: Madras Business, 2000.

OLIVEIRA, K. R. S. de; BRAZ-AQUINO, F. de S.; SALOMÃO, N. M. R. Desenvolvimento da linguagem na primeira infância e estilos linguísticos dos educadores. **Avances en Psicología Latinoamericana**, Bogotá, v. 34, n. 3, p. 457-472, 2016. Disponível em: <https://revistas.urosario.edu.co/index.php/apl/article/view/3060/2989>. Acesso em: 10 jun. 2022.

OLIVEIRA, P. P. O império da retórica entre verdade e fabricação do mundo. **Prima Facie**, João Pessoa, v. 10, n. 19, p. 7-35, jul./dez. 2011. Disponível em: <https://periodicos.ufpb.br/index.php/primafacie/article/view/10339/7783>. Acesso em: 10 jun. 2022.

OLIVEIRA, S. Uma mulher é morta a cada nove horas durante a pandemia no Brasil. **Brasil de Fato**, 10 out. 2020. Disponível em: <https://www.brasildefato.com.br/2020/10/10/uma-mulher-e-morta-a-cada-nove-horas-durante-a-pandemia-no-brasil>. Acesso em: 13 jun. 2022.

OLIVETO, P. Estudos em psicologia mostram que a primeira impressão é a que fica. **Correio Braziliense**, 23 fev. 2014. Disponível em: <https://www.correiobraziliense.com.br/app/noticia/ciencia-e-saude/2014/02/23/interna_ciencia_saude,414243/estudos-em-psicologia-mostram-que-a-primeira-impressao-e-a-que-fica.shtml>. Acesso em: 13 jun. 2022.

PENSADOR. **Diálogo entre Einstein e Chaplin**. Disponível em: <https://www.pensador.com/frase/MjkONTY2Mg> Acesso em: 14 jun. 2022.

PENTEADO, J. R. W. **A técnica da comunicação humana**. 14. ed. São Paulo: Cengage Learning, 2021.

PEREIRA FILHO, A. J. Rousseau e Vico: linguagem, retórica, sociedade. **Cadernos de Ética e Filosofia Política** (USP), v. 2, n. 21, p. 167-181, 2012. Disponível em: <https://www.revistas.usp.br/cefp/article/view/56559>. Acesso em: 25 jun. 2022.

PERELMAN, C.; OLBRECHTS-TYTECA, L. **Tratado da argumentação**: a nova retórica. 2. ed. Tradução de Maria Ermantina Galvão G. Pereira. São Paulo: M. Fontes, 2005.

PINHEIRO, D. C. de S. **O papel do plano de comunicação preventivo em momento de crise na organização**. 58 f. Monografia (Graduação em Comunicação Social) – Universidade Federal de Goiás, Goiânia, 2005. Disponível em: <https://repositorio.bc.ufg.br/handle/ri/4451>. Acesso em: 8 jun. 2022.

PINHEIRO, I. Contestação ao discurso proferido pelo Senador Fernando Collor a respeito de sua renúncia ao cargo de Presidente da República. **Diário da Câmara dos Deputados**, 22 mar. 2007. p. 11453-11454. Disponível em: <https://www2.camara.leg.br/atividade-legislativa/plenario/discursos/escrevendohistoria/destaque-de-materias/20-anos-do-impeachment/ibsen-pinheiro_210307>. Acesso em: 13 jun. 2022.

POLITO, R. **Oratória para advogados e estudantes de direito**. São Paulo: Saraiva, 2008.

POLITO, R.; POLITO, R. **29 minutos para falar bem em público**: e conversar com desenvoltura. Rio de Janeiro: Sextante, 2015.

POMBO, R. R. **Curso de oratória CAEF**. 2. ed. Petrópolis: Vozes, 2002.

QUINTAS, C. M. C.; FERREIRA, L. A. Quintiliano e a formação do orador. In: FERREIRA, L. A. (Org.). **Artimanhas do dizer**: retórica, oratória e eloquência. São Paulo: Blucher, 2017. p. 43-56.

REBOUL, O. Figuras. In: REBOUL, O. **Introdução à retórica**. Tradução de Ivone Castilho Benedetti. São Paulo: M. Fontes, 2004.

RÊGO, J. S. do. A filosofia de Condillac e a fundação da linguística moderna. **Ribanceira**, n. 11, p. 18-37, out./dez. 2017. Disponível em: <https://periodicos.uepa.br/index.php/ribanceira/article/view/1255>. Acesso em: 23 jun. 2022.

RIBEIRO, R. J. O intelectual e seu outro: Foucault e Sartre. **Tempo Social – Revista de Sociologia da USP**, São Paulo, v. 7, n. 1-2, p. 163-173, out. 1995. Disponível em: <https://www.scielo.br/j/ts/a/KfSP44hF8mWTgngTgCGdSDM/?format=pdf&lang=pt>. Acesso em: 10 jun. 2022.

RODA VIVA. São Paulo: TV Cultura. Programa de televisão. Disponível em: <https://cultura.uol.com.br/programas/rodaviva>. Acesso em: 10 jun. 2022.

ROJO, R. **As relações entre fala e escrita**: mitos e perspectivas – caderno do professor. Belo Horizonte: Ceale, 2006. (Coleção Alfabetização e Letramento).

ROMANO, V. P.; SEABRA, R. D. Menino, guri ou piá? Um estudo diatópico nas regiões Centro-Oeste, Sudeste e Sul a partir dos dados do projeto Atlas Linguístico do Brasil. **Alfa**, São Paulo, v. 58, n. 2, p. 463-497, 2014. Disponível em: <https://www.scielo.br/j/alfa/a/TcCD6snwgfPc5x39KhpQ87z/abstract/?lang=pt>. Acesso em: 15 jun. 2022.

ROUSSEAU, J.-J. **Discurso sobre a origem da desigualdade.** ePub (Publicação eletrônica). Disponível em: <https://lelivros.love/book/baixar-livro-discurso-sobre-a-origem-e-os-fundamentos-da-desigualdade-entre-os-homens-jean-jacques-rousseau-em-epub-mobi-e-pdf-ou-ler-online>. Acesso em: 13 jun. 2022.

ROUSSEAU, J.-J. **Do contrato social.** Tradução de Rolando Roque da Silva. ePub (Publicação eletrônica). Disponível em: <http://www.dominiopublico.gov.br/pesquisa/DetalheObraForm.do?select_action=&co_obra=2244>. Acesso em: 27 jun. 2021.

ROUSSEAU, J.-J. **Ensaio sobre a origem das línguas.** Tradução de Lourdes Gomes Machado. São Paulo: Abril Cultural, 1978. (Coleção Os Pensadores).

SALOMÃO, L. A. Bom para os EUA é bom para o Brasil. **O Globo**, 30 jan. 2014. Disponível em: <https://oglobo.globo.com/opiniao/bom-para-os-eua-bom-para-brasil-11445099>. Acesso em: 13 jan. 2022.

SANTOS, M. F. dos. **Curso de oratória e retórica.** 9. ed. São Paulo: Logos, 1964.

SARAMAGO, J. **O evangelho segundo Jesus Cristo.** São Paulo: Companhia das Letras, 1993.

SARTRE, J. P. **A náusea.** ePub (Publicação eletrônica), 2010. Disponível em: <https://mega.nz/file/TBhkhIiZ#BiO-4G_5-hnujHGU2-rvxQDJHR8boVZss2L4W43LZko>. Acesso em: 20 jun. 2022.

SCHIAVI, I. Recessão econômica: o que é a queda no PIB e o que ela causa a um país? **Uol**, 6 jan. 2021. Disponível em: <https://economia.uol.com.br/faq/recessao-economica-o-que-e-a-queda-no-pib-e-o-que-ela-causa-ao-brasil.htm>. Acesso em: 13 jun. 2022.

SCHOPENHAUER, A. **A arte de ter razão**: 38 estratagemas. Tradução de Milton Camargo Mota. Petrópolis: Vozes, 2017.

SCHOPENHAUER, A. **A arte de ter razão**: como vencer um debate sem precisar ter razão em 38 estratagemas. Tradução de Alexandre Pires Vieira. São Paulo: Montecristo, 2018.

SILVA, J. L. da. Santo Agostinho: poética e retórica. **Intersecções**, Jundiaí, v. 1, n. 1, p. 1-8, 2008. Disponível em: <https://revistas.anchieta.br/index.php/RevistaInterseccoes/article/view/1019>. Acesso em: 8 jun. 2022.

SILVEIRA, D. Paulo Guedes compara funcionário público a 'parasita' ao defender reforma administrativa. **G1**, 7 fev. 2020. Disponível em: <https://g1.globo.com/economia/noticia/2020/02/07/paulo-guedes-compara-funcionario-publico-a-parasita-ao-defender-reforma-administrativa.ghtml>. Acesso em: 15 jan. 2022.

SOARES, M. B.; CAMPOS, E. N. **Técnica de redação**. Rio de Janeiro: Imperial Novo Milênio, 2011.

SOBOTTA, J. **Atlas de anatomia humana**. Tradução por Wilma Lins Werneck. 21. ed. Rio de Janeiro: Guanabara Koogan, 2000. v. 1: Cabeça, pescoço e extremidade superior.

SOUZA, M. D. de. Orçamento da Saúde perdeu R$ 20 bilhões em 2019 por conta da Emenda do Teto de Gastos. **Brasil de Fato**, 21 fev. 2020. Disponível em: <https://www.brasildefato.com.br/2020/02/21/orcamento-da-saude-perdeu-r-20-bilhoes-em-2019-por-conta-da-emenda-do-teto-de-gastos>. Acesso em: 13 jun. 2022.

SUASSUNA, A. **Defesa contra a teoria da evolução**. [S.d.]. Entrevista. Disponível em: <https://www.youtube.com/watch?v=s4R89HMKSHY>. Acesso em: 15 jan. 2022.

SUPLICY, E. Suplicy fala para alunos e encerra palestra com música em Campos, RJ. **G1**, 25 fev. 2014. Disponível em: <http://g1.globo.com/rj/norte-fluminense/noticia/2014/02/suplicy-fala-para-alunos-e-encerra-palestra-com-musica-em-campos-rj.html>. Acesso em: 27 jun. 2022.

TARALLO, F. **A pesquisa sociolinguística**. 2. ed. São Paulo: Ática, 1986.

TEIXEIRA, F. C. Uma construção de fatos e palavras: Cícero e a concepção retórica da história. **Varia Historia**, Belo Horizonte, v. 24, n. 40, p. 551-568, jul./dez. 2008. Disponível em: <https://www.scielo.br/j/vh/a/5kYysR8wffCQ758PfJpsqFq/?format=pdf&lang=pt>. Acesso em: 10 jun. 2022.

TRAVAGLIA, L. C. Da distinção entre tipos, gêneros e subtipos de textos. **Estudos Linguísticos XXX**, Marília, Grupo de Estudos Linguísticos, v. 30, p. 1-6, 2001. Revista Publicada em CD-ROM. Artigo 200. Disponível em: <http://www.ileel.ufu.br/travaglia/sistema/uploads/arquivos/artigo_da_distincao_entre_tipos_generos_subtipos_de_textos.pdf>. Acesso em: 23 jun. 2022.

TRISTÃO, R. M.; FEITOSA, M. A. G. Percepção da fala em bebês no primeiro ano de vida. **Estudos de Psicologia**, v. 8, n. 3, p. 459-467, 2003. Disponível em: <https://www.scielo.br/j/epsic/a/yV56Gx7KLrpRHJxfHfp64Zq/?format=pdf&lang=pt>. Acesso em: 10 jun. 2022.

TROTSKY, L. **Minha vida**. Tradução de Rafael Padial. São Paulo: Sundermann, 2017.

TRUCOM, C. **O poder do cérebro e da mente**: um guia prático para sua saúde mental, emocional e psíquica. 2. ed. São Paulo: Pensamento Cultrix, 2020.

TV SENADO. **Decretos que flexibilizam uso de armas repercutem no Senado.** 22 fev. 2021. Disponível em: <https://www12.senado.leg.br/noticias/videos/2021/02/decretos-de-bolsonaro-que-flexibilizam-uso-de-armas-geram-polemica-no-congresso>. Acesso em: 27 jun. 2022.

UFMG – Universidade Federal de Minas Gerais. Faculdade de Medicina. **Kit covid: o que diz a ciência?** 29 mar. 2021. Disponível em: <https://www.medicina.ufmg.br/kit-covid-o-que-diz-a-ciencia>. Acesso em: 15 jun. 2022.

VALCIR, R. Ele foi borracheiro, costureiro e lavador de carros antes ser Juiz Federal. Entrevista concedida a Gabriel Granjeiro. **Imparável**, 28 fev. 2019. Disponível em: <https://www.youtube.com/watch?v=I_AWJl8Qw8Y>. Acesso em: 15 jun. 2022.

VALE, S. M. M. do. **Emissão vocal. Uma visão física, fisiológica e psicológica das pregas vocais.** 10 f. Dissertação (Mestrado em Canto) – Universidade Católica Portuguesa, Porto, 2011. Disponível em: <https://www.meloteca.com/wp-content/uploads/2018/11/emissao-vocal.pdf>. Acesso em: 15 jun. 2022.

VARELLA, M. Crianças e adolescentes devem se vacinar contra a covid-19. **Uol**, 20 set. 2021. Disponível em: <https://drauziovarella.uol.com.br/coluna-2/criancas-e-adolescentes-devem-se-vacinar-contra-a-covid-19-coluna>. Acesso em: 24 jun. 2022.

VASCONCELLOS, Z. Origem gestual ou vocal da linguagem. In: CONGRESSO NACIONAL DE LINGUÍSTICA E FILOLOGIA, 15., 2011, Rio de Janeiro. **Anais...** Rio de Janeiro: Cifefil, 2011. Disponível em: <http://www.filologia.org.br/xv_cnlf/tomo_3/194.pdf>. Acesso em: 10 jun. 2022.

VESCHI, B. Etimologia de arte. **Etimologia**, 2019. Disponível em: <https://etimologia.com.br/arte>. Acesso em: 20 jun. 2022.

VILLEY, M. **A formação do pensamento jurídico moderno**. Tradução de Claudia Berliner. São Paulo: M. Fontes, 2005.

WARAT, L. A. Técnicas argumentativas na prática judicial. **Sequência**, Florianópolis, v. 5, n. 9, p. 35-56, 1984. Disponível em: <https://periodicos.ufsc.br/index.php/sequencia/article/view/16731>. Acesso em: 8 jun. 2022.

WERNER, A. **Oratória descomplicada**: dicas práticas para quem quer se comunicar melhor. Curitiba: Intersaberes, 2012.

WITTGENSTEIN, L. **Investigações filosóficas**. Tradução de M. S. Lourenço. 6. ed. Lisboa: Fundação Calouste Gulbenkian, 2015a.

WITTGENSTEIN, L. **Tratado lógico-filosófico**. Tradução de M. S. Lourenço. 6. ed. Lisboa: Fundação Calouste Gulbenkian, 2015b.

WOMAC, M. M.; BERSTEIN, E. **Speech for Foreign Students**. Michigan: Charles C. Thomas Pub. Ltd, 1990.

Respostas

Capítulo 1

Questões para revisão
1. Capela estruturou seu trabalho do seguinte modo: a investigação e a organização dos argumentos, o melhor modo de locução das palavras, a memorização, o modo correto de falar e de se expressar corporalmente, dentre outros detalhes
2. c
3. Na primeira parte, Rousseau discute a origem da linguagem; na segunda, a diferença entre as línguas; e na terceira, faz uma incursão sobre elementos musicais e sua relação com a evolução da linguagem e da sociedade.
4. c
5. e

Capítulo 2

Questões para revisão
1. Arte, transmissão de ideias, fala, influência e público.
2. Trata-se da arte de transmitir ideias por meio da fala com a finalidade de influenciar politicamente o público.
3. c
4. c
5. a

Capítulo 3

Questões para revisão
1. c
2. b
3. e
4. Os dois tipos de planejamentos de fala que podemos adotar são o roteiro de fala fechado e o roteiro de fala aberto.
5. O roteiro fechado é adotado em situações nas quais a pessoa fará um discurso, somente ela, de forma contínua e ininterrupta. Já o roteiro aberto é adotado em situações nas quais estão presentes mais pessoas que também irão falar, estando o orador sujeito a interrupções, questionamentos etc.

Capítulo 4

Questões para revisão
1. c
2. e
3. b

4. Sim, Vanize gastará mais tempo na preparação porque esta é tanto maior quanto mais desconhecido o assunto ou porque o público é muito resistente ao que será falado.
5. Porque é no desenvolvimento que o orador vai concentrar todo seu arsenal argumentativo, persuasivo, eloquente, lógico e reflexivo.

Capítulo 5

Questões para revisão
1. d
2. e
3. d
4. Assunto, tema, tese e argumento.
5. O nexo causal é a relação entre causa, efeito e a relação entre ambos, sendo que sua importância consiste em relacionar a premissa estabelecida na tese com a comprovação por meio da argumentação.

Capítulo 6

Questões para revisão
1. b
2. d
3. c
4. O governo adotou o argumento de causa e consequência (aumento do ICMS que resultou em aumento do preço do combustível).
5. Os governadores adotaram o argumento de evidência (aumentou o preço do combustível sem ter aumentado o ICMS).

Capítulo 7

Questões para revisão

1. d
2. a
3. a
4. Exemplo: comece por refutar o argumento que lhe pareça mais forte; procure atacar os pontos fracos da argumentação contrária.
5. A perífrase é a substituição de uma expressão mais direta e óbvia por outra mais elaborada, mais sofisticada ou simbólica. É útil quando se quer atenuar um adjetivo ou uma expressão, enaltecer uma qualidade ou mesmo dizer a mesma coisa de formas diferentes. Exemplo: O pai dos pobres.

Capítulo 8

Questões para revisão

1. a
2. d
3. e
4. Trata-se de entrevista continuada, porque Lucas foi chamado para falar sobre um tema, mas a entrevista terá continuidade com perguntas por parte de uma ou mais pessoas.
5. Exercitar-se e relaxar.

Capítulo 9

Questões para revisão

1. a
2. c
3. e
4. O ritmo é a fluidez, a velocidade, o movimento da fala. Ele é empregado com menor intensidade nos discursos reflexivos.
5. As três regras básicas são: 1) tempo da fala; 2) condições do orador; e 3) nível de entendimento do público. Com relação ao tempo da fala, quanto mais tempo se tem para falar, mais compassada deve ser a fala, e quanto menos tempo houver, deve-se falar um pouco mais rápido e com mais objetividade.

Sobre o autor

Durval Wanderbroock Junior é bacharel em Psicologia pela Universidade Estadual de Maringá (UEM), bacharel em Direito pela Universidade Paulista (Unip), mestre em Educação também pela UEM e advogado no escritório WW Advocacia e Consultoria Jurídica.

Impressão:
Julho/2022